U0875095

现代企业管理实务

郭懿　胡杰林　主编
张乃华　于劭鹏　刘俊杰　张宇轩　范琳　副主编

天津大学出版社
TIANJIN UNIVERSITY PRESS

图书在版编目(CIP)数据

现代企业管理实务 / 郭戆，胡杰林主编. —天津：天津大学出版社，2019.8（2022.1 重印）
ISBN 978-7-5618-6487-6

Ⅰ.①现… Ⅱ.①郭… ②胡… Ⅲ.①企业管理－高等职业教育－教材 Ⅳ.①F272

中国版本图书馆CIP数据核字(2019)第179252号

出版发行	天津大学出版社
地　　址	天津市卫津路92号天津大学内(邮编:300072)
电　　话	发行部:022-27403647
网　　址	publish.tju.edu.cn
印　　刷	廊坊市海涛印刷有限公司
经　　销	全国各地新华书店
开　　本	185mm×260mm
印　　张	15.5
字　　数	387千
版　　次	2019年8月第1版
印　　次	2022年1月第2次
定　　价	42.00元

凡购本书，如有缺页、倒页、脱页等质量问题，烦请与我社发行部门联系调换

版权所有　　侵权必究

《现代企业管理实务》
编写课题组

主　　编　郭　戆　胡杰林

主要成员　张乃华　于劭鹏　刘俊杰

张宇轩　范　琳

前　言

伴随着经济的迅猛发展，我国企业面临的经营环境变化越来越大，企业所需的管理人才也越来越多样化，如何适应当下企业的管理需要，如何帮助企业在复杂的经济环境中立于不败之地，是近年来很多企业都在思考的主要问题。

现代企业管理实务是一门应用性极强的课程，涉及众多理论知识，内容较为庞杂，本教材在编撰时结合高职高专人才培养特点，充分体现高职高专人才培养目标，着力培养高端技能型人才。努力构建“教、学、做”的一体化新型教学模式，突出模块式教学特点，结合课前、课中、课后的案例分析和能力拓展游戏有效将理论知识与实践能力相互结合，有效降低理论与实践相互脱节的弊端。

本教材的突出特点是内容翔实、严谨，理论组织有序，每个章节都由课前导入案例引领，结合不同章节内容，将各个应用案例贯穿于各章节理论内容之间，章节结束还提供大量知识拓展和能力拓展游戏，以供教师与学生间寓教于乐的同时加深对课堂知识的掌握和运用。

本书由郭戆、胡杰林任主编，张乃华、于劭鹏、刘俊杰、张宇轩、范琳任副主编，第八章、第九章由郭戆执笔；第六章、第十章由胡杰林执笔；第一章、第二章由张乃华执笔；第三章由于劭鹏执笔；第四章由张宇轩执笔；第五章由刘俊杰执笔；第七章由范琳执笔。全书内容由郭戆组织、统稿，由胡杰林定稿。

本书在编写过程中，参考了国内外同行的文献和有关资料，在此一并向这些作者表示感谢。

由于时间仓促，编者水平有限，书中疏漏之处在所难免，恳请广大读者批评指正。

编者

2019 年 1 月

目　录

第一章　导　论

提问:同学们为什么要学习企业管理?

回答:管理的重要性决定了学习和研究管理学的必要性。

(1)管理是有效地组织共同劳动所必需的,管理与科学、技术并列,成为拉动现代经济社会发展的三驾马车。科学和技术这两驾马车只有在管理这驾马车的指导下才能跑得更快、更稳。

(2)学习和研究管理学是培养管理人员的重要手段。只有扎实掌握管理理论与方法,才能更好地指导实践,取得成效。

(3)学习和研究管理学是未来的需要。随着社会的发展,专业化分工将更加精细,社会化大生产将日益复杂,这些都需要更加科学的管理。而且,我国要想全面建设小康社会,完成经济建设与改革的重要任务,管理是关键。

(4)管理本身是一种经济资源,就青年学生而言,管理学对一个人的专业方向,以至于整个职业生涯,具有重要作用和价值。

(5)对于企业家、事业家(指事业单位负责人)及其以上和以下层级的领导者、管理者,管理学知识、方法和技术的学习、掌握与使用,既有必要性又有必然性。

课前案例

下表为美国《财富》杂志公布的2017年度全球500家最大企业排名前10名。这些数据说明了什么?给我们的启示是什么?

2017年度全球500家最大企业排名前10名

排名	公司名	Company Name	营收(百万美元)	利润(百万美元)	国家
1	沃尔玛	WALMART	485 873	13 643	美国
2	国家电网公司	STATE GRID	315 198.6	9 571.3	中国
3	中国石油化工集团公司	SINOPEC GROUP	267 518	1 257.9	中国
4	中国石油天然气集团公司	CHINA NATIONAL PETROLEUM	262 572.6	1 867.5	中国
5	丰田汽车公司	TOYOTA MOTOR	254 694	16 899.3	日本
6	大众公司	VOLKSWAGEN	240 263.8	5 937.3	德国
7	荷兰皇家壳牌石油公司	ROYAL DUTCH SHELL	240 033	4 575	荷兰
8	伯克希尔·哈撒韦公司	BERKSHIRE HATHAWAY	223 604	24 074	美国
9	苹果公司	APPLE	215 639	45 687	美国
10	埃克森美孚	EXXON MOBIL	205 004	7 840	美国

案例思考：方才，我们提到了一个很重要的名词："企业"。那么，请各位思考：你认为什么是企业？它的使命和责任是什么？应该具有哪些特征？

第一节　企业的概念与分类

一、企业的概念

"企业"一词并非我国所固有的，它和其他一些现实广泛使用的社会科学词汇一样，是清末从日本传入的，而日本又是从西方引进而来。在美国的《现代经济词典》里，企业被描述成：设在一定地点，拥有一个或一个以上的雇员的工厂、商店或办事机构。而《中国企业管理百科全书》将企业定义为：从事生产、流通等活动，为满足社会需要并获取盈利，进行自主经营，实行独立核算，具有法人资格的基本经济单位。

在本书中，企业是指从事生产、流通、服务等经济活动，以产品或劳务满足社会需要，并以获取盈利为目的，依法设立，实行自主经营、自负盈亏、独立核算的经济组织。企业是社会经济活动的基本单位，是市场经济活动的主体。

企业的含义包括以下三个方面的内容：①企业是社会化大生产的产物，是商品生产与交换的产物；②企业是从事生产、经营、流通的组织（不是个人）；③企业的基本职能是为社会提供产品和服务，但实质上是为了获取利润的经营性组织。

二、企业的特征

（一）企业的职业特征

企业的职业特征即企业是从事商品或劳务生产和经营的基本经济组织。这一特征表明在社会经济活动中企业进行的主要活动、发挥的作用、从事的职业等。

（二）企业的行为特征

企业是自主经营、自负盈亏的经济实体。这一特征是判断经济组织能否具有真正企业形态的重要标志。

（三）企业的人格特征

企业是具有法人资格的经济实体。这一特征规定了企业必须依法成立，具有民事权利能力和民事行为能力，依法独立享有民事权利和承担民事义务。

（四）企业的目标特征

满足社会需要和获取盈利，其中追求利润最大化是企业的基本目标。

三、企业的分类

（一）按企业从事的经济活动分类

1. 生产型企业

生产型企业主要指从事生产的工业企业、农业企业和建筑安装企业等。

2. 流通型企业

流通型企业主要指交通运输企业、邮政电信企业和贸易型企业等。

3. 服务型企业

服务型企业主要指金融、饮食、旅游、咨询、信息服务企业等。

（二）按企业生产要素的结构分类

按企业生产要素的结构，企业可分为劳动密集型、资本密集型、知识密集型三类。

（三）按企业的财产构成分类

1. 业主制独资企业

业主制独资企业由出资人兴办，又由其自己经营管理。这种企业在法律上称为自然人企业，特点是家族性、世袭性和传统性。

2. 业主制合伙企业

业主制合伙企业为共同出资、共同经营、共同分享利润的企业。

3. 法人制公司企业

1）概念

法人制公司企业是指按法定出资者人数出资组成，以营利为目的，具有法人资格的经济实体。这是现代企业的主要形式。

2）基本特征

法人制公司企业的基本特征是合法性（合法成立、合法经营）、盈利性、独立性。

3）优点

（1）融资规模扩大，有利于规模化经营。

（2）承担有限责任，降低了投资者的风险。

（3）经营权与所有权分离，建立了相互制衡的组织制度，有利于规范化和科学化经营。

（4）具有独立的法人地位，摆脱了自然人的束缚，股东或管理人员的变动等因素不再影响企业的生存与发展。

4）主要形式

Ⅰ. 有限责任公司

有限责任公司是由两个以上股东共同出资，每个股东以其所认缴的出资额对公司承担有限责任，公司以其全部资产对其债务承担责任的企业法人。

基本特征：公司的全部资产不分等额股份，公司向股东签发出资证明书，不发行股票；公司的股份转让有严格的限制；股东人数在法律上有上下限，股东按出资额享受权利和承担义务等。

Ⅱ. 股份有限公司

股份有限公司是指注册资产由等额股份构成，并通过发行股票或股权证筹集资本，股东以其认购的股份对公司承担有限责任，公司以其全部资产对公司债务承担责任的企业法人。

除此以外，股份有限公司还具有以下特征：股票可以交易转让；股东人数有下限界定；每一股有一票表决权；股东以其持有股份数，享有权利和承担义务；公司应当将经注册会计师审查验证过的会计报告公开。

（四）企业的其他分类

（1）按所有制形式可以将企业划分为全民所有制企业、集体所有制企业、私营企业、合营企业、外资企业等。

（2）按规模可以将企业分为大型企业、中型企业和小型企业等。

第二节　企业的产生与系统结构

一、企业的产生

企业是社会发展的产物，因社会分工的发展而成长壮大。它是生产力发展到一定水平的产物，随着商品生产的发展而发展。18 世纪第一次工业革命前后，随着生产力的提高和商品生产的发展，作为社会基本经济单位，从事生产、流通、服务等活动的各种企业开始大量出现。随着社会生产力的进一步发展和企业技术装备的不断现代化，现代企业开始出现。以工业企业为例，它在简单协作的手工作坊的基础上，逐步发展为工场手工业，最后发展为以现代机器技术为基础的工厂制企业，即现代工业企业。

二、企业内部的系统结构

从过程的角度看，企业内部是由供应子系统、生产子系统、营销子系统、研究和开发子系统等 4 大子系统构成。它们的有效运作，可以保证企业的日常生产与经营，企业战略的顺利实施和生产经营目标的最终实现。

三、企业内部各子系统的功能

（一）供应子系统的功能

供应子系统主要是提供生产、经营、研究开发等所必需的人力、资金、物资等生产要素。

（二）生产子系统的功能

生产子系统的功能是根据企业生产经营的目标对投入的生产要素进行最佳配置，完成产品的生产过程，并按时、按质、按量向营销子系统提供产品。

（三）营销子系统的功能

营销子系统的功能是协调企业上市产品与市场开发的关系。它既要把研发及生产子系统的产品推销出去，又要及时向研发及生产子系统反馈市场信息。

（四）研究和开发子系统的功能

研究和开发子系统的功能是根据企业和市场的需要，制订企业未来的发展计划，开发新产品，研发新工艺、新技术。

4 大子系统之间的关系如图 1-1 所示。

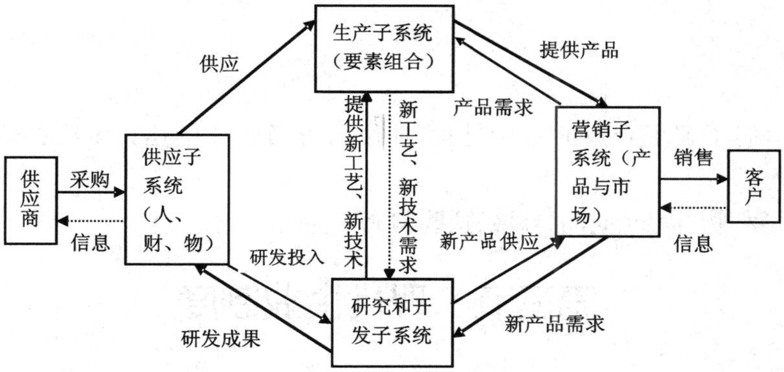

图 1-1　企业内部 4 大子系统之间的关系

四、企业的基本运行过程

(一)营销性活动

营销性活动主要指对市场和用户的需求进行研究,并根据企业的优势进行产品定位、定价、分销、促销、服务和公关等方面的决策,沟通外界需求和企业内部能力,使企业的经营能够以市场为导向,并将产品或服务有效地提供给用户。

(二)生产性活动

生产性活动是将市场信息和用户要求按照工艺要求转化为物质形态的产品生产过程,或提供能够满足需要的服务过程。

(三)技术性活动

技术性活动是进行产品及其生产方法方面的研究和开发,如开发新产品,改进老产品,推广新技术、新工艺,开展标准化工作等,使企业有能力保持经营及生产方式上的先进性和市场竞争优势。

(四)财务性活动

财务性活动是对企业资产的经营性活动,包括各种资金的筹借、分配、运用,对负债、股本、利润的管理,对成本费用的控制,从而使企业的经营活动功能在正常的资金条件下进行,使财务结构合理化,提高经济效益,保护投资者的利益。

(五)会计性活动

会计性活动是对企业的经营活动及财务状况进行记载、整理、汇总、统计、分析,以提供企业的财务性资料,帮助经营者、投资者、债权人、金融机构、政府管理部门等进行决策分析。

(六)管理性活动

管理性活动是通过计划、组织、指挥、协调、控制等职能活动使上述五种活动协调进行,以达到企业的经营目标。

综上所述,任何一个企业都要遵循如下原则:既要从市场上采购商品(产品或服务),又要在市场上向顾客出售其生产加工的产品。这些经营活动形成了市场中不断出现的交换过程,也形成了一个个的企业循环过程。

问题与思考

既然同学们了解了企业的运行过程,那么请思考企业的运行都需要哪些要素的参与呢?

答案:人、财、物、信息、时间、环境,这些构成了企业。

第三节 现代企业制度

一、现代企业制度的含义与特征

从企业构成要素之间的关系角度看,企业是指各种生产要素的所有者为了追求自身利益,通过一定的契约方式而组成的经济组织。其中,企业各生产要素之间的关系就是企业制度,企业制度是企业能够实现其特定目标的保证。

(一)现代企业制度的含义

现代企业制度是指以完善的法人产权为基础,以有限责任为基本特征,以以专家为中心的法人治理结构为保证,以公司企业为主要形态的企业制度。

(二)现代企业制度的基本特征

1. 产权清晰

产权清晰主要是指产权关系与责任的清晰。完整意义上的产权关系是多层次的,它表明财产最终归谁所有、由谁实际占有、谁来使用、谁享受收益、归谁处置等一系列关系。

其中,出资者的最终所有权一般表现为股权;企业的实际占有权表现为法人财产权。

2. 权责明确

权责明确即用法律来界定出资者与企业之间的关系,明确各自的责、权、利,从而形成各生产要素之间的、科学的、行之有效的相互制衡的法人治理结构。

3. 政企分开

政企分开主要是针对国有企业而言的,指必须把政府行政管理职能和企业经营管理职能分开,取消企业与政府之间的行政隶属关系。

4. 管理科学

管理科学即现代企业必须形成一套严格、科学、系统的管理制度,具体包括以下三个方面的内容:①科学的组织管理机构,使企业权力机构、经营机构和监督机构权责明确、相互制衡、各司其职;②科学的内部管理体制,包括合理的领导体制、科学的决策体制、民主的管理体制、严格的核算体制等管理制度;③科学的企业规章制度等。

二、现代企业制度的主要内容

(一)现代企业产权制度

企业的产权制度就是企业的法人财产制度,它是以公司的法人财产为基础,以出资者原始所有权、公司法人财产权与公司经营权相互分离为特征，以股东大会、董事会、执行机构为法人治理结构来确定各自权利、责任和利益的企业财产组织制度。具体内容如下：

（1）公司由一个法人治理结构来统治管理；

（2）公司治理结构是由股东大会、董事会和高级经理人员三者组成的一种组织，三者权责明确、相互制衡。

（二）现代企业组织制度

根据企业自身的实际情况，建立符合本企业特点的组织机构，以现代企业法人治理结构明确落实股东大会、董事会、经理机构和监事会的权利和责任。

（三）现代企业管理制度

管理制度是在有关约束和调整企业经营管理活动中，各种经营管理行为方式和关系的行为规则。现代管理制度要适应市场经济的发展，符合企业的实际，并且积极应用现代科学技术成果。一般包括以下5个方面：

（1）具有正确的经营思想和能适应企业内外环境变化、推动企业发展的经营战略；

（2）建立适应现代化大生产要求的领导制度；

（3）实行“以人为本”的经营理念，充分发掘企业人力资本的潜力；

（4）建立高效的组织机构和管理制度；

（5）运用现代的生产方式和先进的生产技术。

第四节　现代企业组织

一、组织的含义

组织是人们为某一目的而形成的群体，是确保人们社会生活正常协调进行、顺利达到预期目标的体系。

一个组织的目标、计划制订出来以后，面临的一个重要问题就是如何使它变为现实。这就要求管理者按照组织目标和计划所提出的要求，设计出合理、高效的结构体制，合理配置组织的各种资源，以保证计划和组织目标的顺利实现。

二、企业组织结构的含义

所谓企业组织结构，就是组织内部对工作的正式安排。企业组织结构的概念有广义和狭义之分。狭义的企业组织结构是指为了实现组织的目标，在组织理论指导下，经过组织设计形成的组织内部各个部门、各个层次之间固定的排列方式，即组织内部的构成方式。广义的企业组织结构，除了包含狭义的企业组织结构内容外，还包括组织之间的相互关系类型，如专业化协作、经济联合体、企业集团等。

三、企业组织结构的设计原则

(一)客观需要原则

企业组织结构设计最主要的目的是为企业服务，帮助企业实现战略发展目标。为了实现这一目标，设计组织结构时就需要保持客观公正，按照实际需要设置各个机构和部门，绝对不能出现因人设岗、因权设部门的情况。

(二)权责对等原则

设置的部门或岗位要承担责任，就应该授予其相应的权力。如果只有责任没有权力，最终的结果是人浮于事、没有担当、权责不清，所以权和责应该对等。

(三)集权分权原则

在设计企业组织结构的时候，权力的集中程度和分散程度应该设置明细。把集权和分权控制在合理的水平，使之既不影响工作效率，又不影响积极性。企业组织可以通过分权手册来实现集权和分权的设置，做到有据可查、有规可依。

(四)合理管理幅度原则

每一个部门、每一位领导人都要有合理的管理幅度。管理幅度太大，无暇顾及；管理幅度太小，可能不能完全发挥作用。所以，在设计企业组织结构的时候，企业组织要设置合理、恰当的管理幅度。

(五)内部制约原则

权力不能一方独大、没有制约，否则会为客观犯罪提供条件。企业每项经济行为的参与和决策原则上应由两个以上的部门来执行，以实现相互监督、相互制约，绝不能出现既当运动员又当裁判员的情况。

(六)分工协作原则

企业无论设置多少个部门，每个部门都不可能独自承担企业所有的工作。企业部门之间应该是分工协作的关系，也就是说按照职能划分，企业中有管财务的，有管人力资源的，有管生产采购的，有管销售企划的，还有主导业务流程中其他各个环节的部门。因此，把握好分工协作原则对于企业来说至关重要。

(七)稳定原则

企业组织结构一旦建立实施，在一定时期内应保持稳定。因为长期稳定运行的组织结构会从根本上凝聚企业发展力，提升企业管理水平，稳定员工情绪，维持企业高效运转。

(八)应变原则

理想的企业组织结构是随着经济环境的变化而变化的，随时都能以最杰出的组织状态面对环境的挑战。任何事物都不能是一成不变的，一成不变迎来的将会是落后甚至灭亡。企业应当在求变中生存。

四、企业组织结构模式

(一)模式类型

1. U形组织结构

19世纪末20世纪初,西方大企业普遍采用的是一种按职能划分部门的纵向一体化的职能结构,即U形组织结构。其特点是企业内部按职能(如生产、销售、开发等)划分成若干部门,各部门独立性很小,均由企业高层领导直接进行管理,即企业实行集中控制和统一指挥。U形组织结构保持了直线制的集中统一指挥的优点,并吸收了职能制发挥专业管理职能作用的长处,适用于市场稳定、产品品种少、需求价格弹性较大的环境。

但是,从20世纪初开始,西方企业的外部环境发生了很大的变化,如原有市场利润率出现下降、新的技术发明不断产生等,同时企业规模不断扩大,使这种结构的缺陷日渐暴露:高层领导由于陷入了日常生产经营活动,缺乏精力考虑长远的战略发展,且行政机构越来越庞大,各部门协调越来越难,从而造成信息和管理成本上升。通用汽车公司针对这种结构的缺陷,率先在公司内部进行组织结构的变革,采用M形组织结构。此后,许多大公司都仿效。

2. M形组织结构

M形组织结构,又称事业部门型组织结构。这种结构的基本特征是战略决策和经营决策分离。即企业按产品、服务、客户、地区等设立半自主性的经营事业部,公司的战略决策和经营决策由不同的部门和人员负责,使高层领导从繁重的日常经营业务中解脱出来,集中精力致力于企业的长期经营决策,并监督、协调各事业部的活动和评价各部门的绩效。

与U形组织结构相比较,M形组织结构具有治理方面的优势,且适合现代企业经营发展的要求。M形组织结构是一种多单位的企业体制,但各个单位不是独立的法人实体,仍然是企业的内部经营机构,如分公司。

3. 矩阵制结构

企业把按职能划分的部门与按项目划分的小组结合起来组成矩阵,使小组成员接受小组和职能部门的双重领导。它的特点表现为围绕某项专门任务成立跨职能部门的专门机构,这种组织结构形式是固定的,人员却是变动的,任务完成后就可以离开。

与U形组织结构相比,矩阵制结构机动、灵活,克服了U形组织结构中各部门互相脱节的问题。

4. 多维制和超级事业部制结构

多维制结构又称立体组织结构,是在矩阵制结构的基础上建立起来的。它由美国道-科宁化学工业公司于1967年首先创立,其在矩阵制结构(即二维平面)基础上构建产品利润中心、地区利润中心和专业成本中心的三维立体结构,若再加上时间维度可构成四维立体结构。虽然多维制的细分结构比较复杂,但每个结构层面仍然是二维制结构,而且多维制结构未改变矩阵制结构的基本特征——多重领导和各部门配合,只是增加了组织系统的多重性。因而,其基础结构形式仍然是矩阵制,或者说它只是矩阵制结构的扩展形式。

超级事业部制结构是在 M 形组织结构基础上建立的，目的是对多个事业部进行相对集中的管理，即分成几个“大组”，便于协调和控制。但它的出现并未改变 M 形组织结构的基本形态。

5. H 形组织结构

H 形组织结构是一种多个法人实体集合的母子体制，母子之间主要靠产权纽带来连接。H 形组织结构较多地出现在由横向合并而形成的企业之中，这种结构使合并后的各子公司保持了较大的独立性。

子公司可分布在完全不同的行业，而总公司则通过各种委员会和职能部门来协调和控制子公司的目标和行为。这种结构的公司往往独立性过强，缺乏必要的战略联系和协调，因此公司整体资源战略运用存在一定难度。

6. 模拟分权制结构

模拟分权制结构是一种介于直线职能制和事业部制之间的结构形式，其优点除了调动各生产单位的积极性外，就是解决企业规模过大、不易管理的问题。

（二）形式

1. 直线制

直线制（图 1-2）是一种最早也是最简单的组织形式。它的特点是企业各级行政单位从上到下实行垂直领导，下属部门只接受一个上级的指令，各级主管负责人对所属单位的一切问题负责。厂部不另设职能机构（可设职能人员协助主管人工作），一切管理职能基本上都由行政主管自己执行。

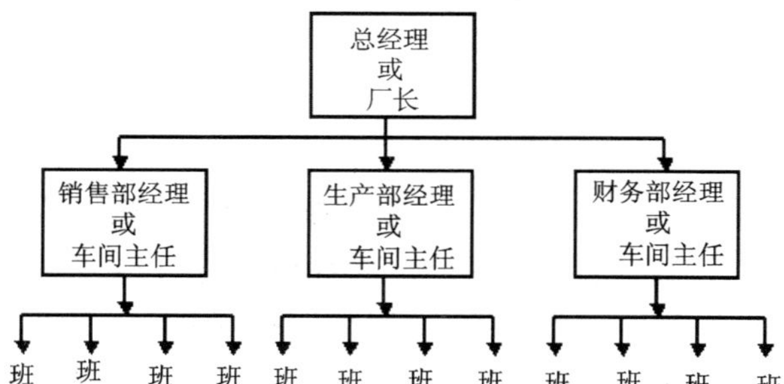

图 1-2 直线制

直线制组织结构的优点是结构比较简单，责任分明，命令统一；缺点是它要求行政负责人通晓多种知识和技能，亲自处理各种业务。在业务比较复杂、企业规模比较大的情况下，最高主管显然难以胜任所有管理职能。因此，直线制只适用于规模较小、生产技术比较简单的企业，对生产技术和经营管理比较复杂的企业并不适用。

2. 职能制

职能制（图 1-3）组织结构是各级行政单位除主管负责人外，还相应地设立一些职能机构。如在厂长下面设立职能机构和人员,协助厂长从事职能管理工作。这种结构要求行政主管把相应的管理职责和权力交给相关的职能机构,各职能机构有权在自己业务范围内向下级行政单位发号施令。因此,下级行政负责人除了接受上级行政主管人指挥外,还必须接受上级各职能机构的领导。

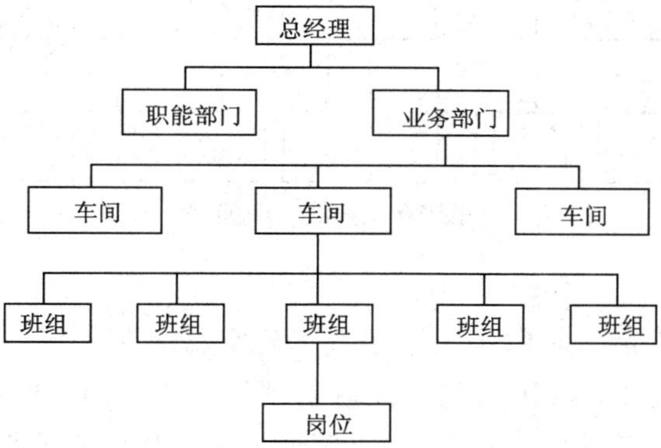

图 1-3 职能制

职能制的优点是能适应现代化工业企业生产技术比较复杂、管理工作比较精细的特点;能充分发挥职能机构的专业管理作用,减轻直线领导人员的工作负担。但其缺点也很明显:形成了多头领导,妨碍了必要的集中领导和统一指挥;不利于建立和健全各级行政负责人和职能科室的责任制,在中间管理层往往会出现有功大家抢、有过大家推的现象;另外,当上级行政领导和职能机构的指导和命令发生矛盾时,下级部门就无所适从,影响工作的正常进行,容易造成纪律散漫,生产管理秩序混乱。由于这种组织结构形式有明显的缺陷,现代企业一般都不采用。

3. 直线 - 职能制

直线 - 职能制(图 1-4),也叫生产区域制或直线参谋制。它是在直线制和职能制的基础上,吸取这两种形式的优点而建立起来的。大多数企业都采用这种组织结构形式。这种组织结构形式把企业管理机构和人员分为两类:一类是直线领导机构和人员,按命令统一原则对各级组织行使指挥权;另一类是职能机构和人员,按专业化原则,从事组织的各项职能管理工作。直线领导机构和人员在自己的职责范围内有一定的决定权和对分管下级的指挥权,并对自己部门的工作负全部责任;而职能机构和人员,则是直线指挥人员的参谋,不能对直接部门发号施令,只能进行业务指导。

直线 - 职能制的优点是既保证了企业管理体系的集中统一,又可以在各级行政负责人的领导下,充分发挥各专业管理机构的作用。其缺点是职能部门之间的协作和配合性较差,职能部门的许多工作要直接向上层领导报告请示才能处理,这一方面加重了上层领导的工作负担,另一方面也导致办事效率低。为了克服这些缺点,可以设立各种综合委员会,或建立各种会议制度,以协调各方面的工作,起到沟通作用,帮助高层领导出谋划策。

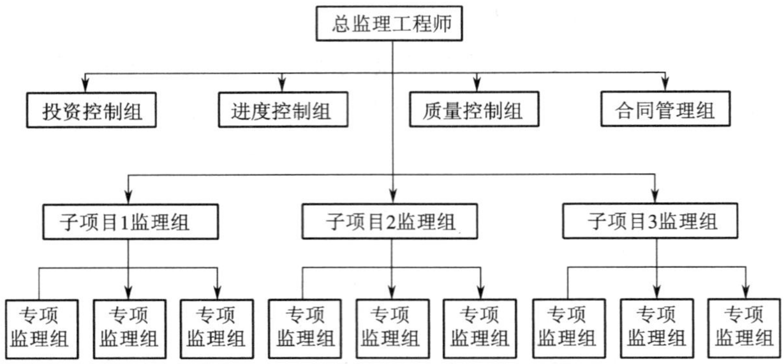

图 1-4　直线－职能制

4. 事业部制

事业部制（图 1-5）最早是由美国通用汽车公司总裁斯隆于 1924 年提出的，故有“斯隆模型”之称，也叫“联邦分权化”，是一种高度（层）集权下的分权管理体制。它适用于规模庞大、品种繁多、技术复杂的大型企业，是国外较大的联合公司所采用的一种组织形式，近几年我国一些大型企业集团或公司也引进了这种组织结构形式。事业部制是分级管理、分级核算、自负盈亏的一种形式，即一个公司按地区或按产品类别分成若干个事业部，从产品设计、原料采购、成本核算、产品制造到产品销售，均由事业部及所属工厂负责，实行单独核算、独立经营，公司总部只保留人事决策权、预算控制权和监督权，并通过利润等指标对事业部进行控制；也有的事业部只负责指挥和组织生产，不负责采购和销售，实行生产和供销分立，但这种事业部正在被产品事业部所取代；还有的事业部则按区域来划分。

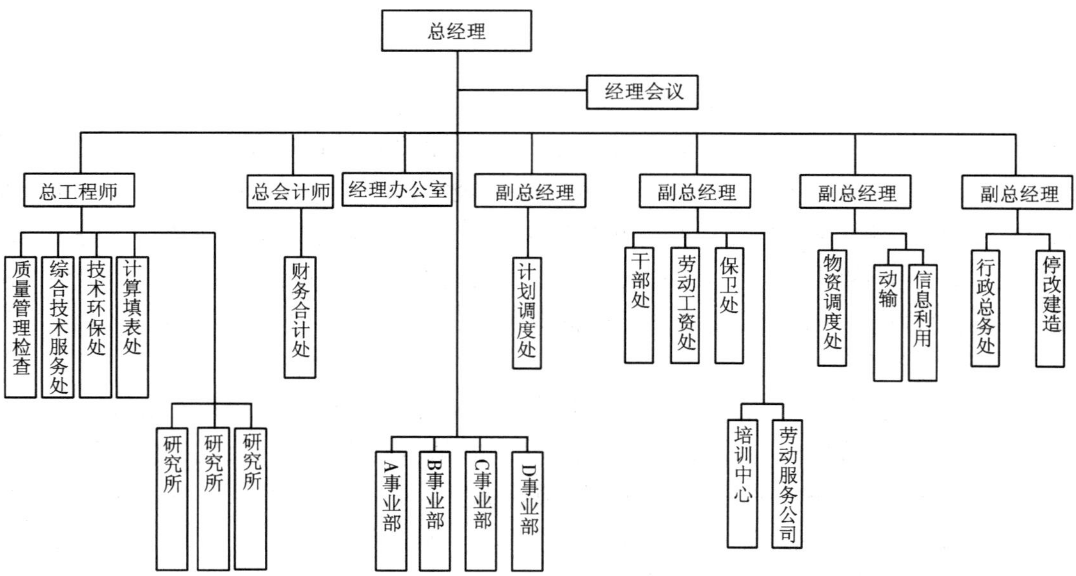

图 1-5　事业部制

5. **模拟分权制**

模拟分权制是一种介于直线－职能制和事业部制之间的结构形式（图 1-6）。

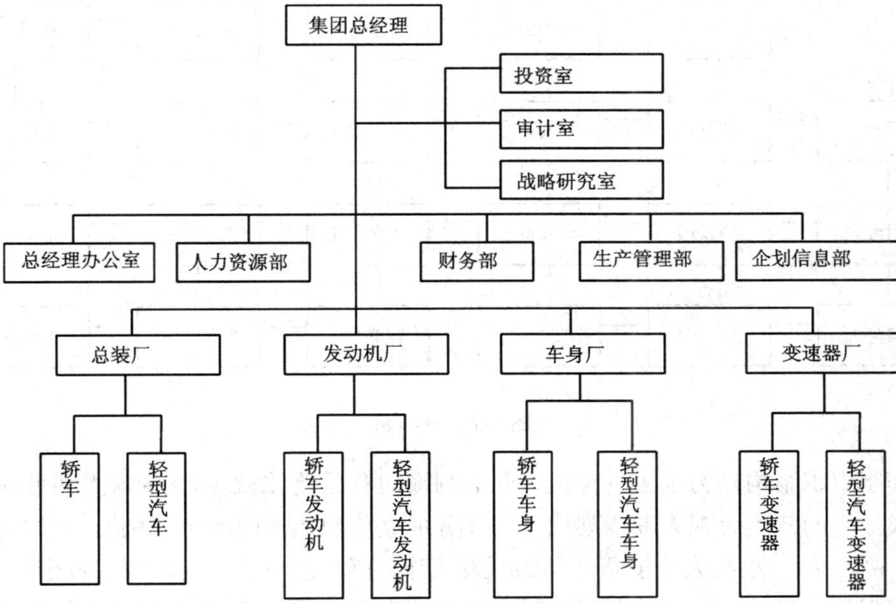

图 1-6 模拟分权制

许多大型企业，如连续生产的钢铁、化工企业，受产品品种或生产工艺过程所限，难以分解成几个独立的事业部。又由于企业的规模庞大，以致高层管理者感到采用其他组织形态都不容易管理，这时就出现了模拟分权制组织结构形式。所谓模拟，就是要模拟事业部制的独立经营、单独核算，而不是真正的事业部，实际上是一个个“生产单位”。这些生产单位有自己的职能机构，享有尽可能大的自主权，负有“模拟性”的盈亏责任，目的是调动它们的生产经营积极性，达到改善企业生产经营管理的目的。需要指出的是，由于各生产单位生产工作的连续性，很难将它们截然分开。以连续生产的石油化工企业为例，甲单位生产出来的“产品”直接就成为乙生产单位的原料，这当中无须停顿和中转。因此，它们之间的经济核算，只能依据企业内部的价格，而不是市场价格，也就是说这些生产单位没有自己独立的外部市场，这也是它们与事业部的差别所在。

模拟分权制的优点除了调动各生产单位的积极性外，就是解决企业规模过大不易管理的问题。高层管理人员将部分权力分给生产单位，减少了自己的行政事务，从而可以把精力集中到战略问题上来。其缺点是不易为模拟的生产单位明确任务，从而造成考核上的困难；各生产单位领导人不易了解企业的全貌，在信息沟通和决策权力方面也存在着明显的缺陷。

6. **矩阵制**

在组织结构上，把既有按职能划分的垂直领导系统，又有按产品（项目）划分的横向领导系统的结构，称为矩阵制组织结构（图 1-7）。

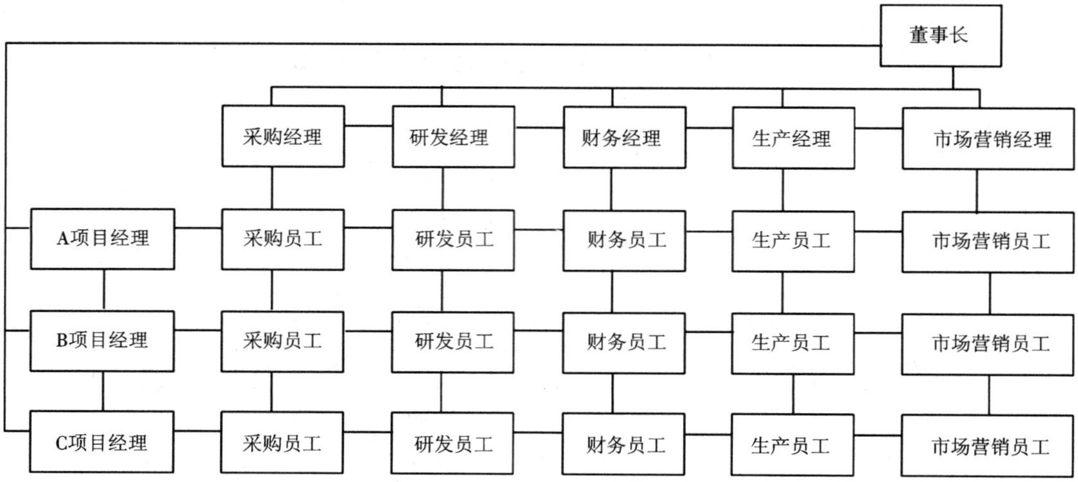

图 1-7 矩阵制

矩阵制组织结构是为了改进直线－职能制横向联系差、缺乏弹性的缺点而形成的一种组织形式。它的特点表现为围绕某项专门任务成立跨职能部门的专门机构，例如组成一个专门的产品（项目）小组去从事新产品的开发工作，在研究、设计、试验、制造各个不同阶段，由有关部门派人参加，力图做到条块结合，以协调有关部门的活动，保证任务的完成。这种组织结构形式是固定的，人员却是变动的，需要谁，谁就来，任务完成后就可以离开。项目小组和负责人也是临时组织和委任的。任务完成后就解散，有关人员回原单位工作。因此，这种组织结构非常适用于横向协作和攻关项目。

矩阵制的优点：机动、灵活，可随项目的开发与结束进行组织或解散；根据项目组织而成，任务清楚、目的明确，各方面有专长的人都是有备而来的，因此在新的工作小组里能沟通、融合，并把自己的工作同整体工作联系在一起，为攻克难关、解决问题献计献策；由于从各方面抽调来的人员有信任感、荣誉感，使他们增加了责任感，激发了工作热情，促进了项目的完成效率；加强了不同部门之间的配合和信息交流，克服了直线－职能制结构中各部门互相脱节的现象。

矩阵制的缺点：项目负责人的责任大于权力，因为参加项目的人员来自不同部门，隶属关系仍在原单位，只是为“会战”而来，所以项目负责人对他们管理困难，没有足够的激励手段与惩治手段，这种人员上的双重管理是矩阵制的先天缺陷；由于项目组成人员来自不同职能部门，当任务完成以后，仍要回原单位，因而容易产生“临时”观念，对工作有一定影响。

矩阵制适用于一些重大攻关项目，企业可用来完成涉及面广的、临时性的、复杂的重大工程项目或管理改革任务，特别适用于以开发与实验为主的单位，如科学研究，尤其是应用性研究单位等。

（三）意义

企业组织结构管理与组织再造工作，意义非同一般。“三个和尚没水吃”已是众所皆知，类似“三个臭皮匠，胜过诸葛亮”也广为传闻，其实这就是组织结构管理的效果。一个企业是否优秀，能否“长寿”，不仅看企业的领导人是否伟大，更重要的是看企业的组织结构是否能让平凡的员工通过不平凡的努力创造伟大的业绩。那么，是什么导致了这两种截然不同的组合效果呢？其根本原因在于组织结构不同，要素组合在一起的方式不同，从而造成了要素间配合或协同关系的差异。

组织管理得好，可以凝聚整体力量，产生放大效应。否则，就容易出现“一盘散沙”，甚至造成力量相互抵消的“窝里斗”局面。也许正是基于这种效果，人们常将“组织”誉为与人、财、物 3 大生产要素并重的“第 4 大要素”。美国钢铁大王卡内基这样说道：“将我所有的工厂、设备、市场、资金夺去，但只要公司的人还在，组织还在，那么 4 年之后我仍会是个钢铁大王。”由此，不难看出组织结构管理及组织工作的重要性。

近年来，对于企业竞争优势的关注开始集中于组织内部结构和组织行为。有研究提出企业竞争力和竞争优势的核心不是特定的组织资源或能力，这些通常会被其他公司模仿或购买。伯特咨询公司的研究也指出，竞争优势来源于组织内部运行机制，它确保企业经营的不同方面得以协调，如市场范围、技能、资源和程序。企业可以被视为其构成要素相互依赖的系统，所有的要素都必须在市场中保持协调一致。正是这些要素复杂而模糊的互补关系及组织协调战略目标的能力和执行的程度，给了企业一些特殊的、难以完全模仿的能力，形成了组织的竞争优势。

第五节　企业的设立

一、企业设立的条件

（1）有符合法律规定的名称。

（2）有企业章程或者协议。

（3）有符合法律规定的资本。不同类型公司的最低注册资本如下：

①有限责任公司注册资本的最低限额为人民币 3 万元（一人有限责任公司注册资本最低限额为 10 万元，且股东应当一次缴足出资额）；

②股份有限公司注册资本的最低限额为 500 万元；

③国际货运代理有限公司注册资本的最低限额为 500 万元；

④人力资源有限公司注册资本的最低限额为 50 万元；

⑤劳务派遣有限公司注册资本的最低限额为 200 万元；

⑥房地产开发有限公司注册资本最低限额为 100 万元。

（4）建立符合法律规定的组织制度。

（5）有符合法律规定的经营范围。

（6）有自己的生产经营场所。

二、企业的登记与年检

(一)企业登记的主要内容

(1)企业名称。

(2)住所和经营场所。

(3)法定代表人。

(4)经济性质。

(5)经营范围和经营方式。

(6)注册资金。

(7)经营期限。

(8)分支机构。

(二)企业年检的内容

企业年检的内容是法律制定的,同时根据国家宏观经济需要和国家政策的调整来确定。现阶段主要有以下 4 个方面。

(1)企业登记事项的执行和变动情况。

(2)资产负债及损益情况。

(3)投资情况。

(4)投资者出资情况。

课后案例

国美、苏宁强强对话

哪里有国美,哪里就有苏宁。如果你在街上看到了国美,那就意味着你会在不远的地方看到苏宁。

一个在资本市场上长袖善舞、霸气十足;一个无论在商业资本还是在实业资本上都左右逢源;究竟谁是中国家电零售业的老大?

国美电器非常注重员工的职业生涯规划和培训,例如"蓄水池人才培养工程"的建设使得 80% 新进公司的大学生成为公司骨干。他们始终坚持"以德为本,立德立人"的用人观和"重诺守信,诚信为本"的价值观。在招聘员工时本着"先挑老实人,再挑聪明人"的原则。员工上岗后,企业为他们开设了"提高执行力,塑造竞争力"的培训课程,还主张把办公室与教室联系在一起,鼓励员工随时随地地学习。公司还为员工提供了丰富的娱乐休闲活动,如员工俱乐部、员工沙龙。但是一些连锁店对这些理念的实施还不彻底。一个员工坦诚地告诉我们:"国美对新招员工只进行 1~3 个月的培训,企业文化并不浓,导致了一系列的跳槽事件。"

鉴于近年来销售利润的下滑,国美开始把目光转向大卖场的购物环境上。各地旗舰店在装修后呈现给顾客一副崭新的面貌:整齐的布局,宽阔的过道,明亮的灯光。此外,国美也致力于与供销商建立良好的合作伙伴关系。国美与海尔签订了战略协议，国美将不再向海尔收取合同外的费用，如进场费。但是，国美并不是与所有的供应商的关系都很好。在它与格力发生矛盾后，苏宁立即展开空调促销。与苏宁相比，国美在对待供应商的态度方面有些强硬。不允许厂商悬挂自己的横幅，不允许促销员说欢迎词时带自己厂商的名字。强控卖场使得双方关系紧张。进入苏宁，厂商受到的限制就比较少了，大大小小的厂家横幅满目皆是。

那么，在国内一直与国美并驾齐驱的苏宁又是怎样的具体境况呢？

比国美小4岁的苏宁在刚成立的时候也只是一家南京专营空调的小公司。其服务理念是“至真至诚，阳光服务”。苏宁人始终认为服务是苏宁的唯一产品，顾客满意是苏宁的最终目标。在西安苏宁总店的办公楼走廊的墙壁上，你可以看见类似“苏宁人才观：人品优先，能力适中，敬业为本，团队第一”“苏宁经营理念：整合社会资源，合作共赢，满足顾客需要，至真至诚”的标语。

苏宁推出“3C＋”模型，主动与厂商共同研发个性化产品，确保整个供应链的经营品质。而且苏宁还与一些厂商之间实现了从订单、发货、入库到销售汇总等数据的及时传递与交流。

为树立品牌形象，苏宁参加了许多公益性事业。其一年内捐赠善款1 000万元。此外苏宁有一支强大的物流售后服务大军，他们中的大多数都是农民。苏宁还不断吸收安置下岗工人，因此被评为“2006年度全国就业与社会保障先进民营企业”。

最近，苏宁向公司骨干和特别贡献员工推出15亿元股票期权激励计划。然而，苏宁给员工都规定了最低的销售额，员工为了完成任务往往不得不超时工作。

苏宁与国美有着类似的组织结构和相似的扩张模式，都采用快速铺网战略。以下是相关的结构模型和矩阵。

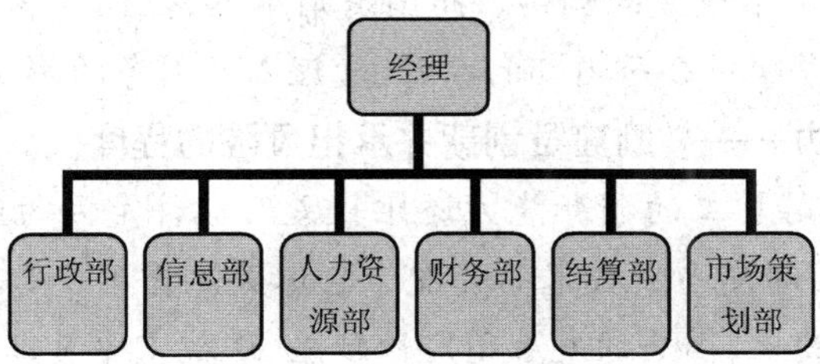

案例分析

一、国美与苏宁在组织文化上的异同

所谓组织文化，是指组织成员共有的价值和信念体系。这一体系在很大程度上决定了组织成员的行为方式。它代表了组织成员所持有的共同观念。

我们从以下7个维度来准确地表述组织文化。

1. 关注细节——期望雇员表现出精确性、分析和关注细节的程度

从关注细节上看，国美在这方面的特征更明显。首先从它对促销员的欢迎词要求上就可以看出它要求员工表现出的精确性。它不断强调对员工上岗前的培训，并鼓励在职员工不断学习。这些工作显然是希望员工在工作中能够充分发挥自己的聪明才智，从细节入手，精确、精准地完成自己的任务。而苏宁在这方面就缺少可圈可点的成绩。

2. 成果导向——管理者关注结果或成果，而不是如何取得这些成果的程度

从成果导向上看，国美与苏宁在这方面的重视程度都是很高的。国美挑选出业绩高的员工作为标杆，苏宁给工作骨干分配股权。决定谁得到认可的根本依据就是工作的结果。

3. 员工导向——管理决策中考虑结果对组织成员影响的程度

从员工导向上看，国美与苏宁还处于低级阶段。管理者在决策时考虑的还是自身利益。如国美只考虑到了对新进员工的培训，在培养老员工方面做得有些欠缺。而苏宁在制定组织目标的时候没有充分地考虑员工，导致员工为了实现定量的销售额而超时工作。

4. 团队导向——围绕团队而不是个人来组织工作的程度

在团队导向方面，苏宁就略胜一筹了。苏宁的人才观中明确指出“团队第一”，个人再优秀也不能脱离团队。据调查，国美虽然也是以团队为单位进行工作，但它还没有成为一种强势文化，没有被多数人认可。

5. 进取性——雇员富有进取性和竞争性的程度

国美与苏宁在进取性方面都属中等程度。可以在案例中看到，它们一方面对员工进行培训，鼓励员工学习，树立标杆，意在调动大家的竞争意识和进取心；而另一方面它们又强调员工间的合作。两者都要兼顾，那么进取性只能处于中间水平。

6. 稳定性——组织决策和行动强调维持现状的程度

从案例中可以看出，苏宁的发展相对稳定。它也在改变，如与供销商共同研发产品，但是这种改变并没有使公司出现大的动荡。而国美则不然，他们更急于改变现状，扩大规模。国美先后两次的同行业并购对公司内部的经营、管理以及财务的影响都是很大的。

7. 创新与风险承受力——鼓励雇员创新并承担风险的程度

国美与苏宁两家公司员工的创新能力还比较差。也许是因为两家公司并不是制造企业，它们不涉及新产品的研发与新技术的开发。它们更注重用一套持久的服务理念吸引更多的顾客。在风险承受力上，国美的发展稳定性较差，这就需要员工有一定的风险承受力。

整体来看，与世界优秀企业相比，国美与苏宁的组织文化还有许多不足。它们应该加强组织文化建设，如提升员工的进取性、创新与风险承受力。

二、对国美与苏宁的环境分析

所谓外部环境，就是指能够对组织绩效造成潜在影响的外部力量和机构。它分为具体环境和一般环境。具体环境指对管理者的决策和行为产生直接影响的要素，主要包括顾客、供应商、竞争者和压力集团；一般环境包括可能影响组织的广泛的经济条件、政治法律条件、社会文化条件、人口条件、技术和全球条件。供应商也扮演着利益相关者的角色，利益相关者是组织外部环境中受组织决策和行为影响的任何相关者。

我们主要对国美与苏宁外部环境中的供应商部分进行分析,以了解国美与苏宁是如何处理同供应者的关系。

处理好与利益相关者的关系是非常重要的,它不仅能带来其他的组织成果,也是管理者应该做的"正确"的事。

国美与海尔签订了战略协议,国美不再向海尔收取合同外的费用和进场费,说明国美是很看重与海尔的合作,并且希望与之有良好的合作关系。但整体上,国美在对待供应商的态度方面有些强硬,不允许厂商悬挂自己的横幅,强控卖场使得双方关系紧张。国美这些举措是在采用更直接的利益相关者管理。

相比之下,苏宁对待厂商的态度明显更温和,厂商在苏宁卖场受到的限制少,可以悬挂自己的横幅。苏宁这种温和对待供应商的态度更像是采用利益相关者伙伴关系,卖场与供应商之间为达到共同目标而相互合作、保持良好关系。

国美与苏宁面对相同的供应商采取不同的管理方式是有具体原因的。国美作为国内家电连锁的老大牌,在国内占据很高的市场份额,供应商的不确定性因素比较低,所以它完全可以采用强硬的管理方式。而苏宁起步比国美晚4年,门店规模尚不能与国美匹敌,但发展势头却极其迅猛,需要与供应商保持更加良好的关系,它所面临的不确定性相对要高,采用利益相关者伙伴关系是非常正确的。

三、国美与苏宁采取的组织战略

所谓战略管理,是一组管理决策和行动,它决定了组织的长期绩效。

国美电器与苏宁电器均是中国大型家电连锁企业,属于多事业公司。由于国美的溢价,苏宁在大中并购案中失败。国美并购同行业的业务如永乐、大中来扩大市场份额,属于增长型战略的横向一体化。两家在扩张的时候都采用快速铺展战略,不断地增开新店,通过内部扩张来提高销售额,属于增长型的直接扩张。但国美的扩张速度要比苏宁快,而且国美的门面店要比苏宁多。苏宁是稳步地发展,而国美则是疾速前进。由此可以看出,苏宁战略是稳定型战略和增长型战略的结合,而国美战略更多地倾向于增长型战略。

四、关于国美与苏宁的人力资源管理

人力资源管理是指为了提高企业绩效水平,培育富有创新性和灵活性的组织文化,而将企业的人力资源管理活动同战略目标联系在一起的做法,是人力资源管理部门及其管理者用来帮助公司实现战略目标的关键。

国美非常注重人力资源管理以及员工的职业培训,通过为新员工组织学习一些培训课程以及"蓄水池人才培养工程",都能看出来国美对人力资源管理的重视程度。

苏宁在此方面做得也很好,它的人才观念是"人品有限,能力适中,敬业为本,团队第一"。苏宁不断吸收下岗工人,下岗工人本身具有的工作经验与苏宁的需求相契合,正好达到双赢。为了控制住人才的流失,苏宁向公司骨干和特别贡献员工推出了15亿元的股票期权激励计划,不但使得员工努力程度加大,最主要还让他们有意愿在苏宁长久的工作。

总体来看,二者的组织文化、经营理念、服务理念、用人观都极其相似。区别在于:①国美的高层管理者是风险型,而苏宁是稳定型;②品牌形象是两家企业下一个要关心的问题,很多人在没有来得及比较两家的价格之前,选择的依据是感觉,感觉是什么,就是品牌在公众中的形象;③国美低价战略不是长久之计,它的低价是强迫供应商压低价格,这会使双方关系更加紧张。

第二章　企业管理概述

课前案例

弥勒佛与韦陀

去过寺庙的人都知道，一进庙门，首先是弥勒佛，笑脸迎客，而在他的北面，则是黑口黑脸的韦陀。相传在很久以前，他们并不在同一个庙里，而是分别掌管不同的庙。弥勒佛热情快乐，所以来的人非常多，但他什么都不在乎，丢三落四，没有好好地管理账务，所以依然入不敷出。而韦陀虽然管账是一把好手，但成天阴着个脸，太过严肃，来的人越来越少，最后香火断绝。佛祖在查看香火的时候发现了这个问题，就将他们安排在同一庙里，由弥勒佛负责迎八方客，于是香火大旺，而韦陀铁面无私，则让他负责财务，严格把关。在两人分工合作下，庙里呈现一派欣欣向荣的景象。

案例思考：同学们从这个小故事里能得到什么启示？

案例启示：在管理者眼中没有无用之人，关键是掌握用人之道。

第一节　企业管理概述

管理实践活动历史悠久，人类进行管理的历史可以追溯到远古。纵观古今中外，无论是远在公元前 214 年秦始皇命大将蒙恬率兵 30 万修建万里长城，还是古埃及修建金字塔；无论是战国时期李冰父子在成都岷江建造都江堰水利工程，还是春秋时期开凿全长 2 000 多千米的京杭大运河；无论是美国耗资 20 亿美元、耗时 3 年多制造第一颗原子弹的“曼哈顿工程”，还是投资 360 亿元、400 多万名科研人员参加、历时 8 年、迄今世界上最大的工程“阿波罗登月计划”，都得有统一的组织管理。

那么，什么是管理呢？

一、管理的概念

（一）管理的含义

管理可以分为很多类，比如行政管理、社会管理、工商企业管理、人力资源管理等。每一个人也同样需要管理，比如管理自己的起居饮食、时间、健康、情绪、学习、职业、财富、人际关系、社会活动、精神面貌（即穿着打扮）等。在现代市场经济中，工商企业的管理最为常见。每一种组织都需要对其事务、资产、人员、设备等所有资源进行管理。

管理是指组织中的管理者通过计划、组织、指挥、协调和控制等环节和各种方法，来有效地获得和利用各种资源，以期达到组织目标的过程。管理具体包括以下4个要素：

(1)管理的主体(由谁管)——管理者；

(2)管理的客体(管什么)——组织内各种资源；

(3)管理的手段(怎么管)——方法、职能；

(4)管理的目标(为何而管)——组织的目标。

(二)管理与经营的对比

管理与经营虽然在本质上同义，然而在具体上还是有区别的，不能完全混淆。

1. 侧重点不同

经营侧重物的优化配置使用，而管理则侧重人的优化配置使用。财物、资金的控制、运用等称作经营比较合适，称作管理就不太合适。相反，人事配置、运用称为管理，称作经营就别扭。在企业里，经营主要面向外部环境——市场，管理则主要面向内部，管的是队伍。虽然经营侧重物的使用，然而物必须通过人来使用。虽然管理也需要管物，然而管物实质上就是管人。这一区别说明了一个有趣的问题，精于经营的不一定精于管理，同样精于管理的不一定精于经营，因为这两者属于两个具体不同的领域。当然需要注意的是，这个不同只是具体的不同、相对的不同，并非绝对意义上的不同，两者有相通的地方，可以相互转化。因为两者在本质上是相联系的，并非是相互孤立的。所以，两者的发展有相互照应、相互借鉴的可能，而且客观上也是必须的。

2. 复杂程度不一样

经营更具体、更简单；管理更抽象、更复杂。物与人既有联系又有区别。物对人有用，方有价值，而人是物的最高表现形式。人本质上仍脱不了物这一范畴。然而，物是一些没有生命的、被动性的东西，而人是有意识、有思维、有情绪、活生生的物。经营是具体的、简单的管理，而管理是抽象的、复杂的经营。两者都是人的劳动，但经营更像具体劳动，而管理更像抽象劳动。这一区别也说明了一个问题，个体经营向企业经营发展，家族企业向现代企业发展，小企业向大企业发展，大企业向跨国企业发展，其经营水平提高有管理水平提高的可能和必要，而且客观上也是必须的。

3. 两者在企业中的地位和作用是发展变化的

(1)从政治上讲，管理是目的，经营是手段，经营为管理服务。

我们知道，管理就是效益。这个效益是看不见、摸不着的一些东西，不是一些生硬的、低级的、具体的、表面化的财物，而是通过这些表面化财物表现出来的，更深入、更高级、更抽象的本质性的东西，比如企业领导者与员工的价值取向、工作态度、敬业精神、团队意识和整个企业生存和发展的一整套策略、方法以及由此引发的凝聚在企业产品里面并通过产品表现出来的市场接受程度，比如企业的品牌形象等。这些东西概括起来，就是企业经营发展中的政治性需求。

企业经营发展的政治性要求，指明了企业发展的方向，并为企业的长远发展提供后续动力和空间。这一要求是客观的要求。因为一个企业的生存和发展是持续不断的生存和发展，而且是规模化、集团化的众多人与人分工合作下的持续不断的生存和发展。这种生存和发展,客观上要求不仅要集中力量于当前,还要储蓄力量于以后,即要有后劲。没有后劲的企业,无论规模大小,其生存和发展都是没有保障的。

(2)从经济上讲,经营是目的,管理是手段,管理为经营服务。

虽然经营直接创造利润,管理不直接创造利润,但管理可以通过控制成本提高效益,节约的成本就是再现实不过的利润,所以也有"管理就是效益"之说。当然管理也不仅仅只是成本控制。

企业经营管理的经济性要求,给企业的发展方向赋予现实的、具体的内容。它规定了企业的发展必须要有投入,并规定了投入的上限,即企业的最高成本,超出这个成本就构成了浪费。这一要求是衡量和检验企业管理是否有效的主要的外在标准。

(3)在企业发展过程中,政治性、经济性要求呈现此起彼伏、纵横交错向前发展的局面。

经营管理的政治性、经济性要求作为人与人、人与客观环境竞争的明暗两条主线,不仅存在于企业里,而且存在于人类生存生活所涉及的方方面面,小到个人居家过日子,大到国家建设、人类的文明发展,只是对企业来说显得特别明显罢了。然而,对企业来说,情况不同,其表现的具体形式和程度也不一样,各有各的特点。作为企业的管理者、领导人,了解和掌握这些特点是十分有必要的。为什么?因为一个企业的人的精力,特别是企业领导人的精力,还有财力在一定时间、一定时期内总是有限的,然而一定时间、一定时期内需要去做的事情、需要去解决的问题,又是无限的。任何事情总有个大小主次、轻重缓急,面对企业里成堆的问题或事务,企业管理者、领导人一方面既没有这个可能又没有这个必要事必躬亲、面面俱到,而必须要有所选择、有所取舍,既不能简单地"眉毛胡子一把抓",又不能简单地搞"一刀切";另一方面选择必须是正确的选择,取舍必须是正确的取舍,该取的反而舍了,该舍的反而取了,都是不允许的。因此,不了解、不掌握这些特点,要想做到这些是不可能的。

这里有必要讲一个古人的故事。从前,有一位客人到主人家拜访,见其烟囱是直的,旁边又堆满了柴草,就建议把烟囱改成弯的,把柴草移开,否则就有可能引起火灾。主人家并未理会。后来果然失火。经众邻居共同帮忙,方将大火扑灭。火扑灭后,主人家就杀猪宰羊进行犒赏。凡在灭火中被灼伤、出力最多的被请为上座,其余各按灭火出力大小依次就座,却单单没请那位建议改烟囱、移柴草的客人。结果就有人评论,"假如当初要是听从了改烟囱、移柴草的劝告,今天还会发生火灾吗?也更不必杀猪宰羊这样破费了。如今论功分赏,而单单对先前提建议的人置之不理,这样公平吗?"主人听完后马上醒悟过来,赶紧将那位客人请来,并奉为上宾。

二、管理的特征

(一)管理的二重性

任何社会生产都是在一定生产关系下进行的。管理,从最基本的意义来看,一是指挥生产劳动;二是监督生产劳动。生产过程具有两重性——既是物质资料的再生产,又是生产关系的再生产。因此,对生产过程进行的管理也具有两重性:一种是与生产力、社会化大生产相联系的自然属性;另一种是与生产关系、社会制度相联系的社会属性。

(二)管理的科学性与艺术性

管理是由一系列概念、原理、原则和方法构成的知识体系,反映了管理活动的科学性。艺术性就是强调管理的实践性,没有实践,也就无所谓艺术。

1. 管理的科学性

首先,管理的科学性是指有效的管理必须由科学的理论、方法来指导,要遵循管理的一般原则与原理。只有按照管理活动的客观规律办事,管理的目标才能实现。正如美国管理学家孔茨所说:“医生如果不掌握科学,几乎跟巫医一样。高级管理人员如果不具备管理科学知识,也只能是碰运气、凭直觉或者是老经验办事。”这样的管理是缺乏保证的,很容易走向失败。

其次,管理的科学性指管理是由一系列概念、原理、原则和方法构成的科学体系,有它内在规律可循。也就是说,在管理活动的历史长河中,人类通过总结管理实践中大量的成功经验及失败的教训,已经归纳、抽象出管理的一些基本原理、原则和方法。这些原理、原则和方法较好地揭示了一系列具有普遍应用价值的管理规律,遵循这些管理规律办事,管理活动的效率就能大大提高,组织的目标就容易实现。

2. 管理的艺术性

管理的艺术性是指灵活运用管理理论知识的技巧和诀窍。管理对象的复杂性和管理环境的多变性,决定了管理活动不可能有放之四海而皆适用的固定模式,管理者应当根据所处环境创造性地运用所掌握的管理理论知识。具体来说,管理的艺术性是由以下两个因素决定的:其一是管理的环境;其二是管理的主要对象——人所具有的主观能动性和感情。人的主观能动性体现在人能够积极地思考,能够自主地做出行为决定。另外,人是有感情的,感情的变化虽然有一定的规律可循,但也最琢磨不定、难以预料的。不同的人对同样的管理方式、方法可能会产生截然不同的反应,这要求管理者必须根据具体的管理目的、管理环境与管理对象,创造性地运用管理理论知识与技能去解决所遇到的各种实际问题,管理才可能获得成功。

3. 科学性和艺术性之间的关系

管理是科学性与艺术性的统一。管理的科学性是管理艺术性的基础,管理需要科学的理论作指导,管理艺术性的发挥必然是在科学理论指导下的艺术性发挥。离开了管理的科学性,艺术性就会变成简单的感觉与经验,就不能成为真正的艺术,就很难实现有效的管理。管理的艺术性是管理科学性的升华,离开了管理的艺术性,科学性就会变成僵化的书本教条,也难以发挥其作用。

管理理论是对大量的管理实践活动的一般性的概括和抽象,具有较高的原则性,而每一项具体的管理活动都是在特定的环境和条件下展开的,具有相对的特殊性。只有创造性地灵活运用管理知识,才能将理论服务于实践。仅靠管理的专业训练不可能培养出“成品”的管理人员,但要成为一名合格的管理者,必须接受管理的专业训练。可以说,与其他的科学理论相比较,管理理论要容易理解得多,但要将这些简单的理论灵活运用于管理实践,却有相当大的难度。成功的管理者常能掌握管理的科学性和艺术性,而失败的管理者可能只知道管理的科学性。

拿破仑替哨兵站岗

拿破仑带领他的部队进攻意大利时,部队连日长途跋涉,意外感染了瘟疫,减员严重,官兵极其辛苦。一天晚上拿破仑出来查岗,发现哨兵睡着了,拿破仑站在哨兵旁边帮他站岗,半个小时后哨兵醒来,发现元帅在帮自己站岗,腿一软双膝跪下,腰也弯曲了。哨兵磕头请求饶命,拿破仑说没关系,太辛苦了,可以谅解,下不为例。

(三)管理的普遍性与目的性

管理普遍存在于各种组织活动之中,即管理具有普遍性。管理是实现组织目标的手段,任何组织,小至家庭大至国家都需要管理。管理是人类一项有意识、有目的的协作活动,是为实现组织既定的目标而进行的,这就是管理的目的性。任何组织都有其目标,都有一定的人力、物力、财力等资源,都要充分利用其资源,力求用尽可能少的消耗来正确地完成组织目标。

一根鱼竿和一篓鱼

从前,有两个饥饿的人得到了一位长者的恩赐:一根鱼竿和一篓鲜活的鱼。其中一个人要了一篓鱼,另一个人要了一根鱼竿,于是他们分道扬镳了。

得到鱼的人原地就用干柴搭起篝火煮起了鱼,他狼吞虎咽,还没有品出鲜鱼的肉香,转瞬间,连鱼带汤就被他吃了个精光。不久,他便饿死在空空的鱼篓旁。

另一个人则提着鱼竿继续忍饥挨饿,一步步艰难地向海边走去。但当他看到不远处那片蔚蓝的海洋时,他浑身的最后一点力气也用完了,他只能眼巴巴带着无尽的遗憾撒手人间。

又有两个饥饿的人,他们同样得到了长者的恩赐:一根鱼竿和一篓鱼。只是他们并没有各奔东西,而是商定共同去找寻大海。他们每次只煮一条鱼一起分享,经过长途跋涉,当这一篓鱼吃完的时候,终于来到了海边。从此,两人开始了捕鱼为生的日子。几年后,他们盖起了房子,有了各自的家庭、子女,有了自己建造的渔船,过上了幸福安康的生活。

三、企业管理的含义

企业管理就是为了保证企业生产经营活动的正常进行,实现企业的既定目标,而对企业的生产、财务、经营等活动所进行的计划、组织、指挥、协调和控制。

进一步理解,企业管理是对企业生产经营活动进行计划、组织、指挥、协调和控制等一系列活动的总称,是社会化大生产的客观要求。企业管理是尽可能利用企业的人力、物力、财力、信息等资源,实现多、快、好、省的目标,取得最大的投入产出效率。

四、企业管理的重要意义

企业管理使企业的运作效率大大提高;让企业有明确的发展方向;使每个员工都充分发挥他们的潜能;使企业财务清晰,资本结构合理,投融资恰当;向顾客提供满意的产品和服务;树立企业形象,为社会多做实际贡献。

第二节 企业管理理论的产生与发展

一、早期管理阶段

(一)早期管理实践与管理思想阶段

从人类社会产生到18世纪,人类为了生存进行着管理活动和管理实践,其范围是极其广泛的,但是人们仅凭经验去管理,尚未对经验进行科学的抽象和概括,没有形成科学的管理理论。早期的一些著名的管理实践和管理思想大都散见于古埃及、中国、古希腊、古罗马和意大利等国的史籍和许多宗教文献之中。

(二)管理理论的萌芽阶段

18世纪的第一次工业革命使以机器生产为主的现代意义上的工厂成为现实,工厂以及公司的管理越来越突出,管理方面的问题越来越多地被涉及,管理学开始逐步形成。这个时期的代表人物有亚当·斯密、大卫·李嘉图等。亚当·斯密是英国资产阶级古典政治经济学派创始人之一,他的代表作是《国富论》。亚当·斯密发现,分工可以使劳动者从事某种专项操作,有利于提高技术熟练程度,推动生产工具的改革和技术进步,减少工种的变换,有利于节约劳动时间,从而提出了分工理论。大卫·李嘉图是英国资产阶级金融家,古典政治经济学的杰出代表者和完成者,1817年大卫·李嘉图的《政治经济学及赋税原理》一书,在资产阶级经济学界产生了深远的影响。在该著作之中,大卫·李嘉图率先提出了两个理论:一是"劳动价值论",即商品的价值取决于其生产所必需的劳动量;二是"工资理论",即劳动者维持自身生活以及供养家庭的能力,不应该取决于其工作的货币数量,而应该取决于这笔货币所能购买的实物和必需品数量,也就是货币的实际购买力。这两个涉及劳动者价值和工资的理论,开创了从经济角度关注管理问题的先河。

这个阶段一般称为经验管理或传统管理阶段。企业管理理论和管理思想主要反映在企业管理者办工厂的个人实践和经济学家的个别论述中,还未形成系统的管理理论。

二、科学管理阶段

科学管理相关理论形成于19世纪初,自由资本主义向垄断资本主义过渡时期,主要代表人物及理论包括美国的弗雷德里克·泰勒的科学管理理论、法国的法约尔的一般管理理论和德国的马克斯·韦伯的行政组织体系理论。

(一)泰勒的科学管理理论

泰勒被誉为"科学管理之父",他针对如何提高工厂管理效率,于1911年在《科学管理原理》一书中提出了科学管理理论。科学管理的目标是提高劳动生产率,而科学管理的关键在于将原来的经验工作方法变为科学工作方法。为此,泰勒提出了任务管理法和配备"第一流"的工人。具体内容如下:

(1)制定高标准的工作定额;

(2)提供标准的工作条件;

(3)实行差别化的计件工资;

(4)提出把管理职能和执行职能分开等。

(二)法约尔的一般管理理论

法约尔被誉为"经营管理之父",重点对组织管理进行了系统的研究,并于1916年在《工业管理和一般管理》一书中提出了管理过程的职能划分理论及"十四项管理原则",他认为管理的五大职能是计划、组织、指挥、协调和控制。

(三)马克斯·韦伯的行政组织体系理论

马克斯·韦伯被誉为"组织理论之父",他在管理思想方面的主要贡献是在《社会和经济组织理论》一书中提出了理想官僚组织体系理论,他认为建立一种高度结构化的、正式的、非人格化的、理想的官僚组织体系,是提高劳动生产率的最有效形式;并指出组织的合法权威有三种来源,即习俗惯例、个人魅力、法规理性。

综上可知,科学管理阶段具有以下5个特点:

(1)系统化、科学化地研究和解决企业内部的生产管理问题;

(2)以提高组织的效率为直接目的;

(3)提倡管理职能的分工与专业化;

(4)把管理的对象看作封闭系统,集中研究企业内部的组织管理问题;

(5)在人性的假设上,将人看作"经济人""生产的活机器"。

三、行为科学理论阶段

该阶段始于20世纪20年代,早期叫作人际关系理论,之后得到很大发展。

(一)早期代表人物与霍桑实验

20世纪20年代至30年代间,美国研究人员在美国西方电器公司霍桑工厂进行了有关工作条件、社会因素与生产效率之间关系的实验。这项实验的代表人物是美国哈佛大学教授乔治·埃尔顿·梅奥。在这项实验的基础上,梅奥创立了早期的行为科学理论——人际关系学说,其主要观点如下。

(1)工人不仅是经济人,而且是社会人,因此要重视人性。

(2)企业除了正式组织外,还有非正式组织。

(3)提高职工满意度是调动职工劳动积极性的关键所在。

(二)行为科学的发展

有关人的需求、动机和激励的理论包括马斯洛的"需求层次论"、赫茨伯格的"双因素激励理论"、斯金纳的"强化理论"等。

有关企业管理的“人性”发展的理论包括麻省理工麦格雷戈的“X 理论 -Y 理论”、威廉·大内的“Z 理论”等。

四、现代管理理论阶段

除了行为科学学派得到长足发展以外，许多管理学者都从不同的角度发表自己对管理学的见解。20 世纪 40 年代以后，管理理论呈现学派林立的景象。

管理过程学派又称管理职能学派，是美国加利福尼亚大学的教授哈罗德·孔茨和西里尔·奥唐奈里奇提出的。管理过程学派认为，无论组织的性质和组织所处的环境有多么不同，但管理人员的管理职能却是相同的。孔茨和奥唐奈里奇将管理职能分为计划、组织、人事、领导和控制五项，而把协调作为管理的本质。孔茨利用这些管理职能对管理理论进行分析、研究和阐述，最终得以建立起管理过程学派。孔茨继承了法约尔的理论，并把法约尔的理论更加系统化、条理化，使管理过程学派成为管理各学派中最具有影响力的学派。

管理科学学派的管理科学理论是指以系统的观点运用数学、统计学的方法和电子计算机的技术，为现代管理的决策提供科学的依据，通过计划和控制以解决企业中生产与经营问题的理论。该理论是泰勒科学管理理论的继承和发展，其主要目标是探求最有效的工作方法或最优方案，以最短的时间、最少的支出，取得最大的效果。

社会系统学派是从社会学的角度来分析各种组织。它的特点是将组织看作一种社会系统，一种人的相互联系的协作体系，它是社会大系统中的一部分，受到社会环境各方面因素的影响。美国的切斯特·巴纳德是这一学派的创始人，他的著作《经理的职能》对该学派有很大的影响。

决策理论学派是在第二次世界大战之后，吸收了行为科学、系统理论、运筹学和计算机程序等学科的内容发展起来的，代表人物为西蒙。西蒙是美国管理学家、计算机学家和心理学家，决策理论学派的主要代表人物。决策理论学派认为，管理过程就是决策的过程，管理的核心就是决策。西蒙强调决策职能在管理中的重要地位，以有限理性的人代替有绝对理性的人，用“满意原则”代替“最优原则”。

系统理论学派是将企业作为一个有机整体，把各项管理业务看成相互联系的网络的一种管理学派。该学派重视对组织结构和模式的分析，应用一般系统理论的范畴、原理，全面分析和研究企业和其他组织的管理活动和管理过程，并建立起系统模型以便于分析。系统理论学派的重要代表人物是弗里蒙特·卡斯特。弗里蒙特·卡斯特是美国系统管理理论的重要代表人物，著名的管理学家，主要著作有《系统理论与管理》(与约翰逊、罗森茨韦克合著)、《组织与管理：系统与权变方法》(与罗森茨韦克合著)等。

经验主义学派又称为经理主义学派，以向大企业的经理提供管理当代企业的经验和科学方法为目标。它重点分析成功管理者实际管理的经验，并加以概括、总结出他们成功经验中的共性东西，然后使之系统化、合理化，并据此向管理人员提供实际建议。其中的代表人物有彼得·德鲁克、欧内斯特·戴尔等。

经理角色学派是以对经理所担任角色的分析为中心来考虑经理的职务和工作的，该学派认为针对经理工作的特点及其所担任的角色等问题，如能有意识地采取各种措施，将有助于提高经理的工作成效。经理角色学派的代表人物是亨利·明茨伯格。

权变理论学派认为企业管理要根据企业所处的内外条件随机应变，没有什么一成不变、普遍适用的“最好的”管理理论和方法。企业管理者要根据企业所处的内部条件和外部环境来决定其管理手段和管理方法，即要按照不同的情景、不同的企业类型、不同的目标和价值，采取不同的管理手段和管理方法。其代表人物卢桑斯在 1976 年出版的《管理导论：一种权变学》是系统论述权变管理的代表著作。

第三节　企业管理的基本职能

一、管理的职能定义

管理的职能是管理过程中各项活动的基本功能，又称管理的要素，是管理原则、管理方法的具体体现。

二、管理的基本职能

关于企业管理的职能，有“三职能”“四职能”“五职能”“七职能”等多种说法，其中最为基本的职能是计划、组织和控制这三个职能，其他职能都可以从这三个职能中分解出来。

而国外普遍认可的五大管理职能是由管理学家法约尔提出的，他将管理活动分为计划、组织、指挥、协调和控制等五大管理职能，并对每个职能都进行了相应的分析和讨论。

（一）计划职能

管理意味着展望未来，预见是管理的一个基本要素，预见的目的就是制订行动计划。

（1）公司所有的资源，即公司的人、财、物、公共关系等。

（2）正在进行的工作的性质。

（3）公司所有的活动以及未来的发展趋势。

好的计划对企业的经营管理非常有利，一个好的计划有如下的特点。

（1）统一性：每个活动不仅要有总体的计划，还要有具体的计划；不仅要有前面的计划，还要有后续的计划。

（2）连续性：不仅要有长期计划，还要有短期计划。

（3）灵活性：能应付意外发生的事件。

（4）客观性：尽量使计划具有客观性，不具有主观随意性。

管理人员在制订计划时，要对企业的经营状况有整体的了解，并且对企业每天、每月、每年、五年、十年等的经营状况进行预测。企业各个部门的负责人要对本部门进行总结和预测，对本部门的计划负责，根据实践的推移和情况的变化对以前的计划做出适当的调整。高层的管理人员主要负责制订计划，而中层及基层的管理人员主要负责执行计划。

起码先去买一张彩票

在某一个不太大的城市里，有这样一个落魄而又不得志的中年人，他整天什么都不想干，可是三天两头就到教堂祈祷，而且他的祈祷词每次大致相同。

第一次到教堂时，他跪在圣坛前开始祈祷："上帝啊，请念在我多年来敬畏您老人家的份上，让我中一次彩票吧！阿门。"

几天后，他又垂头丧气地来到教堂，同样跪在圣坛前祈祷："上帝啊，您老人家为何不让我中彩票？我愿意更谦卑地服从您，求您让我中一次彩票吧！阿门。"

又过了几天，他再次来到教堂，同样跪在圣坛前祈祷，用相似的祈祷词，重复、不间断地向"上帝"祈求着。

不知过了多长时间，他又一次来到圣坛前跪地祈祷："我的上帝，为何您老人家不聆听我的祈祷呀？我再次求求您老人家，就让我中一次彩票吧，我不贪财，要我中一次就行，我愿意终身侍奉您，把您老人家请到更大的房子里……"

就在这个时候，圣坛上空发出一阵庄严的声音："我就是你总在祈祷的上帝，我一直在聆听你的祈祷，我也是真的很想帮你，可是，最起码，你也该先去买一张彩票吧？"

（二）组织职能

组织就是为企业的经营提供所必需的原料、设备、资本和人员。

组织分为物质组织和社会组织两大部分，企业管理中的组织是社会组织，只负责企业的部门设置、各职位的安排以及人员的安排。有的企业资源大体相同，但是如果它们的组织设计不同的话，其经营状况就会有很大的差异。

在通常情况下，社会组织都应该完成下列任务。

（1）行动计划是否经过深思熟虑的准备并坚决执行了。

（2）社会组织与物质组织是否与企业的目标、资源与需要适合。

（3）建立一元化的、有能力的、强大的领导层。

（4）配合行动、协调力量。

（5）做出清楚、明确、准确的决策。

（6）有效地配备和安排人员，每一个部门都应该由一个有能力的、积极的人来领导，每一个人都应该在他能够最好地发挥作用的职位上。

（7）明确地规定职责。

（8）鼓励首创精神与责任感。

（9）对所做的工作给予公平而合理的报酬。

（10）对过失与错误实行惩罚。

（11）使大家遵守纪律。

（12）使个人利益服从企业利益。

（13）特别注意指挥的统一。

（14）注意物品秩序与社会秩序。

（15）进行全面控制。

（16）与规章过多、官僚主义、形式主义、文牍主义等弊端做斗争。

在法约尔的组织理论中，组织结构的金字塔是职能增长的结果，职能的发展是水平方向的，因为随着组织承担的工作量的增加，职能部门的人员就要增多，而且随着规模的扩大，需要增加管理层次来指导和协调下一层的工作，所以纵向的等级也是逐渐增加的。

法约尔认为职能和等级序列的发展进程是以一个工头管理 15 名工人和往上各级均为 4 比 1 的比数为基础的。例如 15 名工人就需要有 1 名管理人员，60 名工人就需要有 4 个管理人员，而每 4 个管理人员就需要有 1 名高一层级的管理人员。组织就是按这种几何级数发展的，而作为组织的管理就是应当把管理的层次控制在最低的限度内。

大树不会长到天上去，社会组织也有它的极限。由于管理能力有限，组织的增长也不可能无限地发展下去。一般来说，一个领导只能有 4~5 个直接下属，而管理层次一般不会超过 8~9 级。横向幅度太大，容易管理失控；纵向幅度太大，信息传递速度太慢，反应迟缓。

关于参谋人员，法约尔认为应该让一批有能力、有知识、有时间的人来承担，使得管理人员的个人能力得到发挥。而且参谋人员只听命于企业领导人，他们和军队中的参谋人员是差不多的，他们不用处理日常事务，主要任务是探索更好的工作方法，发现企业条件的变化以及关心长期发展的问题。

每一个位置都有它的作用

很早以前，有一座庙里住着 5 个和尚，可是庙里的香火不盛，没几个人前来。和尚们眼看揭不开锅了，于是决定 4 个人下山去化缘，留一个小和尚在庙里看门。这个方法看样子不错，和尚们用不着挨饿了。

就这样过了一段时间，一天，和尚们化缘回来见小和尚正躺在床上睡觉，他们很生气，想着“我们几个人在外面辛辛苦苦讨回来粮食给你吃，你却在家安逸地睡觉”。和尚们决定让小和尚以后跟他们一起外出化缘。

小和尚不得不听从师兄们的意思，第二天跟他们一道出门。到了晚上，和尚们回到庙里，他们简直不敢相信自己所看到的：庙门大开，院子里乱七八糟地堆着柜子、箱子、衣服、经书……“被盗了！”和尚们反应过来说。

和尚们好不容易化缘得回来的粮食、钱物被盗贼席卷一空。他们后悔不已。

（三）指挥职能

法约尔非常强调统一指挥，很反对泰勒的职能工长制，认为它违背了统一指挥的原则，容易造成管理混乱。

一元化领导同多元化相比，更有利于统一认识、统一行动、统一指挥。但在各种形式下，人的个人作用极为重要，它左右着整个管理系统。

对于组织中的管理人员，法约尔根据自己多年的管理经验提出了自己的看法：挑选人员是一个发现人员的品质和知识，以便填补组织中各级职位空白的过程。产生不良挑选的原因与雇员的地位有关。法约尔认为，所需要填补的职位越高，挑选时所用的时间就越长，挑选要以人的品质为基础。

春运

春运期间的某省会火车站人山人海,候车室早已人满为患,车站工作人员只好在广场上立起一个个开往各地车次的标牌。开往南昌 ××× 次标牌下的旅客挑着、扛着、挤着、闹着,乱作一团,这支队伍看上去至少有 6 列,早已不成队伍,大家烦躁不安。离开车时间还有半个小时,一位 20 岁出头的女工作人员面带微笑地走来,不急不忙地举起小牌,声音不大但很悦耳地说:“乘坐开往南昌方向的 ××× 次列车的乘客请跟我走。”

于是,她身后的几百人便开始跟着挪动起来。小姑娘头也不回地向前走,顺着车站广场人群中间那稍窄的通道不慌不忙地走着,这样绕了一大圈之后,小姑娘身后不再像刚才那么拥挤了,队伍开始变得越来越慢,越拉越长,秩序也越来越好。绕场三周后,姑娘看到身后已是一列有序的纵队,她会心地笑了笑,走到离刚才大家排队不到 3 米的地方,叫开了铁门,旅客井然有序地走进了站台。

(四)协调职能

当社会组织建立以后,就要让指挥发挥作用。通过指挥的协调,能使本单位的所有人做出最好的贡献,实现本企业的利益。

法约尔认为,担任组织中指挥工作的领导人应做到以下几点。

(1)对自己的职工要有深入的了解,至少要做到了解自己的直接下属,明白对每个人可寄予什么期望,给予多大信任。

(2)淘汰没有工作能力的人。领导是整体利益的裁决者与负责者,只有整体利益迫使他及时地执行这项措施,这项任务不是任何人都能做到的。领导应该灵活地、勇敢地完成这项任务,使每个成员认识到淘汰工作是必要的,而且也是正确的。当然,对被淘汰的人也要给予一定的关心和帮助。

(3)能够很好地协调企业与员工之间的关系。领导在上下级之间起着沟通桥梁的作用,在员工面前,他要维护企业的利益,在企业面前,他要替员工着想。

(4)领导做出榜样。每个领导都有权让别人服从自己,但如果各种服从只是出自怕受惩罚,那么企业工作可能不会做好。领导做出榜样,是使职工心悦诚服的最有效的方法之一。

(5)使用人员一览表对组织进行定期检查。人员一览表表示企业中的等级距离,标明每个人的直接上下级,这就相当于企业的组织机构。

(6)善于利用会议和报告。在会议上,领导可以先提出一个计划,然后征询参与者的意见,再做出决定。这样做易于被大家接受,效果会好很多。

(7)领导不要在工作细节上耗费精力。在工作细节上耗费大量时间是一个企业领导的严重失职。但是,不在工作细节上耗费精力并不是说不注意细节。作为一个领导者应该事事都了解,但又不能对什么事都去研究,都去解决。领导不应因关心小事情而忽视了重大的事情。领导要想做到这一点,就应合理组织协调工作。

（8）在职工中保持团结、积极、创新和忠诚的精神。在部下的条件和能力允许的情况下，领导可以交给他们尽可能多的工作。这样领导可以发挥他们的首创精神，领导甚至要不惜以他们犯错误为代价。况且，通过领导认真对他们加以监督，这些错误产生的影响是有限的。

协调就是指企业的一切工作者要和谐地配合，以保证企业经营的顺利进行，并且有利于企业取得成功。

协调就是让事情和行动都有合适的比例，就是方法适应于目的。

法约尔认为协调能使各职能机构与资源之间保持一定的比例，收入与支出保持平衡，材料与消耗成一定的比例。总之，协调就是让事情和行动都有合适的比例。

在企业内，如果协调不好，就容易造成很多问题，在一个部门内部，各分部、各科室之间，各不同部门之间一直存在着一堵墙，互不通气，各自最关心的就是使自己的职责置于公文、命令和通告的保护之下；谁也不考虑企业整体利益，企业里没有勇于创新的精神和忘我的工作精神。

这样企业的发展就容易陷入困境，各个部门步调不一致，企业的计划就难以执行，只有它们步调都一致，各个工作才能有条不紊、有保障地进行。

法约尔认为例会制度可以解决部门之间的不协调问题，这种例会的目的是根据企业工作进展情况讲明发展方向，明确各部门之间应有的协作，利用领导出席会议的机会来解决共同关心的各种问题。例会一般不涉及制订企业的行动计划，会议要有利于领导们根据事态发展情况来完成这个计划，每次会议只涉及一个短期内的活动，一般是一周时间，在这一周内要保证各部门之间行动协调一致。

有效协调的组织一般具有如下特征：

（1）每个部门的工作都与其他部门保持一致，企业的所有工作都有序进行；

（2）各个部门、各个分部对自己的任务都很了解，并且相互之间的协调与协作都好；

（3）各部门及所属各分部的计划安排经常随情况变动而调整；

（4）公开各部门领导人的会议是使工作人员保持良好状态的一种标志。

修复昭君宫

宋真宗祥符年间，由于皇城失火，宏伟的昭君宫被烧毁，大臣丁渭受命全权负责宫殿的修复。在当时，工程浩大，不仅要进行完整的施工设计，还要解决诸多的困难：清墟的垃圾无处堆放、烧砖烧瓦无处取土、大型木材石料运输极为困难。丁渭对此提出了一个“一箭三雕”的方案：先在宫殿前的街道挖沟，把取出的土烧砖烧瓦；再把京城附近的汴水引入沟渠中，形成一条运河，用船把各地的木材石料等建筑材料运到宫前，解决运输问题；最后沟渠撤水，把清墟的碎砖烂瓦和建筑垃圾就地回填，修复原来的街道。

（五）控制职能

法约尔认为控制就是要证实企业的各项工作是否已经和计划相符，其目的在于指出工作中的缺点和错误，以便纠正并避免重犯。

对人可以控制，对活动也可以控制，只有控制了才能更好地保证企业任务顺利完成，避免出现偏差。

当某些控制工作显得太多、太复杂、涉及面太大，不易由部门的一般人员来承担时，就应该让一些专业人员来做，即设立专门的检查员、监督员或专门的监督机构。

从管理者的角度看，应确保企业有计划并且得到执行，而且要反复地确认、修正，保证企业社会组织的完整。由于控制适合于任何不同的工作，所以控制的方法也有很多种，有事中控制、事前控制、事后控制等。

企业中的控制人员应该具有持久的专业精神、敏锐的观察力，能够发现工作中的错误并及时加以修正；要有决断力，当出现偏差时，能决断该怎么做。做好这项工作也是很不容易的，控制也是一门艺术。

管理的五大职能并不是企业管理者个人的责任，它同企业经营的其他五大活动一样，是一种分配于领导人与整个组织成员之间的工作。

农妇与母鸡

从前有个农妇，养的几只母鸡每天各下一个蛋，农妇心里十分高兴。一天，她在收蛋时突然想到：如果一只鸡每天能下两个蛋该多好！此后，她每天都给鸡喂更多的饲料，鸡一天天肥起来。想到这些母鸡将能够一天下两个蛋，农妇干劲儿十足。不久，鸡由原来每天下一个蛋变为了两天下一个蛋，最后，鸡连一个蛋都不下了。

第四节　企业管理的基本内容

依据不同的角度，企业管理活动划分也各不相同。按照企业生产经营活动的过程，可分为产前、产中、产后的管理活动，即市场研究—产品开发与设计—供应与生产过程—销售及售后服务—市场研究；按照企业生产的要素，可分为人、财、物、时间、信息等要素的管理；按照企业活动的层次，可分为高层、中层、基层管理等。综合上述分类，将企业管理的主要内容概括为以下 9 个方面。

(1)企业战略管理：以企业的长期和总体发展为出发点，研究企业的经营战略思想、战略目标、战略体系及其任务、战略过程、战略措施等内容。

(2)市场调查与预测管理：研究企业的目标市场、相应的市场机会和市场战略。

(3)新产品开发管理：着重研究新产品开发的意义、开发的方式、开发的策略、开发的程序等内容。

(4)企业生产管理：广义的生产管理包括生产过程管理、质量管理、技术与设备管理、物资与仓库管理等，以及与生产过程有关的各项活动的管理，本书着重讲述企业的生产过程管理（狭义的生产管理）和企业质量管理。

(5)企业人力资源管理：研究企业人力资源的规划、选聘、激励以及人力资源的培训与发展等活动。

（6）企业财务管理：着重研究企业资金的筹措、资金的投放和使用以及资金的收入和分配等企业资金的运动过程。

（7）企业营销管理：包括分析企业的营销机会、确定营销战略、实施营销组合、加强营销活动的控制等内容。

（8）企业文化管理：研究企业文化的概念、结构与功能，分析企业建立的意义、原则和步骤，并结合典型案例分析成功与失败的企业文化。

（9）企业管理创新：研究企业经营方式的创新、企业组织制度的创新、企业技术的创新、企业文化的创新等企业管理创新体系。

课后案例

海尔的崛起

“海尔集团的‘人单合一’模式是互联网与物联网时代下的成功探索，在企业管理模式上，中国企业已经从模仿者成为引领者，至少是引领探索者，中国有很多先进的企业管理模式，相信未来会得到国际学界和商界更多关注。”海尔集团董事局主席、首席执行官张瑞敏日前在接受本报记者采访时如是说。

海尔集团经营管理的案例《海尔：一家孵化创客的中国企业巨头》成为美国哈佛大学商学院教材案例，这也是海尔的案例第三次进入哈佛课堂。日前，张瑞敏走进哈佛课堂，与学生分享了管理心得和海尔的实践。

海尔“人单合一”模式中，“人”即具有“两创”（创业和创新）精神的员工，“单”即用户价值。“人单合一”就是每个员工都直接面对用户需求，为用户创造价值，从而实现自身价值、企业价值和股东价值。这顺应了互联网时代“零距离”和“去中心化”“去中介化”的特征。在“人单合一”模式下，海尔实现了“企业平台化、员工创客化、用户个性化”，从而激发了员工的创造力，成为物联网时代的成功探索，并引起国际著名商学院的关注。

2005 年，海尔首次提出“人单合一”模式，经过长时间探索，形成了整套管理体系，取得了很大成功。2017 年，海尔集团实现全球营业额 2 419 亿元，同比增长 20%，海尔大型白色家电销售第 9 次蝉联全球第一，利税总额突破 300 亿元，经营利润同比增长 41%。

2016 年，海尔收购美国通用电气家电业务后，没有进行大规模人员调整，而是采用“人单合一”模式对其进行改造，并取得明显成效。2017 年，美国通用电气家电取得了过去 10 年来的最好业绩，预计全年收入增幅 6.6%，利润增幅超过 20%。

张瑞敏在接受采访时说：“海尔的管理模式根植于中国社会与海尔的企业文化，体现了系统思维理念。”他表示，“人单合一”是多方共赢的理念，体现了人的价值第一，给所有人都创造机会，最终实现整个生态系统的共赢。

哈佛大学商学院教授罗莎贝斯·坎特认为，虽然“人单合一”模式仍然在探索当中，不过实践证明该模式是成功的，海尔的变革是没有先例的。

据悉，海尔集团此前分别于 2005 年和 2015 年两次入选哈佛大学商学院的案例教材。

张瑞敏说，在企业管理模式上，我们从没有商业模式到创造商业模式，走在实践的前列，中国企业真正走进世界舞台中心，相信未来一定还会有更多中国企业管理的案例进入哈佛课堂。

案例思考

管理的真谛在“理”不在“管”。管理者的主要职责就是建立一个合理的“游戏规则”，让每个员工按照“游戏规则”自我管理。“游戏规则”要兼顾公司利益和个人利益，并且要让个人利益与公司整体利益统一起来。责任、权力和利益是管理平台的三根支柱，缺一不可。缺乏责任，公司就会产生腐败，进而衰退；缺乏权力，管理者的执行就会变成废纸；缺乏利益，员工积极性就会下降，消极怠工。只有管理者把“责、权、利”的平台搭建好，员工才能“八仙过海，各显其能”。

第三章 创业设计实务

课前案例

泰尔奖学金(Thiel Fellowship)是一个声名远播又“臭名昭著”的项目,它的创始人彼得·泰尔(Peter Thiel)是硅谷知名的亿万富翁,曾联合创建了电子商务支付公司PayPal(相当于中国阿里巴巴的支付宝)。泰尔奖学金每年从全球挑选20至25名不满20岁的少年,邀请他们到硅谷,并提供人脉、资源帮助这些少年创业。每名成员可以拿到10万美元的奖学金,前提是你必须辍学两年。

2004年,泰尔给了一个哈佛大学大二学生50万美元,换取对方公司10.2%的股权,这家公司就是后来的Facebook。此外,泰尔的著名投资还有LinkedIn, Spotify, SpaceX和Airbnb。

《纽约时报》曾评价泰尔奖学金是“当今高等教育最不寻常的实验之一”。每年,有上千名和陈心怡一样的少年,从世界各地带着他们的勃勃野心和创业/研究计划来角逐泰尔奖学金。他们都深信泰尔说过的一句话——有些想法就是不能等(Some ideas just can't wait)。

如果你有创业项目,你愿意接受条件入驻硅谷吗?

案例一:

贫民窟小孩创业故事

James Proud从小与其他孩子混迹贫民窟, 12岁开始通过设计网站赚生活费,母亲却一度以为他的钱都是贩毒得来的。

一、创业历程

2009年,Proud创建了自己第一个项目——GigLocator,这是一个艺术类订票服务网站。6个月后, GigLocator帮他入围了首届泰尔创业奖学金。Proud接受辍学两年的要求,拿到10万美元奖学金并在2010年正式入驻硅谷。

2012年, Proud将不温不火的GigLocator卖给了在纽约享有盛名的夜总会Brooklyn Bowl的老板Peter Shapiro。他将卖掉GigLocator的钱注入了自己的新公司Hello,并开始考虑自己真正想做的事情。

创建Hello之初, Proud想做一款监测睡眠和健康状况的手环,希望通过更精准的监测与市面上同类手环竞争。可穿戴设备的痛点是,你必须戴着它。

Proud 想做的是一款你不用意识到它的存在，它就能追踪你睡眠状况的设备。于是 Hello 团队推出了 Sense，它不仅可以记录睡眠状况，还能通过感应周遭的环境——温度、湿度、噪声状况等，分析为什么有的时间段用户的睡眠质量好或不好。

二、Sense：用高科技提高你的睡眠质量

随着智能手环市场的不断升温，一个独特的功能受到了业界的重视——睡眠监测。“你可能很喜欢可穿戴智能设备，但你却不能戴着它入睡。”这句出自 Hello 公司创始人 James Proud 的论调，催生了 Sense 感觉睡眠追踪器的问世。

Sense 睡眠追踪器是 Hello 团队开发的一款用于辅助睡眠的智能硬件，把它放在床头可以监测用户整个睡眠过程，它还能检测卧室环境，对有可能影响睡眠质量的因素进行监测。

Sense 睡眠追踪器是一款专注于睡眠监测功能的智能设备，其主体分为两部分。较大的组件是一个可发光的球体，设计元素酷似国家奥林匹克体育场——鸟巢。内置了多种传感器与处理器的它，可以放置于卧室的任何位置，十分美观。这是该设备大多数传感器和处理器的保护外壳。

Sense 用了多层主板，这样产品就可以放在盒子里。其另一个组件是一个名为 Pill 的数据传送器，外观小巧，可以夹在枕头上，以便在用户入睡时向球体传送睡眠信息。此外，Sense 睡眠追踪器还能够监测室内温度、声音、灯光亮度等信息，然后和你的睡眠质量、睡眠时间以及起床时间匹配。

Sense 设备比其他可穿戴设备有一些优势，至少有一个是 Sense 才有的具体优势。那就是不用担心产品的舒适性，因为它不是用来戴的，Sense 的主要功能是发现任何潜在的影响睡眠质量的因素。另外，转移大部分的环境传感器到主基板可以提高枕头组件的电池使用时间。

在当今这个节奏略快的社会里，舒适的睡眠已经成为一种奢求。有这么一款有颜值，又智能的管家，来帮助您提高睡眠质量，何乐而不为呢？

“Sense”由三部分组成：

（1）Sense，一个网球大小、外观设计与鸟巢类似的监测装置，用来监测卧室环境及夜间其他干扰源；

（2）Sleep Pill，一个纽扣大小的智能传感器，可以夹在枕头上，用来感应用户睡眠过程中的身体反应；

（3）Sense 手机应用，用来连接两个硬件设备，并将监测信息反应在用户手机上，每次睡醒后，用户即可在 APP 中查看到此次睡眠质量的得分以及更多睡眠中的细节。

案例二：

这是一份要求获奖者辍学的奖学金，官方主页上写着马克·吐温的一句名言：“我从不让上学妨碍我的教育。”陈心仪是 2013 年泰尔奖学金得主，两年快到了，她在做什么？

北京出生的陈心怡初中毕业后就去美国念书，后来考进普林斯顿大学数学系。这个 20

岁的女孩非常欣赏创造力。比如她的偶像是特斯拉的老板伊隆·马斯克，因为她认为这位热衷于颠覆传统的老兄重新定义了汽车。再比如她选择数学系而放弃金融工程系，是因为"数学系的同学更有想象力和学术热情"。

读中学时，陈心怡在一篇文章中认识了来自马萨诸塞州的 John Burnham，后者计划在小行星上开矿并进行太空移民，他甚至花了 3 个月的时间阅读核能火箭的旧资料。"我当时就被震惊到了。"陈心怡说。她了解到，Burnham 在提出这一构想时还只是个高中生，后来支持他这么做的组织正是泰尔奖学金。

2011 年，泰尔奖学金的启动元年，陈心怡发现了 Dropbox 等互联网公司蓬勃的创新力和生命力，亦发现了创业的吸引力。考入普林斯顿大学后，学校经常会举行一些校友活动，请成为 CEO 的学长们回校交流。陈心怡问一个校友："作为年轻人，有什么办法可以最好地锻炼自己？"对方答道："去创业吧。"

一年后，陈心怡申请了 2013 年泰尔奖学金。整个申请包括为期一个月的四轮筛选。首先填一份七八页的申请书，陈述你的创业理念和规划，包括一件别人都不信但你笃信的事情。然后由相关领域的企业家、投资者轮番审阅你的申请，接着是几轮电话或视频面试，通过者将成为最终候选人，来到旧金山同其他候选人、导师共度一个周末，进行最后筛选。

如果能通过这次电话面试，陈心怡就是最终候选人了。

"我会回到客户，去调研客户。如果这真的不是他们的需求，我就转型。"陈心怡答道。

"就是这样。"电话那头的声音说，"去找你的客户，看他们需要什么。"

一个月后，陈心怡成为最终候选人，和另外 39 名候选人一起来到旧金山。他们每人获得 2 分半钟上台讲解自己的创业点子，来自世界各地的 100 多位导师则坐在台下听。

陈心怡穿了一条深蓝色的裙子，没作其他打扮。站在聚光灯下，强烈的灯光钻进眼底，让她根本看不清台下。"就是放手一搏这种心态吧。"陈心怡回忆道，她当时紧张得要死。

"我 14 岁就出国了，当时非常想念我的家人，又不能面对面和他们交流，所以我就想做一个更加便捷、生动的沟通方式。"这是陈心怡的开场白。她和一名校友合作开发了智能机器人 Helios，Helios 是一个自带轮子的 iPhone 硬件，把 iPhone 插入 Helios 底座，另一端的人就可以通过手机或网页控制 iPhone 移动。陈心怡称它为"阿凡达替身"，在和家人视频通话时，Helios 可以跟着陈心怡四处走动。

上台讲解完，每位候选者坐在一张桌子后，100 多位导师则任意走动到每张桌子前，向候选人提问。这个形式有点像自助餐，导师是食客，候选者则是餐盘上的"点心"。陈心怡回忆道，导师们接力赛般的提问烧脑又烧心。"实在太累了，我大脑已经一片模糊了。"

一个月后，她获悉自己入选，这让她成为首个获得泰尔奖学金的中国人，她从普林斯顿大学辍了学。

"数学是一个非常美的学科。我当时想看一下我做的工作到底能产生什么，我想把我学到的东西派上用场。"讲到从常春藤名校辍学，陈心怡一脸云淡风轻，"在学校其实很难跳出来看你出了学校要做什么，很难有机会向世界探索一下。"她在普林斯顿大学的老师都觉得这是很好的经历，尽管他们仍希望她能在两年后回去完成学业。

因为鼓励青少年辍学创业,泰尔奖学金遭到不少非议。前哈佛大学校长 Larry Summers 称其为"这十年间最不当的慈善事业"。美国知名网络杂志 *Slate* 的总编 Jacob Weisberg 说:"受泰尔资助的学生们将有机会效法他们的资助者,在成年伊始即放弃自己的智力发展,一心一意地专注于发家致富,并且越年轻越好,以此消除了为自己的长远打算而去求知的必要。"

不过,将泰尔奖学金和大学教育相对立并不恰当。尽管该奖学金时常以鄙视大学教育作噱头,但它不过是样本量极其微小的教育实验。乔治城大学教育和劳动力中心主管 Anthony Carnevale 曾对《纽约时报》表示,获得泰尔奖学金的孩子们"不寻常"且"极有天赋",他们有资格和能力自由自在地发展。这份自由只属于一小撮人。

在泰尔奖学金官方主页陈列的"敢于冒险""计划清晰""思虑长远"等看似宽泛的要求背后,是远远严苛于大学、更加务实的筛选标准。尽管泰尔奖学金对候选人的学历不做要求,但申请表要求填写 GPA、SAT 和 ACT 成绩。"不仅仅要聪明,还要有真正的执行力,要创造出能出成果的东西。"泰尔奖学金项目总监 Danielle Strachman 在一封邮件里对候选人说。

"他(彼得·泰尔)第一想要达成的目的,是希望我们每个人用不同的方法去改变这个世界。"陈心怡说,"创新才是这个奖学金的核心价值。"

陈心怡的同僚包括 12 岁就开办公司、高中就加入 Y-Combinator 的 James Schuler, 9 岁就开发游戏和 APP 的 Kevin Wang,与乔治城大学、全国儿童医疗中心合作研发癌症疫苗的 Riley Ennis 以及印度获得天使投资最年轻的创业者之一 Ritesh Agarwal,他在印度运营着一家名叫"OYO Inns"的连锁酒店。

翻看历年获奖者的资料,就会发现他们或者来自美国常春藤名校,或者有远胜于同龄人的创业和工作经验,或者从开始长青春痘起就在麻省理工学院的实验室里和教授一起做实验,又或者他们是前三种的总和。

他们大多有开明的父母和殷实的家境。有一个非常典型的例子, 2011 年泰尔奖学金成员 Laura Deming,她从小就着迷于寻找延缓衰老的方法。Laura 12 岁时,全家从旧金山搬到新西兰,只为了她能够和研究衰老的分子生物学家 Cynthia Kenyon 一起工作。两年后,为了 Laura 能去麻省理工学院学习,一家人又搬去了波士顿。

Laura 的母亲对《纽约时报》说:"奥林匹克选手的家庭一直在做这种牺牲。"Laura 的父亲则声明:"如果你想要自己的小孩学会如何做决定、管理风险并对自己的选择负责任,我想不出比学校更差的环境了。"

像这样思想前卫的家长并不常见。当陈心怡把辍学的决定告诉远在北京的父母时,俩人都惊呆了。他们觉得女儿在浪费时间,担心她回到学校时年龄太大(尽管两年后陈心怡不过 21 岁)。

"从小到大他们都非常担心我被别人落下,但我到了美国之后发现很多美国学生没有这个概念。他们每天想的都不是我要怎么比别人更好,而是做自己喜欢的事情。"陈心怡说。

先斩后奏，陈心怡搬到了旧金山，和获得泰尔奖学金的其他成员共同生活在一栋SOHO里。奖学金则按月发放，以支付两年的生活费用。这听起来像是个夏令营，只不过成员们没有围坐在烤架旁烤棉花糖、讲鬼故事。他们会在7点左右起床，开始研究自己的项目，并从导师们那里听取建议，打磨、调整这些项目，有些人会一直工作到凌晨两三点。

“激情和执着。”陈心怡说，如果要总结泰尔奖学金成员们身上的共同点，就是这两点。他们常常在深夜里阅读维基百科、书籍或文件，给陌生人发长长的提问邮件，只为了搞懂一件事情。

而泰尔奖学金则为这些“激情人士”提供异常丰富的人脉和资金资源。Laura Deming曾列过一份最想见的50个人的名单，在成为泰尔奖学金成员不到一年的时间里，她几乎见遍了名单上的每一个人，并收到几笔数目不小的投资。而在此之前，这个年轻的女孩尝了不少风投公司的白眼。

泰尔奖学金是一个集齐优质资源的精英教育平台、一个由成功者搭建的高速通道。它为这些年轻的梦想家描绘出梦想的轮廓，并手把手地教他们趋近于梦想。

尽管如此，创业依旧不是一件容易的事。

“最难的就是找准方向。”陈心怡说，“它其实是一个交集，什么是你能做好的、什么是你感兴趣的、什么是现在做合适的，找这三个的交集非常难。”经过一段时间的探索后，陈心怡放弃了Helios项目，“市场还没有准备好，直到现在还是个很冷的概念。”

尽管一时迷茫，陈心怡说自己这两年一直很快乐，从没哭过。“它(泰尔奖学金)让我知道我们不是孤立的，不是一个人在做着非常非常难的事情。”泰尔奖学金还教会陈心怡很多学校里学不到的东西，比如确定自己想要什么、该问什么问题、怎样问才能得到回答。

一年以后，陈心怡的父母终于慢慢消化了女儿辍学这件事。“我爸跟我说，他们那个年代，哪份工作稳定就选哪份。他们以前规划我的人生时，很少考虑我喜欢做什么事情，现在他们会考虑了。”

经过一段时间的寻觅，陈心怡加入了格林深瞳，一家落脚于北京、专注计算机视觉研发的科技公司。研究Helios时，她发现机器人的发展卡在了机器人视觉识别这个瓶颈处，便决定暂时搁置创业，在计算机视觉的算法上取得一些进展。

“遗憾肯定是有的，就是我没能和他们一起毕业。”两年的奖学金时光就快结束，陈心怡在普林斯顿大学的同学们即将毕业，他们中的有些人去做对冲基金，有些去互联网公司，更多的人投奔了风起云涌的华尔街。

而地球另一端的陈心怡，已在创业的希望谷里摸爬滚打了两年。对于要不要回去念书，她还没有想好。交谈间，很难在她身上觅到这个年龄段的年轻人释放的焦虑和迷茫。她正兴致勃勃地讲述一位奖学金同僚研发的传感器，将谷歌自动驾驶车目前的技术远远甩出几条街。

据泰尔奖学金官方网站显示，奖学金成员至今已创造超过1亿美元的财富和58家组织或公司，提供超过200个职位。

“这个奖学金对我来说意味着一个可以产生影响力的机会。”陈心怡说，“我比从前更有闯劲儿了。”

如果失败了怎么办？

泰尔奖学金导师、多家软件创业公司的首席技术官 Bill Hunt 的话或许可以作为回答：“即使他们在未来三年里‘一事无成’，他们也不过是刚刚可以喝酒的年龄，仍旧可以追寻远大的目标，而且远远比同龄人有经验和能力。”

对陈心怡们来说，有些想法等不起，但是，输得起。

（资料来源：界面网 http://www.jiemian.com/article/293288.html）

案例思考：分析两个案例，你从案例中学到了什么？如果你是创业者你会怎么做？

案例讨论：

（1）时间要求：30 分钟讨论，15 分钟作答。

（2）小组参与要求：每个小组成员都要发表自己的观点，小组 leader 汇总小组观点。

（3）讨论成果要求：将小组讨论的观点在系统中提交，成果提交的形式可以在“电子提交、课上小组发言、纸质提交”中任选。

2014 年 9 月的夏季达沃斯论坛上，李克强总理在公开场合发出“大众创业、万众创新”的号召，他提出，要在 960 万平方千米土地上掀起“大众创业”“草根创业”的新浪潮，形成“万众创新”“人人创新”的新势态。此后，他在首届世界互联网大会、国务院常务会议和各种场合中频频阐释这一关键词。每到一地考察，他几乎都要与当地年轻的“创客”会面。他希望激发民族的创业精神和创新基因。由此中国开始走出了一条创新创业的新道路，传统观念中，找到一份好工作、抱个“铁饭碗”，慢慢开始被自己“当老板”的观念所取代，创新观念也慢慢渗入到每一个中国人的思维中，中国开始了全民创新、万众创业的新格局。作为创业主体的年轻人（尤其是大学生），成为创新创业大军的先锋队。

第一节　自主创业概述

一、创业的内涵

随着信息技术的飞速发展和全球经济一体化的迅猛推进，挑战与机遇并存，“创业”已经成为新时代的关键词。创业是一种精神，是一种意识，是一种素质；创业是集体精神的体现，是团队协作的成果；创业思维灵感的闪光，是坚持到底的韧性；创业是激情燃烧的岁月，是相依相赖的磨合；创业是自我价值的体现，也是民族崛起的基石。而在创业的大时代下，大学生是最具创新思维、最有创新激情的一个群体。

（一）创业的含义

创业是实现自我价值的一条重要通道。创业是创业者对自己拥有的资源或通过努力对能够拥有的资源进行优化整合，从而创造出更大经济价值或社会价值的过程。创业是一种劳动方式，是一种需要创业者运营、组织，运用服务、技术、器物、推理和判断的行为。创业就概念而言，拥有很多解释，未来可能会有更多的理解，笔者认为，创业就是把自己头脑中的想法通过各种途径进行商业运作的一种活动。

创业作为一个商业领域，以点滴成就获得点滴喜悦，一步步通过努力由小变大、由弱变强、由青涩变成熟，它致力于理解和创造新事物（新产品，新市场，新生产过程，新配比秘方，组织现有技术的新方法等），以特定的个体、组织或团队，运用各种方法去利用和开发项目，然后产生各种结果。

（二）创业的特征

创业一般开始于创业者熟悉和擅长的领域，很多创业者在创业之前仅仅是因为对某些事物产生兴趣，或者长期在企业工作熟悉工作流程后有了自己创业的想法。创业者思维敏捷，充满活力，勇于创新，喜欢接受新事物，而兴趣或者经验又给了创业者很多超出别人或别的团队的专业知识，当这些要素进入一个适合的平台或者得到了一个合适的机会，创业者就会把这些兴趣或者经验向商业市场转换，尝试在自己擅长的领域通过各种管理、运作开创属于自己的独特领域。所以，归纳整理后，很多创业有以下一些特征。

1. 创业依托兴趣和专业

很多创业者依靠技术或者服务等自身专业优势，形成一个独特的圈子或者社会关系渠道，极有针对性地进行商业开发和研究，由于在该领域具有一定的特长，所以比较容易被市场和客户所接受。

2. 创业者的资金一开始往往来源于团队自筹或风险投资

由于很多创业项目均依托于自己或小团体的兴趣和专业，很多创业资金都是来源于自己投资或者国家、地方政府等一些鼓励政策，也有朋友或者风险投资商的一些风险投入，但是由于风险较大，很难获得银行贷款和资本市场的融资。

3. 我国创业一般以高科技型创业企业居多

由于我国政府对高科技创新支持力度非常大，而且知识投入成本相对低廉，所以很多创业者在选择创业时，都会拿出一些类似知识产权、科技成果研究、创业大赛奖励或者行业大赛奖励、科技服务或成果应用作为关键投入，以期取得各种资源支持。

4. 创业利润高、风险大、成功率低

选择创业时，创业者往往看到项目在市场同行业中能够取得超额利润，或者看到市场空白能够在一定时间内形成垄断以取得超高收益。但是由于市场环境、政策环境、人文环境相对复杂多变，创业者往往要承担非常大的风险，尤其在创业初期，团队、管理、法律、运营、执行、创业者眼光等一系列要素并不能都有完善的对接资源，进而导致创业失败。

二、创业团队的组建

创业者和创业团队是创业成功的关键因素，在创业过程中，除了项目本身的创新性和成长性之外，创业团队作为项目的执行者，每一个团队成员的内在素质与能力，尤其是团队成员之间的合作配合，都对创业的结果有着举足轻重的作用，很多风险投资商甚至把团队成员的素质与能力凌驾于其他所有创业条件之上，作为最重要的要素进行评估。

因此，一个具有强大执行力的团队，对于任何一个创业组织都是必不可少的。创业团队组建的要领有以下几点：

（1）在组建创业团队时，要明确组织目标，确立团队的文化，以更好地调动团队成员的积极性和配合意识，鼓励团队精诚合作；

（2）要寻找适合团队的优秀创业合作者，我们知道世界上有很多优秀的人才，而找到适合自己团队文化的人才，对创业团队形成有很大的促进作用，创业者在寻找合作人之前，一定要慎之又慎，对合作者进行多方面的观察和分析，判断其是否对创业团队的组建有正面积极作用，不能一味地去找和自己“说得来”的朋友，以免对团队造成伤害；

（3）明确每一个团队创业者的位置和执掌，权责分明，各司其职，团队成员之间可以互相帮忙，可以兼任几个位置，但是必须做到权责分明，每一个创业者都明确知道自己所掌管的工作范围，以免在团队配合时出现误会和损失；

（4）要建立完善的内部管理机制和内部流程控制，很多创业者大多本身都是朋友或者熟人，在创业过程中，人情占了很大的比例，往往忽略了管理制度的建立，尤其在实际运营过程中，往往由于朋友关系，而忽略内部流程的控制，造成很多不必要的损失或使团队内部不和，所以一个灵活有效的内控机制在团队中必不可少。

（一）创业者素质

成功的创业者有很多相似之处，创业者所应该具备的人格魅力、思维习惯、抗压能力、专业知识、执行能力、团队精神、心理素质及创业项目选择等，都是创业成功的关键，在某一环节上没有做好，都有导致创业失败的可能。因此，创业者在创业前，要做好人格、知识、能力、心理等一系列的准备工作。

在此我们通过对一些创业成功者的分析总结一些创业者应该具有的素质，以供大家参考。

（1）目标明确。成功的创业者一般做事目标明确、有条理，在创业过程中，目的性强，能抓住每次机会，完成自己设定的目标。

（2）具有创造性思维，接受能力较强。创业者一般思维活跃，善于接受新事物和新想法，勇于尝试，愿意创新。

（3）创业者要具有强大的抗压能力，坚韧执着，永不放弃。很多创业者由于在创业初期资源配置不足，会经历很多次失败，成功的创业者能够顶住压力，坚持创业，越挫越勇，敢于面对新的挑战。

（4）有强烈的自我控制力。在创业过程中，可能会接触到各种诱惑或者陷阱，还有可能受到身边家人和朋友的各种妥协和放弃的建议，优秀的创业者能够控制好自己，客观地看待创业问题，抵制诱惑，躲避陷阱，耐心对待家人朋友，度过各种障碍和难关。

（5）拥有良好的团队意识，乐于与团队成员沟通。创业不是一个人的舞台，一个企业需要各种各样的专业人才，每个人擅长的领域也不同，如何协调好团队的整体运营方向，如何与团队成员相处是每一个创业者都应该思考的问题。

（二）创业领导者

创业团队的领导者肩负着引领企业前进和发展的重任，在创业团队中起到举足轻重的作用，创业领导者应该坚毅勇敢、乐于奉献、积极主动、勇于担当、思维广阔。要增强学习意识，不断更新已有的知识，对一切有利于推动和改进创业企业发展的新理念、新观点、新知识和新方法，都应该保持一种敢于尝试的心态。有人说，每一个优秀的公司，都有一个优秀的领导者和很多优秀的管理人员，优秀的领导者是公司未来航行的舵手，掌握着未来公司发展的方向。在此我们也总结一下创业领导者应该具有的素质。

（1）要有强大的信念，坚信自己的创业道路和团队成员，坚持到底，绝不放弃。

（2）要有活跃的思维和良好的规划能力，要有高屋建瓴式的眼光，领导者一般为公司指引方向，拥有活跃的思维和团队规划能力，能够更好地帮助团队走在正确的道路上。

（3）要有广阔的胸襟和勇于承担责任的勇气，领导者要勇于接受批评，在团队犹豫不决时，有责任带领团队做出选择，承担责任，并爱护自己的团队成员。

（4）要有良好的沟通能力和优秀的人际交往能力，创业过程中，与团队内外沟通是必不可少的，领导者需要具备这样的能力，帮助团队迅速拓展关系和渠道，并处理好团队内部事务。

（三）创业者自身定位

一个企业需要各种各样的专业人才，每个人擅长的领域也不同，尤其是创业者，进入团队之前，往往就是几个朋友，分配工作时也经常是随机分配的，创业者自身往往对团队给自己设定的定位并不是那么认可，认为自己的性格和能力做不来这个岗位，但是找到自己的位置也并不容易，那么我们来认识一下创业者到底适合做什么位置的工作呢？

创业团队成员之间一开始往往是朋友、同学、亲戚或者志同道合者，在创业初期分工往往并不明确，只是有工作大家谁有时间或者谁擅长，谁就去做，但是很多问题也就是在这样的情况下出现的，后期往往出现很多问题，例如不适合的工作强加给某些人，出现了问题又互相埋怨，造成成员感到很委屈，进而互相争吵等。那么，我们在团队里应该处于一个什么位置呢？是领导者，是辅助者，是研发者，是销售者……

这些需要创业团队根据团队成员的自身情况和团队的需要进行定位，并且要克制自己的情绪，包容团队成员的一些问题，那么我们做一个心理学小测验，看看大家适合团队的什么位置。

请大家给下面的问题打分（1~5分）。

（1）你个性独立吗？

（2）你的胆子大吗？

（3）你做事是否积极主动？

（4）你勇于学习吗？

（5）你讲卫生吗？

（6）你工作效率高吗？

（7）你性格阳光吗？

(8)你招人喜欢吗?
(9)你组织能力好吗?
(10)你性格外向吗?
(11)你爱说话吗?
(12)你待人亲切吗?
(13)你性格温和吗?
(14)你富有同情心吗?
(15)你害羞吗?
(16)你镇定吗?
(17)你大方吗?
(18)你很传统吗?
(19)你做事靠谱吗?
(20)你做事认真吗?
(21)你完成工作精确吗?
(22)你做人强势吗?
(23)你注意细节吗?
(24)你谨小慎微吗?
(25)你理解人吗?
(26)你有说服力吗?
(27)你适应能力强吗?
(28)你反应速度快吗?
(29)你组织协调能力强吗?
(30)你令人愉快吗?

请按照以下计算方法把分数加起来,看看自己哪一个方面分数最高:

把第 1~6 题的分加起来就是你的开拓领导力方面的分数;

把第 7~12 题的分加起来就是你的沟通拓展业务方面的分数;

把第 13~18 题的分加起来就是你的协作研发方面的分数;

把第 19~24 题的分加起来就是你的团队协同、财务控制方面的分数;

把第 25~30 题的分加起来就是你的外部联系、企业管理方面的分数。

各位创业者可以根据自己的分数,尝试在创业初期处理团队的哪一方面工作,当然这个测试不一定是准确的,在工作中成员们可能发掘出来自己的隐藏属性,或者经过后天锻炼,不停地接触类似工作,完全可以胜任完成很多以前认为自己做不到的事情,在此提醒各位创业者在创业的过程中,不要害怕自己无法完成工作或惧怕完成任务,最重要的是自身不断地提高和学习。

第二节　创业的环境

一、创业的政策环境

自李克强总理提出“大众创业、万众创新”之后，政府对自主创新创业的支持力度不断加大，而各地方政府也相应出台了适应本地环境的相关创业政策，鼓励自主创新创业，尤其是针对大学生更是有大量的优惠补贴政策出台。

（一）国家对大学生创业的政策扶持

政府对于创业的扶持政策主要包括激励创新创业的政策法规、保护创业活动的政策、帮助创业企业成长的政策、创业者再就业扶持政策、创业环境或创业基地兴建和创业税收规定政策扶持等。

1. 大学生创业税收优惠

持人社部门核发《就业创业证》（注明“毕业年度内自主创业税收政策”）的高校毕业生在毕业年度内（指毕业所在自然年，即 1 月 1 日至 12 月 31 日）创办个体工商户、个人独资企业的，3 年内按每户每年 8 000 元为限额依次扣减其当年实际应缴纳的营业税、城市维护建设税、教育费附加和个人所得税。高校毕业生创办的小型微利企业，按国家规定享受相关税收支持政策。

2. 创业担保贷款和贴息

符合大学生自主创业的条件，可在创业地按规定申请创业担保贷款，贷款额度为 10 万元。鼓励金融机构参照贷款基础利率，结合风险分担情况，合理确定贷款利率水平，对个人发放的创业担保贷款，在贷款基础利率基础上上浮 3 个百分点以内的，由财政给予贴息。

3. 免收有关行政事业性收费

毕业 2 年以内的普通高校学生从事个体经营（除国家限制的行业外）的，自其在工商部门首次注册登记之日起 3 年内，免收管理类、登记类和证照类等有关行政事业性收费。

4. 享受培训补贴

对大学生创办的小微企业新招用毕业年度高校毕业生，签订 1 年以上劳动合同并交纳社会保险费的，给予 1 年社会保险补贴。对大学生在毕业学年（即从毕业前一年 7 月 1 日起的 12 个月）内参加创业培训的，根据其获得创业培训合格证书或就业、创业情况，按规定给予培训补贴。

5. 免费创业服务

有创业意愿的大学生，可免费获得公共就业和人才服务机构提供的创业指导服务，包括政策咨询、信息服务、项目开发、风险评估、开业指导、融资服务、跟踪扶持等“一条龙”创业服务。

6. 取消高校毕业生落户限制

高校毕业生可在创业地办理落户手续（直辖市按有关规定执行）。

7. 创新人才培养计划和机制

创业大学生可享受各地各高校实施的系列“卓越计划”、科教结合协同育人行动计划等,同时享受跨学科专业开设的交叉课程、创新创业教育实验班等以及探索建立的跨院系、跨学科、跨专业交叉培养创新创业人才的新机制。

8. 开发和开放创新创业教育课程

自主创业大学生可享受各高校挖掘和充实的各类专业课程和创新创业教育资源以及面向全体学生开发开设的研究方法、学科前沿、创业基础、就业创业指导等方面的必修课和选修课,享受各地区、各高校资源共享的慕课、视频公开课等在线开放课程及其学习认证和学分认定制度。

9. 提供强化创新创业实践资源

自主创业大学生可共享学校面向全体学生开放的大学科技园、创业园、创业孵化基地、教育部工程研究中心、各类实验室、教学仪器设备等科技创新资源和实验教学平台。参加全国大学生创新创业大赛、全国高职院校技能大赛和各类科技创新、创意设计、创业计划等专题竞赛以及高校学生成立的创新创业协会、创业俱乐部等社团,提升创新创业实践能力。

10. 改革适应大学生创业的教学制度

自主创业大学生可享受各高校建立的自主创业大学生创新创业学分累计与转换制度,将学生开展创新实验、发表论文、获得专利和自主创业等情况折算为学分,将学生参与课题研究、项目实验等活动认定为课堂学习的新探索。同时也享受为有意愿、有潜质的学生制订的创新创业能力培养计划,创新创业档案和成绩单等系列客观记录并量化评价学生开展创新创业活动情况的教学实践活动。

11. 完善学籍管理规定

有自主创业意愿的大学生,可享受高校实施的弹性学制,放宽学生修业年限,允许调整学业进程、保留学籍休学创新创业等管理规定。

12. 大学生创业指导服务

自主创业大学生可享受各地各高校对自主创业大学生实行的持续帮扶、全程指导、一站式服务以及地方、高校两级信息服务平台为学生实时提供的国家政策、市场动向等信息和创业项目对接、知识产权交易等服务。可享受各地在充分发挥各类创业孵化基地作用的基础上,因地制宜建设的大学生创业孵化基地和相关培训、指导服务等扶持政策。

(二)各地方政府对大学生创业的政策扶持

各地方政府在中央发出创新创业的倡议后,纷纷根据本地实际情况,制定出具有地域特色的各项政策响应国家号召,如对初创企业给予税收优惠、管理制度相对宽松,对高新技术创业给予贷款和税收优惠等。

我们以云南省、深圳市和天津市三个地区的创新创业政策为例,对比分析三个地区的政策优势及要点。

1. 云南省

1）实施贷免扶补政策和两个 10 万元微型企业培育工程

实施大学生鼓励创业贷免扶补政策。对首次创业高校毕业生，提供不超过 10 万元的免担保、免利息创业贷款，并减免相关税收。为创业人员提供创业扶持政策、法律等方面的指导咨询和培训服务。对首次创业并稳定 1 年以上的，给予 1 000 元至 3 000 元创业补贴。

实施两个 10 万元微型企业培育工程。带动 5 人以上就业，投资达 10 万元以上且实际货币投资 7 万元以上的，每户给予 3 万元补助，有贷款需求的，给予 10 万元以下银行贷款支持，更多支持大学生创业实体。

2）二次贷款贴息

对经贷免扶补或小额担保贷款政策扶持，稳定经营 2 年以上、带动 5 人以上就业、偿还贷款记录良好，并按期纳税的优秀大学生经营实体，经过评审，每年评审出 1 000 个，协调金融机构再次给予 2 年期 50 万元以内的贷款扶持，按照人民银行公布的同期贷款基准利率的 60% 给予贴息。

对毕业学年和离校未就业高校毕业生开办网店，持续经营半年以上，且月收入超过当地最低工资标准，经认定后，一次性给予 2 000 元资金补贴。

2. 深圳市

1）初创企业补贴

每人一次性 5 000 元。自主创业人员在深圳市创办初创企业，正常经营 6 个月以上的，可申请 5 000 元初创补贴。属于合伙创办企业的，经审核合伙人条件、出资比例等，按每名合伙人计发 5 000 元、合计不超过 5 万元标准给予企业初创补贴。

符合条件的自主创业人员只能申请一次初创企业补贴。

2）初创企业场租补贴

（1）年租金补贴。自主创业人员可在初创企业实际缴纳场租满 3 个月后，向初创企业注册地街道公共就业服务机构提出首次场租补贴申请。自主创业人员应在首次申请后，每满 3 个月的次月月底前提出一次场租补贴申请。自主创业人员入驻政府主办的创业孵化载体创办初创企业，按照第一年不低于 80%、第二年不低于 50%、第三年不低于 20% 的比例减免租金。

（2）自主创业人员在经市直部门及各区（新区）认定或备案的创业带动就业孵化基地、科技企业孵化载体、留学生创业园等创业孵化载体内创办初创企业，按第一年 1 200 元 / 月、第二年 1 000 元 / 月、第三年 700 元 / 月的标准给予租金补贴。

（3）自主创业人员自行租用经营场地创办初创企业，给予每年最高 6 000 元、最长 3 年的租金补贴。

3）社保补贴

补贴单位承担部分。自主创业人员在本市创办初创企业，进行商事登记（或其他法定注册登记）取得经营资质，并在该初创企业缴纳社会保险费的，按深圳市当年度最低缴交社会保险费标准，对单位承担部分给予补贴。若单位实际缴交部分低于最低缴交标准的据实给予补贴,补贴期限最长不超过3年;个人应缴部分仍由其本人承担。

自主创业人员首次申请社会保险补贴后,在其初创企业正常缴交社会保险费的,公共就业服务信息系统将自动每3个月据实发放后续的社会保险补贴。

4)创业带动就业补贴

每雇一人补贴2 000元。吸纳户籍人员就业,可按其人数申请创业带动就业补贴。

自主创业人员在本市的初创企业、吸纳户籍人员就业并按规定缴纳社会保险费的,经申请并验证身份证明、商事主体营业执照(或其他法定注册登记手续)、税务登记证,按其吸纳就业(签订1年以上期限劳动合同并已缴交6个月以上社会保险费)人数给予创业带动就业补贴。

招用3人(含3人)以下的按每人2 000元给予补贴;招用3人以上的,每增加1人给予3 000元补贴,总额最高不超过3万元。

5)自主创业担保贷款

个人最高可贷20万元。自主创业人员在本市的初创企业可申请创业担保贷款,个人最高贷款额度为20万元;合伙经营或创办的初创企业,按每人不超过20万元、总额不超过200万元的额度实行"捆绑性"贷款。在贷款额度内,贷款利率在基准利率的基础上上浮3个百分点,财政给予贷款贴息,贷款期限不超过2年。财政贴息资金支持的创业担保贷款期限最长为2年,对展期和逾期的创业担保贷款,财政不予贴息。

财政贴息实行"先付后贴",即借款人从取得贷款之日起,根据贷款合同按期支付利息,按期还本付息后,市公共就业服务机构核实还贷情况及信用记录后给予贴息。

3. 天津市

天津市人力资源和社会保障局通知

为鼓励、引导和支持大学生就业创业,推动实现更高质量和更充分就业,根据《天津市人民政府办公厅关于进一步做好新形势下就业创业工作的实施意见》(津政办发〔2015〕73号)和《天津市人民政府关于做好当前和今后一段时期就业创业工作的实施意见》(津政发〔2017〕28号)精神,结合工作实际,制定促进大学生就业创业的相关政策措施如下。

一、拓宽大学生就业渠道

(一)鼓励企业吸纳

(1)对小微企业吸纳本市生源和本市院校外地生源毕业2年内高校毕业生,并与其签订1年以上劳动合同的,按照本市当年社会保险最低缴费基数给予1年的社会保险补贴。

"小微企业"的具体划分标准,按照工业和信息化部、国家统计局、国家发展改革委、财政部《关于印发中小企业划型标准规定的通知》(工信部联企业〔2011〕300号)规定执行。

(2)对初创期科技型中小企业吸纳本市生源和本市院校外地生源毕业2年内的高校毕业生,并与其签订1年以上劳动合同的,给予1年岗位补贴和社会保险补贴。

"初创期科技型中小企业"是指主要从事高新技术产品研究、开发、生产和服务,成立期限在5年以内的非上市公司。

(3)对各类企业吸纳经认定的零就业家庭、单亲家庭、低保家庭以及需赡养患有重大疾病直系亲属家庭中的本市生源高校毕业生,并签订1年以上劳动合同的,给予1年岗位补贴和3年社会保险补贴。

(4)各类企业招用毕业1年后未就业的高校毕业生,签订1年以上劳动合同的,给予1年社会保险补贴。

岗位补贴标准为本市最低工资标准的40%;社会保险补贴标准按照本市当年社会保险最低缴费基数确定。

(二)实施“三支一扶”计划

(1)建立工作生活补贴标准动态调整机制。市财政和区财政按照乡镇机关或事业单位从高校毕业生中新聘用工作人员试用期满后工资收入水平,确定“三支一扶”人员工作生活补贴标准,建立工作生活补贴标准动态调整机制。

(2)全面落实社会保险政策。市“三支一扶”办加强指导协调和督促检查,确保为每名“三支一扶”人员落实各项社会保险。鼓励有条件的区为“三支一扶”人员办理补充医疗保险,重大疾病、人身意外伤害等商业保险。

(3)缴纳住房公积金。按照本市的相关规定为“三支一扶”人员缴纳住房公积金。

(4)发放安家费补贴。从2016年起,中央财政按照每人2 000元标准,给予每名新招募且在岗服务满6个月以上的“三支一扶”人员一次性安家费补贴。

(5)支医人员扶持政策。支医“三支一扶”人员实行试用期制度,按照市人力社保局、原市卫生局《关于支医“三支一扶”大学生实行试用期的通知》(津人社局发〔2010〕21号)有关规定执行。

(三)支持灵活就业

在本市各级公共就业服务机构办理实名登记、实现灵活就业并按规定缴纳社会保险费的我市院校和具有本市户籍在外地就学毕业2年内的高校毕业生,按照当年灵活就业人员最低缴费基数计算,给予养老保险、大病统筹医疗保险、失业保险个人缴费总额三分之二的社会保险补贴,期限为2年。

对经认定的零就业家庭、单亲家庭、低保家庭以及需赡养患有重大疾病直系亲属家庭中的本市生源高校毕业生,从事灵活就业的,给予养老保险、大病统筹医疗保险、失业保险个人缴费总额75%的社会保险补贴,期限为3年。

(四)开展就业见习

对经认定的就业见习基地,组织年龄不超过28周岁,无就业经历,且具有高职及以上学历的本市生源或本市院校外地生源高校毕业生以及毕业学年在校生参加3至12个月的就业见习,可按规定申请就业见习补贴。

见习补贴包括:本市最低工资标准70%的生活费补贴、每人每月200元标准的带教费补贴、每人每月10元标准的人身意外伤害保险费补贴。同时,对见习期满留用率达到50%以上的见习基地,每留用1人给予2 000元的奖励。

（五）给予求职创业补贴

对本市高等院校中享受城乡居民最低生活保障家庭毕业生、建档立卡贫困家庭高校毕业生、残疾毕业生；本市院校或本市生源获得国家助学贷款的离校未就业毕业生（不含生源地信用助学贷款毕业生）；零就业家庭、单亲家庭、父母患有重大疾病家庭本市生源离校未就业毕业生，给予3 000元的一次性求职创业补贴。

（六）鼓励参加职业技能培训

鼓励有培训需求的普通高校学生积极参加职业技能培训，符合规定的，可按照《天津市职业培训补贴办法》（津人社局发〔2015〕84号）享受培训费、鉴定费、生活费补贴。

（1）培训费补贴。普通高校（不含职业院校）学生参加《职业市场需求程度目录》（以下简称《目录》）内职业和等级技能培训，取得技师、高级技师证书的，享受培训成本100%培训费补贴；取得高级工及以下等级证书的，按照非常紧缺、紧缺、一般紧缺不同程度，分别享受培训成本100%、90%和80%的培训费补贴。

（2）鉴定费补贴。普通高校学生参加《目录》内职业和等级技能鉴定，根据鉴定人数、职业类别、资格等级和鉴定成本，给予100%鉴定费补贴。

（3）生活费补贴。普通高校（不含职业院校）学生参加《目录》内职业和等级全日制培训并取得证书的，根据国家职业标准规定的课时享受生活费补贴。

（七）扩大扶持范围

对高级技工学校、技师学院高级工班和特殊教育院校职业教育类毕业生，参照高校毕业生享受相关就业补贴政策。

二、鼓励大学生创业

（八）创业扶持对象

大学生创业扶持对象为全日制普通高等院校毕业前2年内的在校生和毕业后5年内的毕业生。

（九）支持参加创业培训

对毕业前3个学期的大学生参加创业培训取得合格证书的，按照每人500元的标准给予创业培训机构培训费补贴，对参加培训后半年内成功创业的，按照成功创业人数再给予创业培训机构每人1 000元的补贴。

（十）提供创业贷款支持

自主创业大学生在企业注册所在地可申请最高30万元的创业担保贷款，贷款期限不超过3年，按规定给予贷款贴息；对已成功创业且带动就业5人以上、经营稳定的创业者，可给予最高不超过50万元贷款再扶持。鼓励有条件的区建立大学生创业贷款信用担保机制。

（十一）给予岗位补贴和社会保险补贴

对成功创业的高校毕业生，给予1年的岗位补贴和3年的社会保险补贴。

对大学生创办企业吸纳毕业2年内的高校毕业生并按规定缴纳社会保险费的，给予1年的岗位补贴和3年的社会保险补贴。

（十二）给予房租补贴

大学生领取工商营业执照且租赁房屋生产经营的，按照每月 1 800 元的标准给予房租补贴，最长不超过 24 个月。

将在校大学生房租补贴政策的办理权限和补贴发放一并下放到各区。当前正在享受房租补贴的在校大学生仍按原规定执行。

（十三）扩大创业扶持范围

对外地及港澳台高校毕业生来津创业的，享受同等创业扶持政策。

（十四）给予大学生创业孵化基地补贴

对在本市有固定的孵化场所，有依法建立的管理服务团队，创业孵化基地建筑面积不少于 200 平方米，吸纳大学生创业企业 10 户（每户至少招用 2 人），可认定为大学生创业孵化基地，对符合条件的给予 30 万元资金扶持。在此基础上，每新增 1 户大学生创业企业，再补贴 2 万元；对新增企业招用 2 人以上的，每新增 1 人按照每人 5 000 元的标准再给予补贴。每个大学生创业孵化基地补助在自然年度内最高不超过 500 万元。

“大学生创业企业”是指企业法定代表人为经人力社保部门认定的大学生，企业法定代表人应在该企业名下进行就业登记。

（1）孵化基地内大学生创业企业法定代表人和招用人员，需按相关规定进行就业登记和依法缴纳社会保险。

（2）大学生创业孵化基地提供给大学生创业企业的孵化面积，每户不少于 3 平方米。

（3）大学生创业孵化基地内新增大学生创业企业是指纯增数量。经认定的大学生创业孵化基地，首次申请新增企业补贴时，应以认定时的 10 户企业为申请补贴基准。

对企业自申报补贴之日起正常经营满 2 年的，可列入申请补贴基准数不需再补入；不足 2 年的，需补足申请补贴基准数后，才能申请新增企业补贴。

对再次申请新增企业补贴的，以最近一次发放补贴后的实有企业户数为基准，并依照以上标准和程序发放补贴。

（4）大学生创业孵化基地内新增大学生创业企业补贴发放。每新增 1 户即发放补贴 2 万元；对新增企业招用 2 人以上的，待稳定就业满 6 个月后，再依据申请补贴人员名单中的当月实际就业人员，按照每新增 1 人补贴 5 000 元的标准据实发放。

（5）对已认定的大学生创业孵化基地，因发展规模扩大需变更经营场地的，符合以下标准的，可继续享受相关政策：

①申报单位名称没有变化；

②有产权证明或产权房屋租赁协议；

③经营场地变更情况在市场监督管理部门已登记备案。

（十五）实施创业导师授业计划

按照自愿申请、择优选取的原则在全市遴选大学生创业导师。鼓励创业导师与有创业意愿和条件的大学生通过双向选择，按照最高 1∶3 的比例，签订不低于 6 个月的创业导师授业协议，通过创业导师“传、帮、带”方式，使大学生了解创业经验，学习管理方法，掌握专业技术，提高创业成功率。协议履行完毕后，按照每人2 000元的标准给予创业导师授业补贴；对半年内大学生成功创业的，每成功创业一人再给予创业导师3 000元的一次性奖励。

（十六）大学生创业企业待遇享受期限

自该企业被认定之日起至该企业法定代表人毕业满5年之日止（以毕业证书载明的日期为准）。

三、强化就业创业管理

（十七）大学生创业企业变更情况处理

已认定的大学生创业企业变更法定代表人，该企业不再视为大学生创业企业，所有涉及补贴待遇自变更之时全部自动停止享受。

大学生创业企业应及时向辖区内的区人力社保局报告企业法定代表人变更等情况。区人力社保局定期对辖区内大学生创业企业进行监督指导，核查相关情况。

（十八）调整大学生创业孵化基地申报审核流程

符合申报条件的单位，向辖区内的区人力社保部门申报，区人力社保部门负责初审，市人力社保部门委托市创业服务指导中心进行复核。

（十九）建立大学生创业孵化基地退出机制

市人力社保部门每年组织对全市已认定的大学生创业孵化基地实施集中核查（年度内认定的参加下一年度核查），集中核查时，对不符合大学生创业孵化基地认定条件的，取消其天津市大学生创业孵化基地称号。

（二十）抓好政策落实和资金监管

各区人力社保局、市创业服务指导中心要严格落实责任，做好大学生创业孵化基地审核工作，强化资金审核发放，确保政策及时兑现，资金运行安全。市人力社保部门要加强事中和事后监管。

对大学生创业企业、大学生创业孵化基地以虚报、冒领等手段骗取补贴资金的，一经查实，取消扶持资金申报资格，由补贴发放经办机构追回被骗取的补贴资金，对涉嫌违法犯罪的，由相关部门依法追究当事人法律责任。

（二十一）落实实名登记制度

对离校未就业的应届高校毕业生全部纳入实名登记范围，提供就业服务。各级公共就业人才服务机构以及街道（乡镇）、社区（村）的服务窗口都要面向高校毕业生开放。对前来求职的办理求职登记或失业登记的高校毕业生免费发放《就业创业证》，核对实名信息，由基层平台主动联系，提供职业指导、就业信息等“一对一”的就业服务。

（二十二）提升就业服务水平

各区人力社保部门、财政部门要牢固树立以人民为中心的思想，认真履职尽责，强化就业指导，提供资金保障，依托“互联网+”，在面向大学生的就业创业服务中，引入微博、微信、APP软件包等现代信息手段，打通线上与线下、窗口与网络、前台与后台的对接通道，运用信息化手段提供优质高效服务。

二、创业的人文环境

规范的人文环境是重要的创业环境要素，我国的文化和社会规范鼓励创业和创业者，鼓励人们通过个人或者团队的努力取得成功，也鼓励创造和创新精神。尤其自2015年国务院印发了《关于进一步做好新形势下就业创业工作的意见》后，各地高校也把培育创新创业观念作为我国高等教育的重要任务。同年，教育部出台《教育部关于做好2016届全国普通高等学校毕业生就业创业工作的通知》，要求自2016年起所有高校都要开设创新创业教育课程，纳入学分管理。所以近些年来，作为中国创业主力的大学生把创业当成了未来职业道路的一个选项，创业已成为一种趋势。

（一）国外创业情况

西方国家非常重视国民的创造力和创新精神，对这类无形资产的保护是非常严格的。英国是最早对国民的创造力进行保护的国家，专利制度就是在英国发扬光大的，政府不遗余力地对人们的创造力进行保护。无论是新的科技、书籍这是设计等，都在政府的保护之下，造就了英国长达2个世纪的世界霸权，而这些经验为西方发达国家广泛认可。

西方国家尤其重视青年人的创新创业教育，从小学就锻炼学生的动手能力，培育其创新意识，对大学阶段的创业教育引导更是非常关注，在政策上也鼓励学生可以暂时中断学业进行自主创业。西方国家的大学生能够根据自身条件，选择适合自己的就业创业模式，进行各种创业尝试。很多富翁也会建立各种风险创业机构，帮助那些有思路、有想法的大学生完成自己的创业梦想，而这些富翁也会从成功的创业项目中得到高额回报（例如泰尔奖学金为一个哈佛大学大二学生提供50万美元，换取对方公司10.2%的股权，这家公司就是后来的Facebook）。

西方发达国家创业的主要形式有以下三种。

（1）在互联网上建设各种社交或功能性交易平台，互联网将以前很多不可能完成的事情变成可能。在它的影响下，很多青年人的生活方式都已经和祖辈的生活方式发生了很大变化，他们更依赖于互联网生活，有些甚至无法忍受在没有网络的条件下生活。所以，很多互联网平台很受西方发达国家青年的喜爱，成为西方发达国家创业的一个重要部分。

（2）各种技术转让业务，发达国家很多年轻人从小就参加各种学习小组和社团，擅长各种技术研发，年轻人往往会发挥他们的专业技术优势或者科研技术小组力量，把他们研发的各种技术推向市场，寻找机会。

（3）各种服务教育培训咨询，西方国家的服务理念深入人心，很多年轻人都会从周边市场上出现的各种商机中找到灵感，利用自己的专业知识或团队力量或品牌项目，在一定区域内的某些领域进行创业项目的推广，例如婴儿早教中心、家教服务站、旅游路线设计服务等。

（二）我国创业观念的转变

1. 传统创业思维

我国创业理念出现较晚，很多中国家庭的家长从小给孩子灌输的观念就是要找到一份稳定的“铁饭碗”式的工作。努力在自己的工作岗位上取得成就，争取升职加薪成为很多中国家长给孩子描绘的未来。此外,中国对于知识产权的保护力度不够,很多发明家发明出来的成果,被其他人无偿使用或盗用,维权成本很高,严重打击了中国民众对创新创业的积极性。

2. **创新创业思潮**

自国家对创新创业的重视度提高之后,我国对于创新创业者的保护力度也在不断增加,尤其将对知识产权的保护提高到了国家级战略层面。

国家主席习近平出席2018年博鳌亚洲论坛年会开幕式并发表题为“开放共创繁荣 创新引领未来”的主旨演讲,宣布中国决定在扩大开放方面采取一系列新的重大举措。

(1)大幅度放宽市场准入。确保放宽银行、证券、保险行业外资股比限制的重大措施落地,同时加大开放力度,加快保险行业开放进程,放宽外资金融机构设立限制,扩大外资金融机构在华业务范围,拓宽中外金融市场合作领域,尽快放宽汽车行业等制造业外资股比限制。

(2)创造更有吸引力的投资环境。加强同国际经贸规则对接,增强透明度,强化产权保护,坚持依法办事,鼓励竞争,反对垄断。今年上半年将完成修订外商投资负面清单工作,全面落实准入前国民待遇加负面清单管理制度。

(3)加强知识产权保护。重新组建国家知识产权局,完善执法力量,加大执法力度,把违法成本显著提上去。保护在华外资企业合法知识产权,希望外国政府加强对中国知识产权的保护。

(4)主动扩大进口。中国不以追求贸易顺差为目标,真诚希望扩大进口,促进经常项目收支平衡。今年将相当幅度降低汽车进口关税,同时降低部分其他产品进口关税,加快加入世界贸易组织《政府采购协定》进程。希望发达国家对正常合理的高技术产品贸易停止人为设限,放宽对华高技术产品出口管制。欢迎各国朋友来华参加11月在上海举办的首届中国国际进口博览会。

在这样的背景之下,我国科技、农业、工业、军事、互联网等一系列关系国计民生的重要领域都有了显著提高,创新创业意识深入到民众心中,很多传统观念比较重的老人都开始讨论创新创业的各种案例,让我们看到了一个朝气蓬勃的新思潮诞生。

第三节 自主创业设计

一、自主创业前准备

在当今的社会背景下,中国的创业者越来越多,各种奇思妙想、天马行空的新想法层出不穷,马云、雷军、俞敏洪、比尔·盖茨、乔布斯等创业巨头的故事,激励着我们身边很多人走上了或者将要走上创业的道路。但是真正谈到创业,走上创业道路的远远少于将要走上创业道路的,有些人抱着很高的兴趣和大量的想法,但是真正付诸行动的实在是屈指可数,原因在于很多人都不敢去迈出那一步,担心准备并不充足,一旦创业失败的话将破坏自己原有的安定生活。所以,你知道创业前准备些什么?或者你真的在创业前准备充分了吗?

(一)创业者的认知准备

创业者在创业前要对自身进行深度剖析和认知,从生理、心理、家庭、社会、法律道德、创业条件等多个维度对自我进行分析,来评价自己是否做好了创业准备。

一般创业者大多具备创造性思维,美国心理学家吉尔福特认为,创造性人物有 8 个特征:有高度的自觉性和独立性;有旺盛的求知欲;有强烈的好奇心,对事物的运动机理有深究的动机;博学多闻,善于观察;工作中讲究理性思维,注重准确和严格控制;有天马行空的想象力、敏锐的直觉、跳跃性的思维,对智力活动和游戏有广泛的兴趣;富有幽默感;有坚定的意志,不为外物所扰。

创业者了解了自己是否具备创造性思维后,还要了解自己为创业所对接的资源是否足够,自己的身体状况是否适合创业这样高消耗的事业,自己心理上是否做好了失败的准备,家人是否支持自己,自己的创业项目能不能满足人们的需要等一系列的认知问题。

(二)创业者的信息准备

创业者在创业前的信息准备是非常重要的,有些信息直接决定了创业项目是否具有投资价值,并影响创业成败结果。创业前,创业者应准备的信息包括行业信息、政策信息、产品信息、市场信息等。

(1)行业信息。创业者进入市场前要对该行业的行业信息进行收集和整理,例如行业的发展前景、竞争对手的状态、行业技术的壁垒等。

(2)政策信息。国家相关政策对创业项目或创业者有没有相关的补贴措施,国家政策对创业项目是否有明确规定。例如,有一批大学生创业者在大学期间靠淘宝刷单挣了不少钱,大家决定毕业后一起去杭州开一家刷单公司,但是国家政策后来明确规定刷单违反《中华人民共和国刑法》,导致创业项目破产。

(3)产品信息。创业者要了解自己的创业项目产品是否真的能够满足特定人群的需求,帮助人们更好地生活。

(4)市场信息。创业前,任何一个创业者都需要对市场进行认真调研,了解你的竞争对手的价格、市场占有率、渠道关系等,保证自身产品能够有效进入市场。

(三)创业者的知识准备

由于创业团队在初期并不固定,人才配置也不完善,很多创业者都要修炼到“万事通”的地步,才能不倒在创业初期的道路上,所以创业者应该加强学习创业的基础知识和技能,为今后创业打好基础。在创业前,创业者需要涉猎商业知识、产品知识、营销知识、管理知识、财务知识、法律知识等一系列创业必备要素,所以创业者在创业前应该尽可能丰富知识储备,以期在创业过程中顺利通过各种挑战和障碍。

(四)创业者的心理准备

创业将对创业者的生活产生非常巨大的影响,创业者为了完成自己的创业之路,往往做出大量的牺牲,付出比别人多得多的代价。创业者的心理是否做好了这种准备呢?

(1)创业者需要进行长时间的工作,很多创业者在创业初期的工作状态被称作“5+2 白加黑”或者“7 乘 16”等，即创业者工作 7 天每天工作 16 小时，基本上除了吃喝拉撒睡觉之外都在工作，这种长时间的工作状态极大地考验了创业者的身心健康。

（2）创业者人际关系矛盾增加，在创业过程中，利益分配上可能会出现问题，例如股权、职位、投入多少、经营策略等，往往造成昔日好友成为老死不相往来的死敌，对创业者的身心伤害很大，这些情况的出现往往也是创业失败的一大主因。

（3）创业初期投入巨大，往往入不敷出，创业者长期处于资金紧缺状态。

（4）业务范围扩大，创业者需要身兼多职，接触到很多以前不愿意做的事情和工作。

（5）需要承担失败的风险压力，创业成功概率不高，有人说“百不存一”，失败的高风险将给创业者造成严重的心理压力。

（6）家庭成员的不支持和抱怨，由于创业者需要在项目上投入大量的时间和金钱，所以受创业影响最大的就是身边的亲人，创业者家人经常有各种负面情绪。创业者在进行了一天繁忙的工作之后，还要面临这些情绪，压力尤为巨大。

二、创业项目选择

创业者在创业初期，对创业项目的选择和判断非常重要。在选择创业项目时，要积极关注市场和环境中存在的各种商机和相关信息，尤其要考虑国家或地方政府政策导向、市场反应、竞争者数据、创新特色、成长极限值等要素，从而确定这个项目是否值得投入精力与时间。

创业者选择创业项目的主要来源包括试验及研究成果、创业者的创业想法、各种创业或者行业大赛、各种发明专利、在工作岗位中发现创业机会等。在进行选择时，考虑的往往是资金、技术、原材料、人力资源等因素，部分因素的缺乏造成了创业选择的不确定性，在部分因素得到补充时就草草决定开始创业，实际上只关注以上信息，很有可能在后面的发展中遇到很多问题，因此在进行创业项目选择时，还要关注很多其他要素。

在选择创业项目的过程中，面对各种五花八门的创业机会和创业计划，要深入分析每一个项目成功的可能性，在确定国家政策允许，市场反应良好，团队成员执行力足够等条件下，还需对选定的创业项目进行进一步评估，对创业项目的选择一定慎之又慎，因为这可能是你一生的事业。互联网投资项目国际大师孙正义选择事业的标准有 25 项之多，其中有 4 点我认为非常重要：该工作是否可以使自己不厌倦地全身心投入，50 年不变；是不是有很大的发展前途的领域；10 年内是否至少成为全日本第一；别人是不是可以模仿。按照那些标准孙正义为自己的 40 个项目打分，发现计算机软件批发业务从中脱颖而出，最终他成立了软银公司“softbank”。所以，科学地全方位审定项目对每一位创业者都是非常重要的。

三、撰写创业计划书

创业者在进行创业决定之前，对所选择的项目要进行认真评估，但是评估不能只停留在大脑里，需要落在纸面上形成文字，作为最重要的创业准备材料和项目评估材料。所以，创业者在创业前需要制作一份完善的创业计划书，计划书的内容包括市场调研报告、可行性分析报告、商业计划书、团队成员及组织架构介绍、盈利模式及预期利润等。

（一）市场调研报告

创业者选择的创业项目必须经过市场的调研，才能确定项目的前景。市场调研报告是根据收集的市场上大量的原始数据或者粗加工数据，再经过创业团队的分析整理，审核分列汇总等得到较为精细的市场数据和对项目自身的市场预测，以此揭示项目未来发展前景的研究报告。

在实际工作中，很多创业者对市场调研并不熟悉，或者不知道该在哪里投入更多的时间、财力和精力。我们可以尝试以下流程进行简单的调研。首先，创业者根据自己的项目对市场进行定位，选择目标市场，例如有些大学生创业，目标是针对某城市的学生市场，那么可以把目标市场定位为学校，目标客户定位为校园的老师、同学。其次，可以根据自身项目的同质或类似的竞争对手的数据调研对项目进行预估，例如创业者做跨境电子商务宠物类用品，可以观察对方店铺的销售价格、销售业绩，甚至售卖时间点，来指导自己产品的销售。再次，确定调研的时间，调研数据需要一定的时间支持，不能只确定很短的时间的销售情况，例如跨境电子商务业务海外的销售淡季在圣诞节之后，这期间调研的数据肯定非常糟糕，但是像黑五、prime day、圣诞节前等时间的调研数据会出现井喷式爆发，情况完全是两个极端，所以在调研时间上最好体现阶段性，或者特殊情况单独展现，最好用一些有针对性的调研软件得到更精准的数据。最后，调研数据的分析汇总非常重要，需要考虑很多外部条件，才能更好地理解和处理这些调研数据。

（二）可行性分析报告

撰写可行性分析报告是创业计划书中的一项重要内容，对保证项目的有效实施具有关键性指导作用。可行性分析报告主要包括技术可行性报告、产品市场调查结果和市场预测、项目实施方案、资金来源与筹资成本分析、经济效益和社会效益等。

（三）团队成员及组织构架

项目运营的好坏，直接取决于团队成员的构成和组织分工情况，高素质、高适应性的团队成员和良好的组织构架是企业运营过程中项目实施的关键，决定了企业经营风险的大小，因为风险投资人和投资者投资机构在审核创业项目时，特别重视团队成员的执行力，要评估团队成员之间是否有互补性，关键位置是否有缺失，是否有能力驾驭项目，是否具有团队精神，执行力情况如何等关于团队成员和团队构架的一系列问题。一个团队必须具备团队领导者、市场营销人员、生产作业人员、研发人员、宣传设计人员、财务专员、企业内部控制人员等专业人才。

（四）财务规划

财务规划主要体现为预期经营情况和财务成果，尤其注重主要盈利模式、投入产出比、筹资渠道，还有预计的各种资产负债表、利润表、现金流量表等。可以说，一份创业计划书概括地提出了筹资过程中创业者需要做的事情，而财务规划则是创业计划书中项目未来的支撑和说明。因此，一份好的财务规划对评估创业企业所需的资金数量和未来的预期收益，提高创业企业获得资金的可能性是十分关键的。

四、创业风险

创业风险是每一个创业者一定要注意和了解的事情，如创业成功概率不高、初创企业抗压能力不强。各种风险在创业道路上潜伏，例如竞争者风险、管理风险、团队成员离职风险、项目关键资料泄露风险、突发事件风险等都会极大地打击创业者的创业热情，导致创业风险加大，项目失败。那么创业者经常面临哪些风险呢？我们总结一下。

（1）项目选择太过盲目。创业时如果缺乏前期市场调研和论证，只是凭自己的兴趣和想象来决定投资方向，甚至仅凭一时心血来潮做决定，一定会碰得头破血流。

（2）创业资金不足。创业项目运营一定时间之后，创业资金告罄，实际投入远远超过当初的财务规划。

（3）创业项目不被市场接受。创业前期项目对市场调研不精确，项目不被预期市场或预期客户接受。

（4）渠道匮乏风险。在创业过程中，经常会出现突发事态、黑天鹅事件，这时就考验团队处理突发事件的能力，可是很多外部因素造成的风险，需要团队有良好的渠道去解决，但是往往这类渠道不被团队掌握。

（5）竞争风险。在当今市场上，我们发现信息流通速度飞快，创业者想出的新想法、新创意刚刚进入市场没多久，就被竞争对手复制或者破解，并迅速被挤出市场。

（6）团队分歧的风险。现代企业越来越重视团队的力量。创业企业在诞生或成长过程中最主要的力量来源一般都是创业团队，一个优秀的创业团队能使创业企业迅速地发展起来。但与此同时，风险也就蕴含在其中，一旦创业团队的核心成员在某些问题上产生分歧而不能达到统一时，极有可能会对企业造成强烈的冲击，尤其是股权、薪金、职位、新股东进入是团队产生分歧最多的地方，非常容易造成团队人心离散，甚至团队崩溃。

最后，我们研究了现今中国创业的各种问题和风险，但是不得不看到风险是和收益相对应的，传统地找个“铁饭碗”工作，慢慢被更多的选择和渠道所改变，中国创业平台已经搭建好，并越来越完善，作为青年人，我们应该勇于尝试，除了金钱外，创业者在创业过程中对自身素质和技能的提高，是找一份稳定工作无法比拟的，“长风破浪会有时，直挂云帆济沧海。”希望各位创业者能够取得更大的收获。

课后案例

从大学时代的创新思维到世界500强——联邦快递创业之路

联邦快递（Federal Express）公司成立于1973年，全球总部设在美国的田纳西州孟菲斯，另在中国香港，加拿大安大略、多伦多和比利时布鲁塞尔设有区域总部。

目前，联邦快递在全球拥有148 000名员工，拥有大约1 200个服务中心，超过7 800个授权寄件中心，435 000个投递地点，45 000辆货运车，662架货机，服务机场覆盖全球365座大小机场，服务范围遍及全世界210多个国家，日平均处理的货件量多达330万份。

联邦快递以其无可比拟的航空路线权以及强固的信息技术基础设施，在小件包裹速递、普通递送、非整车运输、集成化调运系统等领域占据了大量的市场份额，成为全球快递运输业泰斗，并跃入世界500强企业。

联邦快递公司的创立者、总裁弗雷德·史密斯的父亲是位企业家，创立了一家经营得很好的巴士公司。20世纪60年代，弗雷德在耶鲁大学读书，他撰写过一篇论文，提出了一个超越传统的通过轮船和定期的客运航班运送包裹，建立一个纯粹的货运航班，用以从事全国范围内的包裹邮递的设想。这是一个开创性的创业设想。

弗雷德在论文中提出，在小件包裹运输上采纳"轴心概念"理念，并利用寂静的夜晚通过飞机运送包裹和邮件。

可是老师并未认可这个创新理念，这篇论文只得了个C。

毕业后，弗雷德曾在越战中当过飞行员。回国后他在可行性研究基础上，把从父亲那里继承的1 000万美元和自己筹措的7 200万美元作为本金，建立了联邦快递公司。

实践证明，弗雷德的"轴心概念"的确能为小件包裹运输提供独一无二、有效的、辐射状的配送系统。

弗雷德的出奇之处不仅在于小件包裹运输采纳"轴心概念"的营销模式创新，更在于他能够把人们忽略的时间运用起来，把本来是低谷的时段变成一种生意的高峰期。

田纳西州的孟菲斯之所以被选择作为公司的运输中央轴心所在地，原因在于：首先，孟菲斯为联邦快递公司提供了一个不拥挤、快速畅通的机场，它坐落在美国中部地区；其次，孟菲斯气候条件优越，机场很少关闭。正是由于摆脱了气候对于飞行的限制，联邦快递的竞争潜力才得以充分发挥。

每到夜晚，就有330万包裹从世界各地的210多个国家和地区起运，飞往田纳西州的孟菲斯。

成功的选址也许对其安全记录有着重大贡献，在过去的30多年里，联邦快递从来没有发生过空中事故。联邦快递的飞机每天晚上将世界各地的包裹运往孟菲斯，然后再运往联邦快递设有直接国际航班的各大城市。虽然这个"中央轴心"的位置只能容纳少量飞机，但它能够为之服务的航空网点要比传统的A城到B城的航空系统多得多。另外，这种轴心安排使得联邦快递每天晚上飞机航次与包裹一致，并且可以应航线容量的要求而随时改道飞行，这就节省了一笔巨大的费用。此外，联邦快递相信："中央轴心"系统也有助于减少运输上的误导或延误，因为从起点开始，包裹在整个运输过程中都有一个总体控制的配送系统。

弗雷德专门用于包裹邮递的货运航班，为全国以及后来为全世界的客户提供了方便、快捷、准时、可靠的服务，创新的营销模式为其提供了低成本、高效、安全和全天候的物流系统，因而联邦快递迅速发展，从创业到成长为世界500强企业只用了短短20多年时间。

案例思考：联邦快递成功创业的主要原因？

第四章 企业法律形态与环境分析

课前案例

关于如何选择企业法律形态的讨论

甲、乙、丙三人打算成立一家企业，就企业该如何选择法律形态的问题展开了讨论。

甲倾向于选择“公司”作为新企业的法律形态。

甲认为，如果选择“合伙企业”的形式，当出现资不抵债的状况时，合伙人要承担无限连带责任，也就是说，当初投资多少不重要，合伙人的全部家当有多少就拿多少来抵债，这样风险太大；而如果选择“公司”，由于公司承担有限责任，也就是说，当初投资多少，赔光即止。

乙倾向于选择“合伙企业”作为新企业的法律形态。

乙认为，如果选择“公司”的形式，受《中华人民共和国公司法》强制约束，管理规范自由度较低；而选择“合伙企业”，不用受《中华人民共和国公司法》约束，法律强制性规定不多，管理分红等模式相对自由。

丙倾向于选择“合伙企业”作为新企业的法律形态。

丙认为，如果选择“公司”的形式，有企业所得税和个人所得税两层税收，不划算；而选择“合伙企业”，合伙人只需要缴纳个人所得税。

案例思考：了解了甲、乙、丙的观点之后，你对这个问题怎么看？一家企业该如何选择适合自身的企业法律形态？

第一节 企业法律形态与环境分析概述

一、企业法律形态与环境的概念

企业法律形态是指由法律规定的企业形态，设立企业只能选择法律规定的企业组织形式，不能随心所欲塑造任意的企业形态。但企业的法律形态不是一成不变的，在不同时期有不同的规定。

企业法律环境是指国家的法律制度对企业形成的框架式的影响。一个国家的法律直接影响到企业的管理政策，它的稳定性也直接影响到企业长期计划的制订。

法律环境属于上层建筑领域，它们相辅相成，互为因果关系。法律由政府构造，企业必须在既定的法律构架下从事生产和经营。

因此，企业管理人员要熟悉适用于本企业经营活动的法律方面的必要条件和限制因素，有见识的企业家通常聘请法律和政治方面的专家当顾问，请他们帮助预见和处理政治问题，预见和解决可能遇到的法律问题，以减少决策失误。

随着我国社会主义市场经济法律法规体系的逐步建立和完善，法律法规对企业经营管理活动的影响将愈来愈大。法律因素对企业经营管理的影响有 2 个基本的特征：一是它的强制性，这是由法律法规自身固有的特点所决定的，企业必须在生产经营管理活动中依法办事，如果企业违法，法律将强制企业纠正并承担由此带来的损失（或责任）；二是它的确定性或预知性，显然法律法规一经颁布并实施，法律对企业经营管理的影响相对确定。

二、我国常见的企业法律形态类型

我国常见的企业法律形态有公司、合伙企业、外商投资企业。

（一）公司

公司是依照《公司法》在中国境内设立的有限责任公司和股份有限公司，是以营利为目的的企业法人。它是适应市场经济社会化大生产的需要而形成的一种企业组织形式。

市场经济要求平等的市场主体按照等价交换的原则，通过公平竞争，从市场取得和向市场提供商品，促进整个市场合理流动，实现结构优化架置、资源合理配置。市场经济的要求决定了市场主体必须拥有明晰界定的财产权，而且必须是独立的、平等的。法人制度以其独特的性质使法人在市场经济中充当了主要的角色。公司作为法人的一种形态，其特质完全符合市场经济的要求，这必然使公司成为市场经济的主体。与其他市场主体相比，公司的优点表现在以下 5 个方面。

（1）公司股东的有限责任决定了对公司投资的股东既可满足投资者谋求利益的需求，又可使其承担的风险限定在一个合理的范围内，增加其投资的积极性。

（2）公司特别是股份有限公司可以公开发行股票、债券，在社会上广泛集资，便于兴办大型企业。

（3）公司实行彻底的所有权与经营权分离的原则，提高了公司的管理水平。

（4）公司特有的组织结构形式使公司的资本、经营运作趋于利益最大化，更好地实现投资者的目的。

（5）公司形态完全脱离自然人，是资本的永久性联合，股东的个人生存安危不影响公司的正常运营。

因此，公司存续时间长、稳定性高。《中华人民共和国公司法》（以下简称《公司法》）第二条规定："本法所称公司是指依照本法在中国境内设立的有限责任公司和股份有限公司。"这就是说，我国的《公司法》只规定了 2 类公司：有限责任公司与股份有限公司。对于我国此条法律规定的理解，存有完全相左的 2 种观点。一种观点认为：中国《公司法》不认可无限责任公司、两合公司等其他的公司形态，不能创设其他公司形式。另一种观点则认为：该条并不禁止适用除《公司法》之外的法律而创设其他形式的公司。

(二)合伙企业

1. 生命有限

合伙企业比较容易设立和解散。合伙人签订了合伙协议,就宣告合伙企业的成立。新合伙人的加入,旧合伙人的退伙、死亡、自愿清算、破产清算等均可造成原合伙企业的解散以及新合伙企业的成立。

2. 责任无限

合伙组织作为一个整体对债权人承担无限责任。按照合伙人对合伙企业的责任,合伙企业可分为普通合伙企业和有限合伙企业。普通合伙企业的合伙人均为普通合伙人,对合伙企业的债务承担无限连带责任。例如,甲、乙、丙三人成立的合伙企业破产时,当甲、乙已无个人资产抵偿企业所欠债务时,虽然丙已依约还清应分摊的债务,但仍有义务用其个人财产为甲、乙两人付清所欠的应分摊的合伙债务,当然此时丙对甲、乙拥有财产追索权。有限责任合伙企业由一个或几个普通合伙人和一个或几个责任有限的合伙人组成,即合伙人中至少有一个人要对企业的经营活动负无限责任,而其他合伙人只能以其出资额为限对债务承担偿债责任,因而这类合伙人一般不直接参与企业经营管理活动。

3. 相互代理

合伙企业的经营活动由合伙人共同决定,合伙人有执行权和监督权。合伙人可以推举负责人。合伙负责人和其他人员的经营活动,由全体合伙人承担民事责任。换言之,每个合伙人代表合伙企业所发生的经济行为对所有合伙人均有约束力。因此,合伙人之间较易发生纠纷。

4. 财产共有

合伙人投入的财产,由合伙人统一管理和使用,不经其他合伙人同意,任何一位合伙人不得将合伙财产移为他用。只提供劳务,不提供资本的合伙人仅有权分享一部分利润,而无权分享合伙财产。

5. 利益共享

合伙企业在生产经营活动中所取得、积累的财产,归合伙人共有。如有亏损则亦由合伙人共同承担。损益分配的比例,应在合伙协议中明确规定;未经规定的可按合伙人出资比例分摊,或平均分摊。以劳务抵作资本的合伙人,除另有规定者外,一般不分摊损失。

(三)外商投资企业

外商投资企业是指依照中国法律在中国境内设立的,由中国投资者与外国投资者共同投资,或者由外国投资者单独投资的企业。外商投资企业一般来说有以下特征。

1. 外资企业的全部资本是由外国投资者投资的

相应地,企业的全部利润归外国投资者,风险和亏损也由外国投资者独立承担。外国投资者可以是公司、企业以及其他经济组织或者个人。这是它与合营企业、合作企业的明显不同,后者的资本是由中外合营者或中外合作者共同投资的。

2. 外资企业是外国投资者根据中国法律在中国境内设立的

尽管外资企业的全部资本均来自外国投资者,但它是根据中国法律在中国境内设立,受中国法律的管辖和保护，是具有中国国籍的企业。这是外资企业与外国企业的根本不同。

3. 外资企业是独立的法律主体

一般情况下，外资企业以自己的名义进行经营活动，独立承担民事责任，外国投资者对其债务不承担无限责任。这是外资企业与外国企业在中国境内设立的分支机构的根本不同，外国企业的分支机构不具有独立的民事主体资格，其进行经营活动由外国企业承担民事责任。除非外资企业设立时已登记为无限责任的独资或合伙企业。

第二节　公司

一、公司概述

（一）公司的概念

公司是指依法成立的，以营利为目的的企业法人。

（二）公司的特征

公司一般具有以下特征。

1. 依法设立

《中华人民共和国公司法》第二条规定："本法所称公司，是指在中国设立的有限责任公司和股份有限公司。"第六条规定："设立公司，应当依法向公司登记机关申请设立登记。符合本法规定的设立条件的，由公司登记机关分别登记为有限责任公司或者股份有限公司；不符合本法规定的设立条件的，不得登记为有限责任公司或者股份有限公司。"因此，公司的设立必须依法定条件、法定程序进行。如果公司的设立必须符合其他法律规定的，还应当依照其他法律规定，如《中华人民共和国商业银行法》《中华人民共和国保险法》《中华人民共和国证券法》等。

2. 以营利为目的

股东设立公司的目的是通过公司的经营活动获取利润，因此以营利为目的是公司企业性的重要表现。公司为了满足股东营利的追求，也必须最大限度地追求经济利益。同时，公司的营利目的不仅要求公司本身为营利而活动，而且要求公司有利润时应当分配给股东。某些具有营利活动的组织，将利润用于社会公益等其他目的，而不分配给投资者，这种组织是公益性法人。此外，公司的营利活动应当具有连续性和稳定性，单次、间歇性的营利行为不构成界定公司所称的营利活动。

3. 企业法人

公司必须依法成立，有自己的名称和组织机构，有独立的财产，能以自己的名义享有权利、承担义务。

（三）公司法的概念

公司法有广义和狭义之分。

1. 狭义的公司法

狭义的公司法是指《中华人民共和国公司法》,1993 年 12 月 29 日第八届全国人民代表大会常务委员会第五次会议通过，1994 年 7 月 1 日起施行。根据 1999 年 12 月 25 日第九届全国人民代表大会常务委员会第十三次会议第一次修正，2004 年 8 月 28 日第十届全国人民代表大会常务委员会第十一次会议第二次修正，2005 年 10 月 27 日第十届全国人民代表大会常务委员会第十八次会议修订,2006 年 1 月 1 日起施行。

2. 广义的公司法

广义的公司法是指规定公司的设立、组织、活动、解散及其他对内对外关系的法律规范的总称。它除包括《中华人民共和国公司法》外,还包括其他法律、行政法规中有关公司的规定,如《中华人民共和国公司登记管理条例》《中华人民共和国证券法》等。

二、有限责任公司

(一)有限责任公司的概念和特征

1. 概念

有限责任公司,简称有限公司,是指在中国境内设立的,股东以其认缴的出资额为限对公司承担责任,公司以其全部资产对公司的债务承担责任的企业法人。

2. 特征

(1)责任的有限性。有限责任公司的股东以其出资额为限对公司承担责任,公司以其全部资产为限对公司承担责任。

(2)股东人数的上限。有限责任公司的股东人数不得超过 50 人。

(3)设立程序较为简单

(二)有限责任公司的设立条件

(1)股东符合法定人数。有限责任公司由 50 个以下的股东出资设立。股东可以是自然人,也可以是法人。

(2)有符合公司章程规定的全体股东认缴的出资额。

(3)股东共同制定公司章程。

(4)有公司名称,建立符合有限责任公司要求的组织机构。

(5)有公司住所。

(三)有限责任公司的股东及股权

1. 股东

有限责任公司的出资人在公司成立之后就成为股东。有限责任公司成立后,应当向股东签发出资证明书。出资证明书是证明投资人已经依法履行缴付出资义务,成为有限责任公司股东的法律文件,是股东对公司享有权利、承担责任的重要依据。

出资证明书应当载明下列事项:

(1)公司名称;

(2)公司成立日期;

(3)公司注册资本；

(4)股东的姓名或者名称、缴纳的出资额和出资日期；

(5)出资证明书的编号和核发日期。

2. 股东的权利和义务

1)股东的权利

有限责任公司的股东依法享有股权，包括以下5个方面。

(1)按照出资比例在股东大会会议上行使表决权，公司章程另有规定的除外。

(2)股东有权查阅、复制公司章程、股东大会会议记录、董事会会议决议、监事会会议决议和财务会计报告。

(3)股东可以要求查阅公司会计账簿。股东要求查阅公司会计账簿的，应当向公司提出书面请求，说明目的。公司有合理根据认为股东查阅会计账簿有不正当目的，可能损害公司合法利益的，可以拒绝提供查阅，并应当自股东提出书面请求之日起15日内书面答复股东并说明理由。公司拒绝提供查阅的，股东可以请求人民法院要求公司提供查阅。

(4)股东按照实缴的出资比例分取红利，公司新增资本时，股东有权优先按照实缴的出资比例认缴出资。但是，全体股东约定不按照出资比例分取红利或者不按照出资比例优先认缴出资的除外。

(5)其他权利。股东依照《公司法》及公司章程的规定转让出资，并在同等条件下其他股东享有优先购买权，股东享有公司章程规定的其他权利等。

2)股东的义务

股东应履行相应的义务包括：

(1)按期足额缴纳公司章程中规定的各自认缴的出资额；

(2)依其所认缴的出资额承担公司债务；

(3)公司成立后不得抽逃出资；

(4)公司章程规定的其他义务。

3. 股权的转让

有限责任公司的股东之间可以相互转让其全部或者部分股权。

股东向股东以外的人转让股权，应当经其他股东过半数同意。股东应就其股权转让事项书面通知其他股东征求同意，其他股东自接到书面通知之日起满30日未答复的，视为同意转让。其他股东半数以上不同意转让的，不同意的股东应当购买该转让的股权；不购买的，视为同意转让。经股东同意转让的股权，在同等条件下，其他股东有优先购买权。两个以上股东主张行使优先购买权的，协商确定各自的购买比例；协商不成的，按照转让时各自的出资比例行使优先购买权。公司章程对股权转让另有规定的，从其规定。

人民法院依照法律规定的强制执行程序转让股东的股权时，应当通知公司及全体股东，其他股东在同等条件下有优先购买权。其他股东自人民法院通知之日起满20日不行使优先购买权的，视为放弃优先购买权。

转让股权后，公司应当注销原股东的出资证明书，向新股东发出资证明书，并相应修改公司章程和股东名册中有关股东及其出资额的记载。对公司章程的该项修改不需再由股东会表决。

自然人股东死亡后，其合法继承人可以继承股东资格；但是，公司章程另有规定的除外。

(四)有限责任公司的组织机构

1. 股东会

有限责任公司股东大会由全体股东组成，股东大会是有限责任公司的最高权力机构。股东会行使下列职权：①决定公司的经营方针和投资计划；②选举和更换非由职工代表担任的董事、监事，决定有关董事、监事的报酬事项；③审议批准董事会的报告；④审议批准监事会或者监事的报告；⑤审议批准公司的年度财务预算方案、决算方案；⑥审议批准公司的利润分配方案和弥补亏损方案；⑦对公司增加或者减少注册资本做出决议；⑧对发行公司债券做出决议；⑨对公司合并、分立、变更公司形式、解散和清算等事项做出决议；⑩修改公司章程。

首次股东会会议由出资最多的股东召集和主持，依照《公司法》规定行使职权。股东大会会议分为定期会议和临时会议。定期会议应当按照公司章程的规定按时召开。代表 1/10 以上表决权的股东， 1/3 以上的董事，监事会或者不设监事会的公司的监事提议召开临时会议的，应当召开临时会议。

有限责任公司设立董事会的，股东大会会议由董事会召集，董事长主持；董事长不能履行职务或者不履行职务的，由半数以上董事共同推举一名董事主持。有限责任公司不设董事会的，股东大会会议由执行董事召集主持。董事会或者执行董事不能履行或者不履行召集股东会会议职责的，由监事会或者不设监事会的公司的监事召集和主持；监事会或者监事不召集和主持的，代表 1/10 以上表决权的股东可以自行召集和主持。

召开股东会会议应当于会议召开 15 日以前通知全体股东，但是公司章程另有规定或者股东另有约定的除外。股东大会应当对所议事项的决定做成会议记录，出席会议的股东应当在会议记录上签名。股东大会会议由股东按照出资比例行使表决权，但是公司章程另有规定的除外。股东会的议事方式和表决程序，除有规定的外，由公司章程规定。

股东会会议做出修改公司章程、增加或者减少注册资本的决议以及公司合并、分立、解散或者变更公司形式的决议，必须经代表 2/3 以上表决权的股东通过。

2. 董事会

有限责任公司设董事会，其成员为 3~13 人。股东人数较少或者规模较小的有限责任公司，可以设一名执行董事，不设立董事会。执行董事可以兼任公司经理。执行董事的职权由公司章程规定。2 个以上的国有企业或者其他 2 个以上的国有投资主体投资设立的有限责任公司，其董事会成员中应当有公司职工代表；其他有限责任公司董事会成员也可以有公司职工代表。董事会中的职工代表由公司职工通过职工代表大会、职工大会或者其他形式民主选举产生。

董事会对股东负责，行使下列职权：①召集股东会会议，并向股东会报告工作；②执行股东会的决议；③决定公司的经营计划和投资方案；④制订公司的年度财务预算方案、决算方案;⑤制订公司的利润分配方案和弥补亏损方案;⑥制订公司增加或者减少注册资本以及发行公司债券的方案;⑦制订公司合并、分立、变更公司形式、解散的方案;⑧决定公司内部管理机构的设置;⑨决定聘任或者解聘公司经理及其报酬事项,并根据经理的提名决定聘任或者解聘公司副经理、财务负责人及其报酬事项,并根据经理的提名决定聘任或者解聘公司副经理、财务负责人及其报酬事项;⑩制定公司的基本管理制度。

董事会设董事长一人,可以设副董事长。董事长、副董事长的产生办法由公司章程规定。董事任期由公司章程规定,但每届任期不得超过3年。董事任期届满,连选可以连任。董事任期届满未及时改选,或者董事在任期内辞职导致董事会成员低于法定人数的,在改选出的董事就任前,原董事仍应当依照法律、行政法规和公司章程的规定,履行董事职务。

董事会会议由董事长召集和主持;董事长不能履行职务或者不履行职务的,由副董事长召集和主持;副董事长不能履行职务或者不履行职务的,由半数以上董事共同推举一名董事召集和主持。董事会的议事方式和表决程序,除法律另有规定的外,由公司章程规定。董事会应当对所议事项的决定做成会议记录,出席会议的董事应当在会议记录上签名。董事会决议的表决,实行一人一票。

3. 经理

有限责任公司可以设经理,由董事会决定聘任或者解聘。经理对董事会负责,行使下列职权:①主持公司的生产经营管理工作,组织实施董事会决议;②组织实施公司年度经营计划和投资方案;③拟定公司内部管理机构设置方案;④拟定公司的基本管理制度;⑤制订公司的具体规章;⑥提请聘任或者解聘公司副经理、财务负责人;⑦决定聘任或者解聘除应由董事会决定聘任或者解聘以外的负责管理人员;⑧董事会授予的其他职权。公司章程对经理职权另有规定的,从其规定。经理列席董事会。

4. 监事会

有限责任公司设立监事会,其成员不得少于3人。股东人数较少或者规模较小的有限责任公司,可以设1~2名监事,不设立监事会。监事会应当包括股东代表和适当比例的公司职工代表,其中职工代表的比例不得低于1/3,具体比例由公司章程规定。监事会中的职工代表由公司职工通过职工代表大会、职工大会或者其他形式民主选举产生。

监事会设主席一人,由全体监事过半数选举产生。监事会主席召集和主持监事会会议;监事会主席不能履行职务或者不履行职务的,由半数以上监事共同推举一名监事召集和主持监事会会议。董事、高级管理人员不得兼任监事。监事的任期每届为3年。监事任期届满,连选可以连任。监事任期届满未及时改选,或者监事在任期内辞职导致监事会成员低于法定人数的,在改选出的监事就任前,原监事仍应当依照法律、行政法规和公司章程的规定,履行监事职务。

监事会、不设监事会的公司的监事行使下列职权:①检查公司财务;②对董事、高级管理人员执行公司职务的行为进行监督,对违反法律、行政法规、公司章程或者股东会决议的董事、高级管理人员提出罢免的建议;③当董事、高级管理人员的行为损害公司的利益时,要求董事、高级管理人员予以纠正;④提议召开临时股东会会议,在董事会不履行规定的召集和主持股东会会议职责时召集和主持股东会会议；⑤向股东会会议提出提案；⑥依照法律规定，对董事、高级管理人员提起诉讼；⑦公司章程规定的其他职权。

监事可以列席董事会会议，并对董事会决议事项提出质询或者建议。监事会、不设监事会的公司的监事发现公司经营情况异常，可以进行调查；必要时，可以聘请会计师事务所等协助其工作，费用由公司承担。

监事会每年度至少召开一次会议，监事可以提议召开临时监事会会议。监事会的议事方式和表决程序，除法律另有规定的外，由公司章程规定。监事会决议应当经半数以上监事通过。监事会应当对所议事项的决定作成会议记录，出席会议的监事应当在会议记录上签名。监事会、不设监事会的公司的监事行使职权所必需的费用，由公司承担。

（五）一人有限责任公司的特别规定

1. 一人有限责任公司的概念

一人有限责任公司是指只有一个自然人股东或者一个法人股东的有限责任公司。

2. 一人有限责任公司的设立

（1）一人有限责任公司的注册资本最低限额为人民币 10 万元。股东应当一次足额缴纳公司章程规定的出资额。

（2）一个自然人只能投资设立一个一人有限责任公司。该一人有限责任公司不能投资设立新的一人有限责任公司。

（3）一人有限责任公司应当在公司登记中注明自然人独资或者法人独资，并在公司营业执照中载明。

3. 一人有限责任公司的组织机构及财务制度

一人有限责任公司不设股东会，章程由股东制定。股东决定关于公司的经营方针和投资计划等事项时，应当采取书面形式，并由股东签字后置备于公司。一人有限责任公司应当在每一会计年度终了时编制财务会计报告，并经会计师事务所审计。一人有限责任公司的股东不能证明公司财产独立于股东自己财产时，应当对公司债务承担连带责任。

三、股份有限公司

（一）股份有限公司的概念和特征

1. 概念

股份有限公司是指将全部资本划分为等额股份，股东以其认购的股份为限对公司承担责任，公司以全部财产对公司债务承担责任的企业法人。

2. 特征

（1）公司全部资本划分为均等股份。股份是构成股份有限公司资本、表示权利义务的基本单位。为了便于股份的募集、流通转让以及股利的分派、表决权的行使，股份有限公司的资本划分为若干股份，每股金额均等。

（2）责任的有限性。股份有限公司的股东以其认购的股份为限对公司承担责任，公司以其全部财产对公司的债务承担责任。

(3)股东人数无上限。

(二)股份有限公司的设立

1. 股份有限公司的设立方式

1)发起设立

发起设立是指由发起人认购公司应发行的全部股份而设立的公司。

2)募集设立

募集设立是指由发起人认购公司应发行股份的一部分,其余股份向社会公开募集或者向特定对象募集而设立的公司。

2. 股份有限公司的设立条件

(1)发起人符合法定人数。设立股份有限公司,应当有5人以上为发起人,其中须有半数以上在中国境内有住所。发起人承担公司筹办事务,应当签订发起人协议,明确各自在公司设立过程中的权利和义务。

股份有限公司的发起人应当承担下列责任:①公司不能成立时,对设立行为所产生的债务和费用负连带责任;②公司不能成立时,对认股人已缴纳的股款,负返还股款并加算银行同期存款利息的连带责任;③在公司设立过程中,由于发起人的过失致使公司利益受到损害的,应当对公司承担赔偿责任。

(2)发起人认缴和社会公开募集的股本达到法定资本最低限额。股份有限公司注册资本的最低限额为人民币1 000万元。股份有限公司注册资本最低限额需高于上述所定限额的,由法律、行政法规另行规定。

(3)股份发行、筹办事项符合法律规定。

(4)发起人制定公司章程,并经创立大会通过。

股份有限公司章程应当载明下列事项:①公司名称和住所;②公司经营范围;③公司设立方式;④公司股份总数、每股金额和注册资本;⑤发起人的姓名或者名称、认购的股份数;⑥股东的权利和义务;⑦董事会的组成、职权、任期和议事规则;⑧公司法定代表人;⑨监事会的组成、职权、任期和议事规则;⑩公司利润分配办法。

发起人应当在发行股份的股款缴足后30日内主持召开公司创立大会。创立大会由认股人组成。发行的股份超过招股说明书规定的截止期限尚未募足的,或者发行股份的股款缴足后,发起人在30日内未召开创立大会的,认股人可以按照所缴股款并加算银行同期存款利息,要求发起人返还。发起人应当在创立大会召开15日前将会议日期通知各认股人或者予以公告。创立大会应有代表股份总数1/2以上的认股人出席,方可举行。

创立大会行使下列职权:①审议发起人关于公司筹办情况的报告;②通过公司章程;③选举董事会成员;④选举监事会成员;⑤对公司的设立费用进行审核;⑥对发起人用于抵作股款的财产的作价进行审核;⑦发生不可抗力或者经营条件发生重大变化直接影响公司设立的,可以做出不设立公司的决议。

创立大会对以上所列事项做出决议,必须经出席会议的认股人所持表决权的半数以上通过。

（三）股份有限公司的设立程序

1. 发起设立的程序

（1）制定公司章程。

（2）发起人认足股份。以发起设立方式设立股份有限公司的，发起人应当书面认足公司章程规定其认购的股份；一次性缴纳的，应当缴纳全部出资；分期缴纳的，应当缴纳首期出资；以非货币财产出资的，应当依法办理其财产权的转移手续。

（3）选举董事会和监事会。发起人首次缴纳出资后，应当选举董事会和监事会。

（4）申请设立登记。董事会向公司登记机关报送公司章程、由依法设定的验资机构出具的验资证明以及法律、行政法规规定的其他文件，申请设立登记。

2. 募集设立的程序

（1）制定公司章程。

（2）发起人认购法定数额的股份。以募集方式设立股份有限公司的，发起人认购的股份不得少于公司股份总数的 35%；但是，法律、法规另有规定的，从其规定。

（3）认股缴款。发起人向社会公开募集股份，必须公告招股说明书，并制作认股书。招股说明书应当附有发起人制定的公司章程，并载明下列事项：①发起人认购的股份数；②每股的票面金额和发行价格；③无记名股票的发行总数；④认股人的权利和义务；⑤本次募股的起止期限及逾期未募足时认股人可撤回所认股份的说明。

（4）召开创立大会。

（5）申请设立登记。

（四）股份有限公司的组织机构

1. 股东大会

股份有限公司由股东组成股东大会。股东大会是公司的权力机构，依照《公司法》行使职权。

股东大会行使下列职权：①决定公司的经营方针和投资计划；②选举和更换董事，决定有关董事的报酬事项；③选举和更换由股东代表出任的监事，决定有关监事的报酬事项；④审议批准董事会的报告；⑤审议批准监事会的报告；⑥审议批准公司的年度财务预算方案、决算方案；⑦审议批准公司的利润分配方案和弥补亏损方案；⑧对公司增加或者减少注册资本做出决议；⑨对发行公司债券做出决议；⑩对公司合并、分立、解散和清算等事项做出决议。

股东大会应当每年召开一次年会。有下列情形之一的，应当在 2 个月内召开临时股东大会：①董事人数不足《公司法》规定的人数或者公司章程所定人数的 2/3 时；②公司未弥补的亏损达股本总额 1/3 时；③持有公司股份 10% 以上的股东请求时；④董事会认为必要时；⑤监事会提议召开时。

股东大会会议由董事会依照《公司法》规定负责召集，由董事长主持。董事长因特殊原因不能履行职务时，由董事长指定的副董事长或者其他董事主持。召开股东大会，应当将会议审议的事项于会议召开 30 日以前通知各股东。临时股东大会不得对通知中未列明的事项做出决议。

发行无记名股票的，应当于会议召开45日以前就以上事项做出公告。无记名股票持有人出席股东大会的，应当于会议召开5日以前至股东大会闭会时止将股票交存于公司。

股东出席股东大会，所持每一股份有一表决权。股东大会做出决议，必须经出席会议的股东所持表决权的半数以上通过。股东大会对公司合并、分立或者解散公司做出决议，必须经出席会议的股东所持表决权的2/3以上通过。

修改公司章程必须经出席股东大会的股东所持表决权的2/3以上通过。

股东可以委托代理人出席股东大会，代理人应当向公司提交股东授权委托书，并在授权范围内行使表决权。股东大会应当对所议事项的决定做成会议记录，由出席会议的董事签名。会议记录应当与出席股东的签名册及代理出席的委托书一并保存。股东有权查阅公司章程、股东大会会议记录和财务会计报告，对公司的经营提出建议或者质询。股东大会、董事会的决议违反法律、行政法规，侵犯股东合法权益的，股东有权向人民法院提起要求停止该违法行为和侵害行为的诉讼。

2. 董事会

股份有限公司设董事会，其成员为5~19人。

董事会对股东大会负责，行使下列职权：①负责召集股东大会，并向股东大会报告工作；②执行股东大会的决议；③决定公司的经营计划和投资方案；④制订公司的年度财务预算方案、决算方案；⑤制订公司的利润分配方案和弥补亏损方案；⑥制订公司增加或者减少注册资本的方案以及发行公司债券的方案；⑦拟订公司合并、分立、解散的方案；⑧决定公司内部管理机构的设置；⑨聘任或者解聘公司经理，根据经理的提名，聘任或者解聘公司副经理、财务负责人，决定其报酬事项；⑩制定公司的基本管理制度。

董事会设董事长一人，可以设副董事长1~2人。董事长和副董事长由董事会以全体董事的过半数选举产生。

董事长为公司的法定代表人。董事长行使下列职权：①主持股东大会和召集、主持董事会会议；②检查董事会决议的实施情况；③签署公司股票、公司债券。副董事长协助董事长工作，董事长不能履行职权时，由董事长指定的副董事长代行其职权。

董事任期由公司章程规定，但每届任期不得超过3年。董事任期届满，连选可以连任。董事在任期届满前，股东大会不得无故解除其职务。董事会每年度至少召开2次会议，每次会议应当于会议召开10日以前通知全体董事。董事会召开临时会议，可以另定召集董事会的通知方式和通知时限。

董事会会议应由1/2以上的董事出席方可举行。董事会做出决议，必须经全体董事的过半数通过。董事会会议，应由董事本人出席；董事因故不能出席，可以书面委托其他董事代为出席董事会，委托书中应载明授权范围。

董事会应当对会议所议事项的决定做成会议记录，出席会议的董事和记录员在会议记录上签名。董事应当对董事会的决议承担责任。董事会的决议违反法律、行政法规或者公司章程，致使公司遭受严重损失的，参与决议的董事对公司负赔偿责任。但经证明在表决时曾表明异议并记载于会议记录的,该董事可以免除责任。

股份有限公司设经理,由董事会聘任或者解聘。经理对董事会负责,行使下列职权:①主持公司的生产经营管理工作,组织实施董事会决议;②组织实施公司年度经营计划和投资方案;③拟订公司内部管理机构设置方案;④拟订公司的基本管理制度;⑤制定公司的具体规章;⑥提请聘任或者解聘公司副经理、财务负责人;⑦聘任或者解聘除应由董事会聘任或者解聘以外的负责管理人员;⑧公司章程和董事会授予的其他职权。

经理列席董事会会议。公司根据需要,可以由董事会授权董事长在董事会闭会期间,行使董事会的部分职权。公司董事会可以决定,由董事会成员兼任经理。

公司研究决定有关职工工资、福利、安全生产以及劳动保护、劳动保险等涉及职工切身利益的问题,应当事先听取公司工会和职工的意见,并邀请工会或者职工代表列席有关会议。公司研究决定生产经营的重大问题、制定重要的规章制度时,应当听取公司工会和职工的意见和建议。董事、经理应当遵守公司章程,忠实履行职务,维护公司利益,不得利用在公司的地位和职权为自己谋取私利。

3. 经理

股份有限公司设经理,由董事会决定聘任或者解聘。关于有限责任公司经理职权的规定适用于股份有限公司。

4. 监事会

股份有限公司设监事会,其成员不得少于 3 人。监事会应在其组成人员中推选 1 名召集人。监事会由股东代表和适当比例的公司职工代表组成,具体比例由公司章程规定。监事会中的职工代表由公司职工民主选举产生。

董事、经理及财务负责人不得兼任监事。监事的任期每届为 3 年。监事任期届满,连选可以连任。

监事会行使下列职权:①检查公司的财务;②对董事、经理执行公司职务时违反法律、法规或者公司章程的行为进行监督;③当董事和经理的行为损害公司的利益时,要求董事和经理予以纠正;④提议召开临时股东大会;⑤公司章程规定的其他职权。

监事列席董事会会议。监事会的议事方式和表决程序由公司章程规定。监事应当依照法律、行政法规、公司章程,忠实履行监督职责。

四、股份有限公司的股份发行和转让

股份是股东持有的公司资本的基本构成单位,也是划分股东权利、义务的基本构成单位。股份有限公司的资本划分为股份,每一股的金额相等。股份的特征如下。

(一)不可分性

股份还表示公司资本的最小计算单位,其金额不得再行分割。

(二)平等性

平等性体现在 2 个方面。一是体现在股份所代表的资本额相等,同次发行的同种类股份,其发行条件及价格相同,即每股票面金额一律相等。二是体现在同一种类的股份每股所包含的股东权利、义务的一律平等，即同股同权。

（三）可转让性

股东持有的股份可以依法转让。公司的股份采取股票的形式。股票是公司签发的证明股东所持股份的凭证。股票的分类：①按股东权益不同，分为普通股和优先股；②按投资主体身份不同，分为国家股、法人股、个人股和外资股；③按票面是否标明股东姓名，可以分为记名股和无记名股；④按票面上是否载明股份金额，分为额面股和无额面股。

1. 股份有限公司股份的发行

股份的发行，遵循公平、公正的原则，同种类的每一股份应当具有同等权利。同次发行的同种类股票，每股的发行条件和价格应当相同；任何单位或者个人所认购的股份，每股应当支付相同价额。

根据股份发行时公司所处的不同阶段，股份发行可以分为设立发行和新股发行。设立发行是指为了设立股份有限公司而在设立过程中发行股份的行为。新股发行是指公司成立后，为了扩充资本、追加投资等原因而发行的股份。股票发行价格可以按票面金额，也可以超过票面金额，但不得低于票面金额。股票发行时可以采用纸面形式或者国务院证券监督管理机构规定的其他形式。公司发行的股票，可以为记名股票，也可以为无记名股票。公司向发起人、法人发行的股票，应当为记名股票。

公司发行新股，必须具备下列条件：①前一次发行的股份已募足，并间隔 1 年以上；②公司在最近 3 年内连续盈利，并可向股东支付股利，公司以当年利润分派新股，不受此限制；③公司在最近 3 年内财务会计文件无虚假记载；④公司预期利润率可达同期银行存款利率。

公司发行新股，股东大会应当对下列事项做出决议：①新股种类及数额；②新股发行价格；③新股发行的起止日期；④向原有股东发行新股的种类及数额。

2. 股份的转让

股东持有的股份可以依法转让。股东转让其股份，应当在依法设立的证券交易场所进行或者按照国务院规定的其他方式进行。

记名股票，由股东以背书方式或者法律、行政法规规定的其他方式转让；转让后由公司将受让人的姓名或者名称及住所记载于股东名册。股东大会召开前 20 日内或者公司决定分配股利的基准日前 5 日内，不得进行前面规定的股东名册的变更登记。但是，法律对上市公司股东名册变更登记另有规定的，从其规定。无记名股票的转让，由股东将该股票交付给受让人后即发生转让效力。

发起人持有的本公司股份，自公司成立之日起 3 年内不得转让。公司董事、监事、经理应当向公司申报所持有的本公司的股份，并在任职期间内不得转让。国家授权投资的机构可以依法转让其持有的股份，也可以购买其他股东持有的股份。转让或者购买股份的审批权限、管理办法，由法律、行政法规另行规定。

公司不得收购本公司的股票，但为减少公司资本而注销股份或者与持有本公司股票的其他公司合并时除外。

公司依照规定收购本公司的股票后，必须在 10 日内注销该部分股份，依照法律、行政法规办理变更登记,并公告。公司不得接受本公司的股票作为抵押权的标的。记名股票被盗、遗失或者灭失,股东可以依照《民事诉讼法》规定的公示催告程序,请求人民法院宣告该股票失效。依照公示催告程序,人民法院宣告该股票失效后,股东可以向公司申请补发股票。

五、上市公司

上市公司是指所发行的股票经国务院或者国务院授权证券管理部门批准在证券交易所上市交易的股份有限公司。

股份有限公司申请其股票上市必须符合下列条件:①股票经国务院证券管理部门批准已向社会公开发行;②公司股本总额不少于人民币 5 000 万元;③开业时间在 3 年以上,最近 3 年连续盈利;原国有企业依法改建而设立的,或者《公司法》实施后新组建成立,其主要发起人为国有大中型企业的,可连续计算;④持有股票面值达人民币 1 000 元以上的股东人数不少于 1 000 人,向社会公开发行的股份达公司股份总数的 25% 以上,公司股本总额超过人民币 4 亿元的,其向社会公开发行股份的比例为 15% 以上;⑤公司在最近 3 年内无重大违法行为,财务会计报告无虚假记载;⑥国务院规定的其他条件。

股份有限公司申请其股票上市交易,应当报经国务院或者国务院授权证券管理部门批准,依照有关法律、行政法规的规定报送有关文件。

国务院或者国务院授权证券管理部门对符合《公司法》规定条件的股票上市交易申请,予以批准;对不符合《公司法》规定条件的,不予批准。

股票上市交易申请经批准后,被批准的上市公司必须公告其股票上市报告,并将其申请文件存放在指定的地点供公众查阅。经批准的上市公司的股份,依照有关法律、行政法规上市交易。经国务院证券管理部门批准,公司股票可以到境外上市,具体办法由国务院做出特别规定。

上市公司必须按照法律、行政法规的规定,定期公开其财务状况和经营情况,在每个会计年度内半年公布一次财务会计报告。上市公司有下列情形之一的,由国务院证券管理部门决定暂停其股票上市:①公司股本总额、股权分布等发生变化不再具备上市条件;②公司不按规定公开其财务状况,或者对财务会计报告做虚假记载;③公司有重大违法行为;④公司最近 3 年连续亏损。

公司决议解散、被行政主管部门依法责令关闭或者被宣告破产的,由国务院证券管理部门决定终止其股票上市。

第三节　合伙企业

一、合伙企业概述

合伙企业是指自然人、法人和其他组织依照《公司法》在中国境内设立的普通合伙企业和有限合伙企业。

普通合伙企业由普通合伙人组成,合伙人对合伙企业债务承担无限连带责任。普通合伙人承担责任的形式有特别规定的,从其规定。有限合伙企业由普通合伙人和有限合伙人组成,普通合伙人对合伙企业债务承担无限连带责任,有限合伙人以其认缴的出资额为限对合伙企业债务承担责任。国有独资公司、国有企业、上市公司以及公益性的事业单位、社会团体不得成为普通合伙人。

合伙协议依法由全体合伙人协商一致、以书面形式订立。订立合伙协议、设立合伙企业,应当遵循自愿、平等、公平、诚实信用的原则。

合伙企业的生产经营所得和其他所得,按照国家有关税收规定,由合伙人分别缴纳所得税。合伙企业及其合伙人必须遵守法律、行政法规,遵守社会公德、商业道德,承担社会责任。合伙企业及其合伙人的合法财产及其权益受法律保护。

申请设立合伙企业,应当向企业登记机关提交登记申请书、合伙协议书、合伙人身份证明等文件。合伙企业的经营范围中有属于法律、行政法规规定在登记前须经批准的项目的,该项经营业务应当依法经过批准,并在登记时提交批准文件。

申请人提交的登记申请材料齐全、符合法定形式,企业登记机关能够当场登记的,应予当场登记,发给营业执照。除前述规定情形外,企业登记机关应当自受理申请之日起 20 日内,做出是否登记的决定。予以登记的,发给营业执照;不予登记的,应当给予书面答复,并说明理由。

合伙企业的营业执照签发日期,为合伙企业成立日期。合伙企业领取营业执照前,合伙人不得以合伙企业名义从事合伙业务。合伙企业设立分支机构,应当向分支机构所在地的企业登记机关申请登记,领取营业执照。

合伙企业登记事项发生变更的,执行合伙事务的合伙人应当自做出变更决定或者发生变更事由之日起 15 日内,向企业登记机关申请办理变更登记。

二、普通合伙企业

(一)普通合伙企业设立

设立普通合伙企业,应当具备下列条件:

(1)有 2 个以上合伙人,合伙人为自然人的,应当具有完全民事行为能力;

(2)有书面合伙协议;

(3)有合伙人认缴或者实际缴付的出资;

(4)有合伙企业的名称和生产经营场所;

(5)法律、行政法规规定的其他条件。

合伙企业名称中应当标明“普通合伙”字样。合伙人可以用货币、实物、知识产权、土地使用权或者其他财产权利出资,也可以用劳务出资。合伙人以实物、知识产权、土地使用权或者其他财产权利出资,需要评估作价的,可以由全体合伙人协商确定,也可以由全体合伙人委托法定评估机构评估。合伙人以劳务出资的,其评估办法由全体合伙人协商确定,并在合伙协议中载明。

合伙人应当按照合伙协议约定的出资方式、数额和缴付期限,履行出资义务。以非货币财产出资的，依照法律、行政法规的规定，需要办理财产权转移手续的，应当依法办理。合伙协议应当载明下列事项：

（1）合伙企业的名称和主要经营场所的地点；

（2）合伙目的和合伙经营范围；

（3）合伙人的姓名或者名称、住所；

（4）合伙人的出资方式、数额和缴付期限；

（5）利润分配、亏损分担方式；

（6）合伙事务的执行；

（7）入伙与退伙；

（8）争议解决办法；

（9）合伙企业的解散与清算；

（10）违约责任。

合伙协议经全体合伙人签名、盖章后生效。合伙人按照合伙协议享有权利、履行义务。修改或者补充合伙协议，应当经全体合伙人一致同意；但是，合伙协议另有约定的除外。合伙协议未约定或者约定不明确的事项，由合伙人协商决定；协商不成的，按有关法律、行政法规的规定处理。

（二）合伙企业财产

合伙人的出资、以合伙企业名义取得的收益和依法取得的其他财产，均为合伙企业的财产。合伙人在合伙企业清算前，不得请求分割合伙企业的财产；但是，法律另有规定的除外。

合伙人在合伙企业清算前私自转移或者处分合伙企业财产的，合伙企业不得以此对抗善意第三人。

除合伙协议另有约定外，合伙人向合伙人以外的人转让其在合伙企业中的全部或者部分财产份额时，须经其他合伙人一致同意。合伙人之间转让在合伙企业中的全部或者部分财产份额时，应当通知其他合伙人。

合伙人向合伙人以外的人转让其在合伙企业中的财产份额的，在同等条件下，其他合伙人有优先购买权；但是，合伙协议另有约定的除外。合伙人以外的人依法受让合伙人在合伙企业中的财产份额的，经修改合伙协议即成为合伙企业的合伙人，依照《合伙企业法》和修改后的合伙协议享有权利、履行义务。

合伙人以其在合伙企业中的财产份额出质的，须经其他合伙人一致同意；未经其他合伙人一致同意，其行为无效，由此给善意第三人造成损失的，由行为人依法承担赔偿责任。

（三）合伙事务执行

合伙人对执行合伙事务享有同等的权利。按照合伙协议的约定或者经全体合伙人决定，可以委托一个或者数个合伙人对外代表合伙企业，执行合伙事务。作为合伙人的法人、其他组织执行合伙事务的，由其委派的代表执行。

委托一个或者数个合伙人执行合伙事务的，其他合伙人不再执行合伙事务。不执行合伙事务的合伙人有权监督执行事务合伙人执行合伙事务的情况。

由一个或者数个合伙人执行合伙事务的，执行事务合伙人应当定期向其他合伙人报告事务执行情况以及合伙企业的经营和财务状况，其执行合伙事务所产生的收益归合伙企业，所产生的费用和亏损由合伙企业承担。

合伙人为了解合伙企业的经营状况和财务状况，有权查阅合伙企业会计账簿等财务资料。

合伙人分别执行合伙事务的，执行事务合伙人可以对其他合伙人执行的事务提出异议。提出异议时，应当暂停该项事务的执行。受委托执行合伙事务的合伙人不按照合伙协议或者全体合伙人的决定执行事务的，其他合伙人可以决定撤销该委托。

合伙人对合伙企业有关事项做出决议，按照合伙协议约定的表决办法办理。合伙协议未约定或者约定不明确的，实行合伙人一人一票并经全体合伙人过半数通过的表决办法。

除合伙协议另有约定外，合伙企业的下列事项应当经全体合伙人一致同意：

(1)改变合伙企业的名称；

(2)改变合伙企业的经营范围、主要经营场所的地点；

(3)处分合伙企业的不动产；

(4)转让或者处分合伙企业的知识产权和其他财产权利；

(5)以合伙企业名义为他人提供担保；

(6)聘任合伙人以外的人担任合伙企业的经营管理人员。

合伙人不得自营或者同他人合作经营与本合伙企业相竞争的业务。除合伙协议另有约定或者经全体合伙人一致同意外，合伙人不得同本合伙企业进行交易。合伙人不得从事损害本合伙企业利益的活动。

合伙企业的利润分配、亏损分担，按照合伙协议的约定办理；合伙协议未约定或者约定不明确的，由合伙人协商决定；协商不成的，由合伙人按照实缴出资比例分配、分担；无法确定出资比例的，由合伙人平均分配、分担。合伙协议不得约定将全部利润分配给部分合伙人或者由部分合伙人承担全部亏损。

合伙人按照合伙协议的约定或者经全体合伙人决定，可以增加或者减少对合伙企业的出资。

被聘任的合伙企业的经营管理人员应当在合伙企业授权范围内履行职务。被聘任的合伙企业的经营管理人员，超越合伙企业授权范围履行职务，或者在履行职务过程中因故意或者重大过失给合伙企业造成损失的，依法承担赔偿责任。

合伙企业应当依照法律、行政法规的规定建立企业财务、会计制度。

(四)合伙企业与第三人关系

合伙企业对合伙人执行合伙事务以及对外代表合伙企业权利的限制，不得对抗善意第三人。合伙企业对其债务，应先以其全部财产进行清偿。合伙企业不能清偿到期债务的，合伙人承担无限连带责任。合伙人由于承担无限连带责任，清偿数额超过其亏损分担比例的，有权向其他合伙人追偿。

合伙人发生与合伙企业无关的债务，相关债权人不得以其债权抵销其对合伙企业的债务，也不得代位行使合伙人在合伙企业中的权利。

合伙人的自有财产不足清偿其与合伙企业无关的债务的，该合伙人可以以其从合伙企业中分取的收益用于清偿；债权人也可以依法请求人民法院强制执行该合伙人在合伙企业中的财产份额用于清偿。

人民法院强制执行合伙人的财产份额时，应当通知全体合伙人，其他合伙人有优先购买权；其他合伙人未购买，又不同意将该财产份额转让给他人的，该合伙人办理退伙结算，或者办理削减该合伙人相应财产份额的结算。

（五）入伙与退伙

新合伙人入伙，除合伙协议另有约定外，应当经全体合伙人一致同意，并依法订立书面入伙协议。

订立入伙协议时，原合伙人应当向新合伙人如实告知原合伙企业的经营状况和财务状况。入伙的新合伙人与原合伙人享有同等权利，承担同等责任。入伙协议另有约定的，从其约定。新合伙人对入伙前合伙企业的债务承担无限连带责任。

合伙协议约定合伙期限的，在合伙企业存续期间，有下列情形之一的，合伙人可以退伙：

（1）合伙协议约定的退伙事由出现；

（2）经全体合伙人一致同意；

（3）发生合伙人难以继续参加合伙的事由；

（4）其他合伙人严重违反合伙协议约定的义务。

合伙协议未约定合伙期限的，合伙人在不给合伙企业事务执行造成不利影响的情况下，可以退伙，但应当提前30日通知其他合伙人。

合伙人有下列情形之一的，当然退伙：

（1）作为合伙人的自然人死亡或者被依法宣告死亡；

（2）个人丧失偿债能力；

（3）作为合伙人的法人或者其他组织依法被吊销营业执照、责令关闭、撤销，或者被宣告破产；

（4）法律规定或者合伙协议约定合伙人必须具有相关资格而丧失该资格；

（5）合伙人在合伙企业中的全部财产份额被人民法院强制执行。

合伙人被依法认定为无民事行为能力人或者限制民事行为能力人的，经其他合伙人一致同意，可以依法转为有限合伙人，普通合伙企业依法转为有限合伙企业。其他合伙人未能一致同意的，该无民事行为能力或者限制民事行为能力的合伙人退伙。退伙事由实际发生之日为退伙生效日。

合伙人有下列情形之一的，经其他合伙人一致同意，可以决议将其除名：

（1）未履行出资义务；

（2）因故意或者重大过失给合伙企业造成损失；

（3）执行合伙事务时有不正当行为；

（4）发生合伙协议约定的事由。

对合伙人的除名决议应当书面通知被除名人。被除名人接到除名通知之日,除名生效,被除名人退伙。被除名人对除名决议有异议的,可以自接到除名通知之日起 30 日内,向人民法院起诉。

合伙人死亡或者被依法宣告死亡的,对该合伙人在合伙企业中的财产份额享有合法继承权的继承人,按照合伙协议的约定或者经全体合伙人一致同意,从继承开始之日起,取得该合伙企业的合伙人资格。

有下列情形之一的,合伙企业应当向合伙人的继承人退还被继承合伙人的财产份额:

(1)继承人不愿意成为合伙人;

(2)法律规定或者合伙协议约定合伙人必须具有相关资格,而该继承人未取得该资格;

(3)合伙协议约定不能成为合伙人的其他情形。

合伙人的继承人为无民事行为能力人或者限制民事行为能力人的,经全体合伙人一致同意,可以依法成为有限合伙人,普通合伙企业依法转为有限合伙企业。全体合伙人未能一致同意的,合伙企业应当将被继承合伙人的财产份额退还该继承人。

合伙人退伙,其他合伙人应当与该退伙人按照退伙时的合伙企业财产状况进行结算,退还退伙人的财产份额。退伙人对给合伙企业造成的损失负有赔偿责任的,相应扣减其应当赔偿的数额。退伙时有未了结的合伙企业事务的,待该事务了结后进行结算。退伙人在合伙企业中财产份额的退还办法,由合伙协议约定或者由全体合伙人决定,可以退还货币,也可以退还实物。退伙人对基于其退伙前的原因发生的合伙企业债务,承担无限连带责任。

(六)特殊的普通合伙企业

以专业知识和专门技能为客户提供有偿服务的专业服务机构,可以设立为特殊的普通合伙企业。特殊的普通合伙企业是指合伙人承担责任的普通合伙企业。特殊的普通合伙企业如无特殊规定的,适用本章普通合伙企业的规定。

特殊的普通合伙企业名称中应当标明"特殊普通合伙"字样。一个合伙人或者数个合伙人在执业活动中因故意或者重大过失造成合伙企业债务的,应当承担无限责任或者无限连带责任,其他合伙人以其在合伙企业中的财产份额为限承担责任。合伙人在执业活动中非因故意或者重大过失造成的合伙企业债务以及合伙企业的其他债务,由全体合伙人承担无限连带责任。

合伙人执业活动中因故意或者重大过失造成的合伙企业债务,以合伙企业财产对外承担责任后,该合伙人应当按照合伙协议的约定对给合伙企业造成的损失承担赔偿责任。

特殊的普通合伙企业应当建立执业风险基金、办理职业保险。执业风险基金用于偿付合伙人执业活动造成的债务。执业风险基金应当单独立户管理。具体管理办法由国务院规定。

三、有限合伙企业

有限合伙企业由 2 个以上 50 个以下合伙人设立;但是,法律另有规定的除外。有限合伙企业至少应当有一个普通合伙人。有限合伙企业名称中应当标明"有限合伙"字样。

合伙协议除符合《合伙企业法》第十八条的规定外,还应当载明下列事项:

(1)普通合伙人和有限合伙人的姓名或者名称、住所;

(2)执行事务合伙人应具备的条件和选择程序;

(3)执行事务合伙人权限与违约处理办法;

(4)执行事务合伙人的除名条件和更换程序;

(5)有限合伙人入伙、退伙的条件、程序以及相关责任;

(6)有限合伙人和普通合伙人相互转变程序。

有限合伙人可以用货币、实物、知识产权、土地使用权或者其他财产权利作价出资。有限合伙人不得以劳务出资。有限合伙人应当按照合伙协议的约定按期足额缴纳出资;未按期足额缴纳的,应当承担补缴义务,并对其他合伙人承担违约责任。有限合伙企业登记事项中应当载明有限合伙人的姓名或者名称及认缴的出资数额。

有限合伙企业由普通合伙人执行合伙事务。执行事务合伙人可以要求在合伙协议中确定执行事务的报酬及报酬提取方式。有限合伙人不执行合伙事务,不得对外代表有限合伙企业。有限合伙人的下列行为,不视为执行合伙事务:

(1)参与决定普通合伙人入伙、退伙;

(2)对企业的经营管理提出建议;

(3)参与选择承办有限合伙企业审计业务的会计师事务所;

(4)获取经审计的有限合伙企业财务会计报告;

(5)对涉及自身利益的情况,查阅有限合伙企业财务会计账簿等财务资料;

(6)在有限合伙企业中的利益受到侵害时,向有责任的合伙人主张权利或者提起诉讼;

(7)执行事务合伙人怠于行使权利时,督促其行使权利或者为了本企业的利益以自己的名义提起诉讼;

(8)依法为本企业提供担保。

有限合伙企业不得将全部利润分配给部分合伙人;但是,合伙协议另有约定的除外。有限合伙人可以同本有限合伙企业进行交易;但是,合伙协议另有约定的除外。有限合伙人可以自营或者同他人合作经营与本有限合伙企业相竞争的业务;但是,合伙协议另有约定的除外。

有限合伙人可以将其在有限合伙企业中的财产份额出质;但是,合伙协议另有约定的除外。有限合伙人可以按照合伙协议的约定向合伙人以外的人转让其在有限合伙企业中的财产份额,但应当提前30日通知其他合伙人。

有限合伙人的自有财产不足清偿其与合伙企业无关的债务的,该合伙人可以以其从有限合伙企业中分取的收益用于清偿;债权人也可以依法请求人民法院强制执行该合伙人在有限合伙企业中的财产份额用于清偿。人民法院强制执行有限合伙人的财产份额时,应当通知全体合伙人。在同等条件下,其他合伙人有优先购买权。

有限合伙企业仅剩有限合伙人的,应当解散;有限合伙企业仅剩普通合伙人的,转为普通合伙企业。第三人有理由相信有限合伙人为普通合伙人并与其交易的,该有限合伙人对该笔交易承担与普通合伙人同样的责任。有限合伙人未经授权以有限合伙企业名义与他人进行交易,给有限合伙企业或者其他合伙人造成损失的,该有限合伙人应当承担赔偿责任。

新入伙的有限合伙人对入伙前有限合伙企业的债务,以其认缴的出资额为限承担责任。

作为有限合伙人的自然人在有限合伙企业存续期间丧失民事行为能力的,其他合伙人不得因此要求其退伙。作为有限合伙人的自然人死亡、被依法宣告死亡或者作为有限合伙人的法人及其他组织终止时,其继承人或者权利承受人可以依法取得该有限合伙人在有限合伙企业中的资格。

有限合伙人退伙后,对基于其退伙前的原因发生的有限合伙企业债务,以其退伙时从有限合伙企业中取回的财产承担责任。除合伙协议另有约定外,普通合伙人转变为有限合伙人,或者有限合伙人转变为普通合伙人,应当经全体合伙人一致同意。

有限合伙人转变为普通合伙人的,对其作为有限合伙人期间有限合伙企业发生的债务承担无限连带责任。普通合伙人转变为有限合伙人的,对其作为普通合伙人期间合伙企业发生的债务承担无限连带责任。

四、合伙企业解散、清算

合伙企业有下列情形之一的,应当解散:

(1)合伙期限届满,合伙人决定不再经营;

(2)合伙协议约定的解散事由出现;

(3)全体合伙人决定解散;

(4)合伙人已不具备法定人数满 30 天;

(5)合伙协议约定的合伙目的已经实现或者无法实现;

(6)依法被吊销营业执照、责令关闭或者被撤销;

(7)法律、行政法规规定的其他原因。

合伙企业解散,应当由清算人进行清算。清算人由全体合伙人担任;经全体合伙人过半数同意,可以自合伙企业解散事由出现后 15 日内指定一个或者数个合伙人,或者委托第三人,担任清算人。自合伙企业解散事由出现之日起 15 日内未确定清算人的,合伙人或者其他利害关系人可以申请人民法院指定清算人。

清算人在清算期间执行下列事务:

(1)清理合伙企业财产,分别编制资产负债表和财产清单;

(2)处理与清算有关的合伙企业未了结事务;

(3)清缴所欠税款;

(4)清理债权、债务;

(5)处理合伙企业清偿债务后的剩余财产;

(6)代表合伙企业参加诉讼或者仲裁活动。

清算人自被确定之日起 10 日内将合伙企业解散事项通知债权人,并于 60 日内在报纸上公告。债权人应当自接到通知书之日起 30 日内,未接到通知书的自公告之日起 45 日内,向清算人申报债权。债权人申报债权，应当说明债权的有关事项，并提供证明材料。清算人应当对债权进行登记。清算期间，合伙企业存续，但不得开展与清算无关的经营活动。

合伙企业财产在支付清算费用和职工工资、社会保险费用、法定补偿金以及缴纳所欠税款、清偿债务后的剩余财产，依照《合伙企业法》第33条第一款的规定进行分配。清算结束，清算人应当编制清算报告，经全体合伙人签名、盖章后，在15日内向企业登记机关报送清算报告，申请办理合伙企业注销登记。合伙企业注销后，原普通合伙人对合伙企业存续期间的债务仍应承担无限连带责任。

合伙企业不能清偿到期债务的，债权人可以依法向人民法院提出破产清算申请，也可以要求普通合伙人清偿。合伙企业依法被宣告破产的，普通合伙人对合伙企业债务仍应承担无限连带责任。

五、个人独资企业

个人独资企业是指由一个自然人投资，财产为投资人个人所有，投资人以其个人财产对企业债务承担无限责任的经营实体。

（一）个人独资企业的设立条件

（1）投资人为一个自然人。个人独资企业的投资人只能是一个自然人，该自然人必须是具有完全民事行为能力的中国公民。法律、行政法规规定禁止从事营利性活动的人不得设立个人独资企业，如法官、检察官、人民警察等都不得作为投资人申请设立个人独资企业。

（2）有合法的企业名称。个人独资企业的名称应当符合企业名称登记管理的有关规定，并与其责任形式及从事的营业和规模相符合。

（3）有投资人申报的出资。个人独资企业的投资人必须要有申报的出资，这是企业设立、经营以及保护债权人利益的财产保障。鉴于个人独资企业是一个自然人投资，且投资人对企业的债务承担无限连带责任，法律并未规定个人独资企业设立的最低注册资本额，投资人申报的出资只需要保证生产经营的实际需求即可。个人独资企业的投资人可以个人财产出资，也可以家庭共有财产出资。投资人在设立登记时明确以家庭共有财产作为出资的，应依法以家庭共有财产对企业债务承担无限责任。

（4）有固定的生产经营场所和必要的生产经营条件。

（5）有必要的从业人员。

（二）个人独资企业的设立程序

1. 申请

申请设立个人独资企业，应当由投资人或者其委托的代理人向个人独资企业所在地的登记机关提交设立申请书、投资人身份证明、生产经营场所使用证明等文件。个人独资企业设立申请书应当载明下列事项：

（1）企业的名称和住所；

（2）投资人的姓名和居所；

（3）投资人的出资额和出资方式；

（4）经营范围。

委托代理人申请设立登记时，应当出具投资人的委托书和代理人的合法证明。个人独资企业不得从事法律、行政法规禁止经营的业务；从事法律、行政法规规定须经报有关部门审批的业务，应当在申请设立登记时提交有关部门的批准文件。

2. 审批

登记机关应当在收到设立申请文件之日起 15 日内，对符合法律规定条件的，予以登记，发给营业执照；对不符合《合伙企业法》规定的，不予登记，并应当给予书面答复，说明理由。个人独资企业的营业执照的签发日期，为个人独资企业的成立日期。在领取个人独资企业营业执照前，投资人不得以个人独资企业名义从事经营活动。

个人独资企业设立分支机构，应当由投资人或者其委托人的代理人向分支机构所在地的登记机关申请登记，领取营业执照。分支机构经核准登记后，应将登记情况报该分支机构隶属的个人独资企业的登记机关备案。分支机构的民事责任由设立该分支机构的个人独资企业承担。

个人独资企业存续期间登记事项发生变更的，应当在做出变更决定之日起的 15 日内依法向登记机关申请办理变更登记。

（三）个人独资企业的投资人

1. 个人独资企业投资人的条件

个人独资企业的投资人是指以其财产投资设立个人独资企业的自然人。法律、行政法规禁止从事营利性活动的人，不得作为投资人申请设立个人独资企业，除法律、行政法规禁止从事营利性活动的自然人外，其余具有完全民事行为能力的自然人均可成为个人独资企业的投资人。

2. 个人独资企业投资人的权利

个人独资企业投资人对本企业的财产依法享有所有权，其有关权利可以依法进行转让或者继承。

3. 个人独资企业投资人的责任

个人独资企业投资人对企业债务承担无限责任。个人独资企业投资人在申请企业设立登记时明确以其家庭共有财产作为个人出资的，应当依法以家庭共有财产对企业债务承担无限责任。

（四）个人独资企业的事务管理

个人独资企业投资人可以自行管理企业事务，也可以委托或者聘用其他具有民事行为能力的人负责企业的事务管理。

投资人委托或者聘用他人管理个人独资企业事务，应当与受托人或者被聘用的人签订书面合同，明确委托的具体内容和授予的权利范围。受托人或者被聘用的人员应当履行诚信、勤勉的义务，按照与投资人签订的合同负责个人独资企业的事务管理。投资人对受托人或者被聘用人员职权的限制，不得对抗善意第三人。

个人独资企业应当依法设置会计账簿，进行会计核算；个人独资企业招用职工的，应当依法与职工签订劳动合同,保障职工的劳动安全,按时、足额发放职工工资;个人独资企业应当按照国家规定参加社会保险,为职工缴纳社会保险费;个人独资企业可以依法申请贷款、取得土地使用权,并享有法律、行政法规规定的企业权利。任何单位和个人不得违反法律、行政法规的规定,以任何方式强制个人独资企业提供财力、物力、人力;对于违法强制提供财力、物力、人力的行为,个人独资企业有权拒绝。

(五)个人独资企业的解散和清算

个人独资企业有下列情形之一时,应当解散:

(1)投资人决定解散;

(2)投资人死亡或者被宣告死亡、无继承人或者继承人放弃继承;

(3)被依法吊销营业执照;

(4)法律、行政法规规定的其他情形。

个人独资企业解散的,由投资人自行清算或者由债权人申请人民法院指定清算人进行清算。投资人自行清算的,应当在清算前15日内书面通知债权人,无法通知的,应当予以公告。债权人应当在接到通知之日起30日内,未接到通知的应当在公告之日起60日内,向投资人申报其债权。

个人独资企业解散的,财产应当按照下列顺序清偿:

(1)所欠职工工资和社会保险费用;

(2)所欠税款;

(3)其他债务。

个人独资企业财产不足以清偿债务的,投资人应当以其个人的其他财产予以清偿。清算期间,个人独资企业不得开展与清算目的无关的经营活动。在清偿债务前,投资人不得转移、隐匿财产。

个人独资企业解散后,原投资人对个人独资企业存续期间的债务仍应承担偿还责任,但债权人在5年内未向债务人提出偿债请求的,该责任消灭。

个人独资企业清算结束后,投资人或者人民法院指定的清算人应当编制清算报告,并于15日内到登记机关办理注销登记。

第四节 外商投资企业

外商投资企业是指依照中国法律规定,在中国境内设立的,由中国投资者和外国投资者共同投资设立或者仅由外国投资者投资设立的企业。

一、外资企业

外资企业是指依照中国有关法律在中国境内设立的全部资本由外国投资者投资的企业,不包括外国的企业和其他经济组织在中国境内的分支机构。

设立外资企业,必须有利于中国国民经济的发展。国家鼓励举办产品出口或者技术先进的外资企业。国家禁止或者限制设立外资企业的行业由国务院规定。外国投资者在中国境内的投资、获得的利润和其他合法权益，受中国法律保护。外资企业必须遵守中国的法律、法规，不得损害中国的社会公共利益。

国家对外资企业不实行国有化和征收；在特殊情况下，根据社会公共利益的需要，对外资企业可以依照法律程序实行征收，并给予相应的补偿。

设立外资企业的申请，由国务院对外经济贸易主管部门或者国务院授权的机关审查批准。审查批准机关应当在接到申请之日起 90 天内决定批准或者不批准。设立外资企业的申请经批准后，外国投资者应当在接到批准证书之日起 30 天内向工商行政管理机关申请登记，领取营业执照。外资企业的营业执照签发日期，为该企业成立日期。外资企业符合中国法律关于法人条件的规定的，依法取得中国法人资格。外资企业应当在审查批准机关核准的期限内在中国境内投资；逾期不投资的，工商行政管理机关有权吊销营业执照。工商行政管理机关对外资企业的投资情况进行检查和监督。

外资企业分立、合并或者其他重要事项变更，应当报审查批准机关批准，并向工商行政管理机关办理变更登记手续。外资企业依照经批准的章程进行经营管理活动，不受干涉。

外资企业雇用中国职工应当依法签订合同，并在合同中订明雇用、解雇、报酬、福利、劳动保护、劳动保险等事项。外资企业的职工依法建立工会组织，开展工会活动，维护职工的合法权益。外资企业应当为本企业工会提供必要的活动条件。

外资企业必须在中国境内设置会计账簿，进行独立核算，按照规定报送会计报表，并接受财政税务机关的监督。外资企业拒绝在中国境内设置会计账簿的，财政税务机关可以处以罚款，工商行政管理机关可以责令停止营业或者吊销营业执照。外资企业在批准的经营范围内所需的原材料、燃料等物资，按照公平、合理的原则，可以在国内市场或者在国际市场购买。外资企业的各项保险应当向中国境内的保险公司投保。外资企业依照国家有关税收的规定纳税并可以享受减税、免税的优惠待遇。外资企业将缴纳所得税后的利润在中国境内再投资的，可以依照国家规定申请退还再投资部分已缴纳的部分所得税税款。外资企业的外汇事宜，依照国家外汇管理规定办理。外资企业应当在中国银行或者国家外汇管理机关指定的银行开户。

外国投资者从外资企业获得的合法利润、其他合法收入和清算后的资金，可以汇往国外。外资企业的外籍职工的工资收入和其他正当收入，依法缴纳个人所得税后，可以汇往国外。外资企业的经营期限由外国投资者申报，由审查批准机关批准。期满需要延长的，应当在期满 180 天以前向审查批准机关提出申请。审查批准机关应当在接到申请之日起 30 天内决定批准或者不批准。

外资企业终止，应当及时公告，按照法定程序进行清算。在清算完结前，除为了执行清算外，外国投资者对企业财产不得处理。外资企业终止，应当向工商行政管理机关办理注销登记手续，缴销营业执照。

二、中外合资经营企业

允许外国公司、企业和其他经济组织或个人(以下简称外国合营者),按照平等互利的原则,经中国政府批准,在中华人民共和国境内,同中国的公司、企业或其他经济组织(以下简称中国合营者)共同举办合营企业。

中国政府依法保护外国合营者按照经中国政府批准的协议、合同、章程在合营企业的投资、应分得的利润和其他合法权益。合营企业的一切活动应遵守中华人民共和国法律、法规的规定。国家对合营企业不实行国有化和征收;在特殊情况下,根据社会公共利益的需要,对合营企业可以依照法律程序实行征收,并给予相应的补偿。

合营各方签订的合营协议、合同、章程,应报国家对外经济贸易主管部门(以下简称审查批准机关)审查批准。审查批准机关应在 3 个月内决定批准或不批准。合营企业经批准后,向国家工商行政管理主管部门登记,领取营业执照,开始营业。

合营企业的形式为有限责任公司。在合营企业的注册资本中,外国合营者的投资比例一般不低于 25%。合营各方按注册资本比例分享利润和分担风险及亏损。合营者的注册资本如果转让必须经合营各方同意。

合营企业各方可以现金、实物、工业产权等进行投资。外国合营者作为投资的技术和设备,必须确实是适合我国需要的先进技术和设备。如果有意以落后的技术和设备进行欺骗,造成损失的,应赔偿损失。中国合营者的投资可包括为合营企业经营期间提供的场地使用权。如果场地使用权未作为中国合营者投资的一部分,合营企业应向中国政府缴纳使用费。上述各项投资应在合营企业的合同和章程中加以规定,其价格(场地除外)由合营各方评议商定。

合营企业设董事会,其人数组成由合营各方协商,在合同、章程中确定,并由合营各方委派和撤换。董事长和副董事长由合营各方协商确定或由董事会选举产生。中外合营者的一方担任董事长的,由他方担任副董事长。董事会根据平等互利的原则,决定合营企业的重大问题。董事会的职权是按合营企业章程规定,讨论决定合营企业的一切重大问题:企业发展规划、生产经营活动方案、收支预算、利润分配、劳动工资计划、停业以及总经理、副总经理、总工程师、总会计师、审计师的任命或聘请及其职权和待遇等。正副总经理(或正副厂长)由合营各方分别担任。

合营企业职工的录用、辞退、报酬、福利、劳动保护、劳动保险等事项,应当依法通过订立合同加以规定。合营企业的职工依法建立工会组织,开展工会活动,维护职工的合法权益。合营企业应当为本企业工会提供必要的活动条件。

合营企业获得的毛利润,按《中华人民共和国税法》规定缴纳合营企业所得税后,扣除合营企业章程规定的储备基金、职工奖励及福利基金、企业发展基金,净利润根据合营各方注册资本的比例进行分配。合营企业依照国家有关税收的法律和行政法规的规定,可以享受减税、免税的优惠待遇。外国合营者将分得的净利润用于在中国境内再投资时,可申请退还已缴纳的部分所得税。

合营企业应凭营业执照在国家外汇管理机关允许经营外汇业务的银行或其他金融机构开立外汇账户。合营企业的有关外汇事宜,应遵照《中华人民共和国外汇管理条例》办理。合营企业在其经营活动中,可直接向外国银行筹措资金。合营企业的各项保险应向中国境内的保险公司投保。

合营企业在批准的经营范围内所需的原材料、燃料等物资,按照公平、合理的原则,可以在国内市场或者在国际市场购买。

鼓励合营企业向中国境外销售产品。出口产品可由合营企业直接或与其有关的委托机构向国外市场出售,也可通过中国的外贸机构出售。合营企业产品也可在中国市场销售。

合营企业需要时可在中国境外设立分支机构。外国合营者在履行法律和协议、合同规定的义务后分得的净利润,在合营企业期满或者中止时所分得的资金以及其他资金,可按合营企业合同规定的货币,按《外汇管理条例》汇往国外。鼓励外国合营者将可汇出的外汇存入中国银行。合营企业的外籍职工的工资收入和其他正当收入,按《中华人民共和国税法》缴纳个人所得税后,可按《外汇管理条例》汇往国外。

合营企业的合营期限,按不同行业、不同情况,作不同的约定。有的行业的合营企业,应当约定合营期限;有的行业的合营企业,可以约定合营期限,也可以不约定合营期限。约定合营期限的合营企业,合营各方同意延长合营期限的,应在距合营期满 6 个月前向审查批准机关提出申请。审查批准机关应自接到申请之日起一个月内决定批准或不批准。

合营企业如发生严重亏损、一方不履行合同和章程规定的义务、不可抗力等,经合营各方协商同意,报请审查批准机关批准,并向国家工商行政管理主管部门登记,可终止合同。如果因违反合同而造成损失的,应由违反合同的一方承担经济责任。

合营各方发生纠纷,董事会不能协商解决时,由中国仲裁机构进行调解或仲裁,也可由合营各方协议在其他仲裁机构仲裁。合营各方没有在合同中订有仲裁条款的或者事后没有达成书面仲裁协议的,可以向人民法院起诉。

三、中外合作经营企业

中外合作经营企业是指中外合作者举办合作企业,应当依照本法的规定,在合作企业合同中约定投资或者合作条件、收益或者产品的分配、风险和亏损的分担、经营管理的方式和合作企业终止时财产的归属等事项。合作企业符合中国法律关于法人条件的规定的,依法取得中国法人资格。

国家依法保护合作企业和中外合作者的合法权益。合作企业必须遵守中国的法律、法规,不得损害中国的社会公共利益。国家有关机关依法对合作企业实行监督。国家鼓励举办产品出口的或者技术先进的生产型合作企业。

申请设立合作企业,应当将中外合作者签订的协议、合同、章程等文件报国务院对外经济贸易主管部门或者国务院授权的部门和地方政府(以下简称审查批准机关)审查批准。审查批准机关应当自接到申请之日起 45 天内决定批准或者不批准。设立合作企业的申请经批准后,应当自接到批准证书之日起 30 天内向工商行政管理机关申请登记,领取营业执照。合作企业的营业执照签发日期,为该企业的成立日期。合作企业应当自成立之日起30天内向税务机关办理税务登记。中外合作者在合作期限内协商同意对合作企业合同作重大变更的,应当报审查批准机关批准;变更内容涉及法定工商登记项目、税务登记项目的,应当向工商行政管理机关、税务机关办理变更登记手续。

中外合作者的投资或者提供的合作条件可以是现金、实物、土地使用权、工业产权、非专利技术和其他财产权利。中外合作者应当依照法律、法规的规定和合作企业合同的约定,如期履行缴足投资、提供合作条件的义务。逾期不履行的,由工商行政管理机关限期履行;限期届满仍未履行的,由审查批准机关和工商行政管理机关依照国家有关规定处理。中外合作者的投资或者提供的合作条件,由中国注册会计师或者有关机构验证并出具证明。中外合作者的一方转让其在合作企业合同中的全部或者部分权利、义务的,必须经他方同意,并报审查批准机关批准。合作企业依照经批准的合作企业合同、章程进行经营管理活动。合作企业的经营管理自主权不受干涉。

合作企业应当设立董事会或者联合管理机构,依照合作企业合同或者章程的规定,决定合作企业的重大问题。中外合作者的一方担任董事会的董事长、联合管理机构的主任的,由他方担任副董事长、副主任。董事会或者联合管理机构可以决定任命或者聘请总经理负责合作企业的日常经营管理工作。总经理对董事会或者联合管理机构负责。合作企业成立后改为委托中外合作者以外的他人经营管理的,必须经董事会或者联合管理机构一致同意,报审查批准机关批准,并向工商行政管理机关办理变更登记手续。

合作企业职工的录用、辞退、报酬、福利、劳动保护、劳动保险等事项,应当依法通过订立合同加以规定。合作企业的职工依法建立工会组织,开展工会活动,维护职工的合法权益。合作企业应当为本企业工会提供必要的活动条件。

合作企业必须在中国境内设置会计账簿,依照规定报送会计报表,并接受财政税务机关的监督。合作企业违反前款规定,不在中国境内设置会计账簿的,财政税务机关可以处以罚款,工商行政管理机关可以责令停止营业或者吊销其营业执照。合作企业应当凭营业执照在国家外汇管理机关允许经营外汇业务的银行或者其他金融机构开立外汇账户。合作企业的外汇事宜,依照国家有关外汇管理的规定办理。合作企业可以向中国境内的金融机构借款,也可以在中国境外借款。中外合作者用作投资或者合作条件的借款及其担保,由各方自行解决。合作企业的各项保险应当向中国境内的保险机构投保。

合作企业可以在经批准的经营范围内,进口本企业需要的物资,出口本企业生产的产品。合作企业在经批准的经营范围内所需的原材料、燃料等物资,按照公平、合理的原则,可以在国内市场或者在国际市场购买。合作企业依照国家有关税收的规定缴纳税款,并可以享受减税、免税的优惠待遇。

中外合作者依照合作企业合同的约定,分配收益或者产品,承担风险和亏损。中外合作者在合作企业合同中约定合作期满时合作企业的全部固定资产归中国合作者所有的,可以在合作企业合同中约定外国合作者在合作期限内先行回收投资的办法。合作企业合同约定外国合作者在缴纳所得税前回收投资的,必须向财政税务机关提出申请,由财政税务机关依照国家有关税收的规定审查批准。外国合作者在合作期限内先行回收投资的,中外合作者应当依照有关法律的规定和合作企业合同的约定对合作企业的债务承担责任。外国合作者在履行法律规定和合作企业合同约定的义务后分得的利润、其他合法收入和合作企业终止时分得的资金,可以依法汇往国外。合作企业的外籍职工的工资收入和其他合法收入,依法缴纳个人所得税后,可以汇往国外。合作企业期满或者提前终止时,应当依照法定程序对资产和债权、债务进行清算。中外合作者应当依照合作企业合同的约定确定合作企业财产的归属。

合作企业期满或者提前终止,应当向工商行政管理机关和税务机关办理注销登记手续。合作企业的合作期限由中外合作者协商并在合作企业合同中订明。中外合作者同意延长合作期限的,应当在距合作期满 180 天前向审查批准机关提出申请。审查批准机关应当自接到申请之日起 30 天内决定批准或者不批准。

中外合作者履行合作企业合同、章程发生争议时,应当通过协商或者调解解决。中外合作者不愿通过协商、调解解决的,或者协商、调解不成的,可以依照合作企业合同中的仲裁条款或者事后达成的书面仲裁协议,提交中国仲裁机构或者其他仲裁机构仲裁。中外合作者没有在合作企业合同中订立仲裁条款,事后又没有达成书面仲裁协议的,可以向中国法院起诉。

课后案例

案例 1

甲公司欲作为发起人募集设立一股份有限公司,其拟定的基本构想包括以下内容。

(1)为了吸引外资,开拓国际市场,7 个发起人中有 4 个住所地在境外的发起人,这为公司的国际化打下良好的基础。

(2)公司的注册资本是 8 000 万元,其中 7 个发起人认购 2 500 万元,由于公司所选项目有非常好的发展前景,其余的 5 500 万元向社会公开募集。

(3)由于是募集设立的股份有限公司,因此所有的出资必须是货币。

(4)发起人认为发行工作很重要,因此决定成立专门小组,自己发行股份。

(5)认股人在缴纳股款后,在任何情况下,都不可以要求发起人返还股款。

(6)创立大会可以根据需要,结合市场情况由发起人决定召开的时间。

(7)如果公司不能设立,发起人和缴足股款的认股人会共同承担相应的法律责任。

案例思考:根据上述材料分析甲公司拟定的基本构想中哪些不符合法律规定?

案例 2

2009 年 1 月,甲、乙、丙三人共同出资设立一普通合伙企业,合伙协议约定甲为该合伙企业的负责人,但 5 万元以上的业务须经甲、乙、丙 3 人一致同意。但合伙协议并未约定损益分配和亏损承担比例。2010 年 7 月 1 日,因丙外出,甲与乙协商后以该合伙企业名义与第三人李某签订了一份标的为16万元的原材料买卖合同。因该合伙企业流动资金不足,甲以合伙企业的汽车为抵押向某银行贷款10万元,一年期,已办理抵押登记。2011年7月,某银行贷款到期,合伙企业不能按时偿还,经查合伙企业现有财产共计10万元。

案例思考:

(1)在合伙协议未约定损益分配和亏损承担比例的情况下,应如何确定甲、乙、丙的分配和分担比例?

(2)该合伙企业与第三人李某签订的合同是否有效?为什么?

(3)甲以合伙企业的汽车为抵押向银行借款的行为是否有效?为什么?

(4)银行贷款应如何清偿?

第五章　企业战略管理

案例导入

阿里巴巴集团CEO陆兆禧谈阿里巴巴战略问题

《中国经营报》：阿里巴巴现在已是美国的上市公司，美国某些评论说阿里巴巴的模式不如亚马逊，这或许也存在阿里与认知者的沟通问题。如何让资本市场了解你们公司以及你们所做的事？

陆兆禧：几个月前我绕了地球2圈，见了很多资本市场的投资者、分析师等，总体来说海外对阿里的评论比国内要正面得多，不知道为什么，国内自己看自己都是一身毛病，海外隔岸看美女都很漂亮。亚马逊是非常伟大的公司，我们肯定在亚马逊的身上学到很多东西，但是在海外也有大量看好阿里巴巴的人，关键是我们立足本身核心业务知道自己下一步做什么，特别知道客户要什么，给自己做事情和给别人做事情是不一样的。互联网带给我们最大的改变就是以往做事情是为自己做，互联网就是利他精神，先为别人做，让别人在你提供的工作和服务中获得价值以后才能够得到你想要的东西。我们与投资者和海外媒体做了非常充分的沟通，我们希望有更多的沟通，阿里肯定不完美，这个公司有很多问题，但是我们往越来越好的方向在改变。

在美国不可能有阿里巴巴这样的公司，因为那里信用环境很完善，零售很发达，刚好中国这两个方面比较欠缺，所以诞生了这么一个公司。所以，每个公司在当地都有一个特定的存在环境，我觉得外国人有没有看得懂不重要，毕竟有人看好我们。

《中国经营报》：阿里在美国上市后玩法比以前多很多，比如推动全球购、分期购等，你们开拓新业务的商业逻辑是什么？

陆兆禧：阿里只专注在客户上面，专注在客户市场需求上就不会迷失。以前不了解市场，看看美国市场，起码有一个榜样，但是今天我们超过它了，我们重新审视这个市场到底需要什么。像农村战略，4年前就开始了，让全中国的农副产品放在淘宝、天猫上销售，满足消费者的需求。其实满足社会需求之外还有更大的社会价值，就是城市化过程中所碰到的问题。如果今天能够解决这个大的社会问题将会创造更高的价值，我们也会获得更好的回报。战略不是想好了就这样，而是在整个过程中不断地跟着市场、跟着变化走。

阿里有一个价值观叫“拥抱变化”，我们经常被变化拥抱，被市场拖着走，比如“双十一”促销活动，内部很多讨论到底该不该做，因为每年准备“双十一”要半年的时间，技术上的峰值，为那5分钟我们要准备半年。软件投入、硬件投入和运营商的合作，但是我们还是这样扛下来了。

《中国经营报》:阿里的体系庞杂,从战略上讲,你这一年来主要关注的事情有哪些?

陆兆禧:战略上有3个方面。第一,农村战略,希望通过我们的努力能够让中国的农民重新回到土地上去。这是个很大的命题。过去大量的农民离开农村到城市找工作,给城市带来很多问题,关键是农民为什么要离开土地?因为收入少,我希望通过网络帮助农民在土地上所产生出来的农产品,能够用一个市场的价值卖到城市里去。同时,通过网络把城市的产品带到农村去。把发达地区、沿海地区的商品带到落后地区。

第二,国际化,立足于中国是第一步,产品走出去和商品带进来,满足当地消费和海外的消费。阿里的国际化分了几步,首先立足中国,中国是全球大市场,未来中国肯定成为全球最大的消费市场。把国外的货物带进中国,其实也是国际化的过程,让国际货物跟中国本地的消费者产生连接,跟本地的市场发生关系,就是国际化的一步。另外,中国有大量的生产企业,它们生产很多产品,这些产品需要卖到海外去,最早的时候,外贸是B2B模式的出口,未来可能是B2C和C2C出口,现在阿里做的事情可以看得到这个增长已经非常大,今天B2C和C2C大量需求来源于发展中国家和不发达地区。

第三,大数据和云计算,今天阿里能够承受那么大的交易量,是因为我们在云计算里面投入了大量的资源去做研发,今天我们没有一台IBM机器,没有EMP的存储,全是用国内厂商像华为生产的PC服务器,几千台连在一起,形成巨大的计算能力和存储能力。我们希望这种计算和存储能力未来能够开放给更多的创业者和中小企业。

创业公司或者中小企业要上网,要创业,首先要请IT人员,要买服务器,要花很多钱。在云计算的时代,这样的服务就像插电一样,按月、按用量付钱,云计算让中小企业做生意更简单,降低了它们的门槛。

大数据方面,我们也是做了几年,有两个方向及目标。让数据驱动业务,让数据变成业务。数据驱动业务更多是指内部怎么用数据。数据变成业务,指的是数据产品要做得好,商家就能够利用数据产品预测下一步要做什么产品、准备多少库存。今天所做的事情都是这样做的,包括"双十一"的广告,其实背后都有大量的数据帮助我们做判断、做决定。我们要让商家和我们有一样的能力。

(资料来源:《中国经营报》,2015年2月2日A12版.(刘冀生.企业战略管理:不确定性环境下的战略选择及实施[M].北京:清华大学出版社,2016:23-25.))

第一节 企业战略管理概述

一、企业战略的概念

(一)战略的含义

"战略"是一个众所周知的词汇。"Strategy"一词最早源于希腊语"Strategos",它的含义是"将军",后来演变成了军事术语,指对战争全局的计划和策略。在本书中,战略泛指对于有关领域未来发展所进行的全局性的、长期性的谋划和规划。

(二)企业战略的含义

企业战略最早源于美国,大约在20世纪60年代,企业经营引入了战略思想。有关企业战略定义的说法不一,不同的学者从不同角度给予了不同的定义。

美国哈佛大学商学院教授安德鲁斯将企业战略定义为一种决策模式,它揭示企业的目的和目标,提出实现目的的重大方针与计划,确定企业应该从事的经营业务,明确企业的经济类型与组织类型以及决定企业应该对员工、顾客和社会做出的经济的与非经济的贡献。因此,从本质上讲,安德鲁斯对战略的定义是通过一种决策模式,把企业的目的、方针、政策和经营活动有机地结合起来,使企业形成自己的特殊战略属性和竞争优势,将不确定的环境具体化,以便较容易地着手解决这些问题。

安索夫则指出战略管理与以往的经营管理的不同之处在于战略管理是面向未来动态地、连续地完成从决策到现实的过程。不论是以产品系列的性质,还是按照形成产品系列的技术来确定企业的经营,企业目前的产品和市场与企业未来的产品和市场之间一定存在着一种内在的联系,安索夫将这种内在的联系称为“共同的经营主线”。通过分析这种共同的经营主线可以把握企业发展的新方向。

明茨伯格认为,战略即计划、计谋、模式、定位与观念。战略要强调计划性,凡事谋划在先;战略模式要重在行动,战略可以通过计划设计出来,也可以自发产生;战略作为观念应体现在战略行为的各个方面,战略定位应该是战略活动中的重要出发点。

美国管理学教授魁恩认为,战略是一种模式或计划,它将一个组织的主要目的、政策与活动按照一定的顺序组合成一个紧密的整体。一个完善的战略有助于企业组织根据自己的优势和劣势、环境中的预期变化以及竞争对手可能采取的行动而合理地配置自己的资源。魁恩认为战略应包括以下内容。

(1)有效的战略包括三个基本因素:一是可以达到的最主要的目的;二是指导或约束经营活动的重要政策;三是可以在一定条件下实现预定目标的主要活动程序或项目。

(2)有效的战略是围绕着重要的战略概念与推动力而制定的。所谓战略推动力,是指企业在产品和市场这两个主要经营领域里所采取的战略活动方式。不同的战略概念与推动力会使企业战略具有不同的内聚力、均衡性和侧重点。

(3)战略不仅要处理可预见的事件,也要处理不可知的事件,战略的实质是建立一种强大而又灵活的态势,为企业提供若干个可以实现自己目标的选择方式,以应付外部环境变化,不管外部变化是可预见的还是不可预见的。

(4)大型组织的管理层次较多,每一个有自己职权的层次都应该有自己的战略。这种战略必须在一定程度上实现自我完善,并与其他战略相互沟通、相互支持。

迈克尔·波特在1996年发表于《哈佛商业评论》的文章《什么是战略》中明确指出,战略就是创造一种独特、有利的定位,涉及各种不同的运营活动。战略就是在竞争中做出取舍,选择不做哪些事情,战略定位的实质就是选择与竞争对手不同的经营活动。结合实际可以把企业战略定义为企业面对内外部环境的激烈变化、严峻挑战,为求得企业的生存和发展而进行的总体性谋划。

斯坦纳在 1982 年出版的《企业政策与战略》一书中明确表示:企业战略管理是确定企业使命,根据企业外部和内部经营要素确定企业目标,保证目标的正确落实,并使企业使命最终得以实现的一个动态过程。

以上是对企业战略具有代表性的理解认识,虽然观点各有不同,但是大致可以分为以下三种:①企业战略是企业能够实现长远发展目标的全方位谋划;②企业战略的核心是企业目标、经营范围等要素;③企业战略的目的是获取竞争优势,实现企业目标。

战略一词运用于企业经营管理,是指一个企业为了实现它的长远目标和重要使命而做出的长期计划。企业要在复杂多变的环境中求得生存和发展,必须对自己的经营管理行为进行长期的通盘谋划。

二、企业战略的特征

(1)全局性。企业战略是企业的整体规划,能够体现企业未来的发展方向,对企业的经营管理活动具有普遍的指导意义。企业战略只有从全局的角度对企业进行指导,实现企业局部最优,才能使企业的整体目标得以实现。

(2)长远性。企业战略立足当下、面向未来,对较长时期内企业的生存和发展问题进行通盘的谋划。一般情况下,企业战略通常是实施 3~5 年的时间,甚至更长。

(3)竞争性。在激烈的市场竞争中,企业战略是决定企业在市场竞争中地位的根本所在,只有制定适合的战略方案,企业才能够在市场竞争中抓住机遇,迎接挑战,创造业绩,实现长期的发展。

(4)风险性。企业战略是对企业未知领域的计划。企业的内外部环境是不断变化的,企业每次做出的战略决策都具有风险性,严重的可能导致企业倒闭破产。

三、企业战略的构成要素

1. 经营范围

经营范围就是确定企业生产的产品种类以及该产品所属的市场领域。它是企业战略管理构成的首要因素,主要表明企业根据自己生产的产品、所处的行业和市场来确定自身的目标和计划,确定未来的发展方向。

2. 资源配置

资源配置是企业战略最为重要的构成要素,资源配置是否合理直接影响企业战略的实施能力。它不仅整合企业现在的资源,还包括过去的资源以及根据企业的内外部环境情况对企业资源进行重新配置。战略资源学派强调资源配置是企业战略的重要构成要素。

3. 竞争优势

竞争优势是指企业通过合理设定目标与配置资源,在市场上形成的优于同行业的竞争地位。竞争优势既可以来自企业在产品和市场上的地位,也可以来自企业对特殊资源的正确运用。它是进行战略管理的目的所在。

4. 协同效应

协同效应是在企业结合内外部环境,对资源进行有效配置的基础上,组织内各要素相互结合、协调,共同努力所达到的1+1>2的效果。这就意味着企业与各经营单位协同合作所产生的效益要大于各个经营单位自己努力创造的效益总和。

四、企业战略的层次

战略具有层次性,一般来说,可以将企业的战略分为三个层次:公司战略、经营战略和职能战略,如图5-1所示。

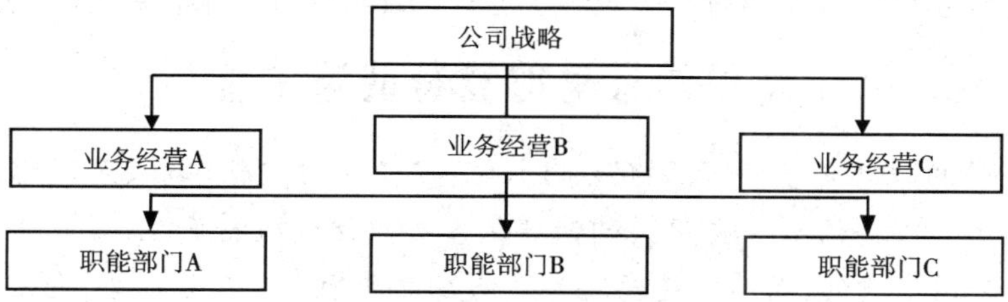

图5-1　企业战略层次图

1. 公司战略

公司战略也可以称为企业总体战略,它是企业的整体战略的纲领,是企业最高管理层指导和控制企业的一切行为的最高纲领。公司总体战略研究的对象是一个由一些相对独立的业务或战略经营单位组合而成的整体。公司战略主要强调两个方面的问题。一是"我们应该做什么",确定企业的使命,明确企业的产品及所处的行业。企业的发展方向还可以拓展到多个经营领域,从事多种产品的经营。二是"我们怎样去管理这些业务",即确定企业的目的和目标,目的是企业的努力方向,目标是企业将来要取得的成果。

公司战略包括成长型战略、稳定型战略和紧缩型战略。成长型战略和稳定型战略并不是矛盾的关系,企业成长到一定阶段追求稳定是很必要的。公司战略通常情况下是比较抽象的,是制定其他层次战略的依据和基础。

2. 经营战略

经营战略又称为事业部战略或竞争战略,它是以企业总体战略为基础,为实现企业总体目标服务的,以经营管理某一业务单位的战略计划,是企业总体战略的一部分。企业的经营战略强调的是如何贯彻企业总体战略,是将企业的总体战略分解成若干个经营战略,结合企业内部的优势与劣势,企业外部的机会与威胁,而制定的战略。经营战略能够明确企业的经营范围,就是企业从事经营活动的方向,主要包括企业经营的产品、目标市场等内容。经营战略介于公司战略和职能战略之间,属于中间型战略。与公司战略相比,经营战略比较具体,风险较低。

3. 职能战略

职能战略是公司总体战略和经营战略在各专业职能方面的具体化,它是企业内部主要职能部门的短期战略计划。它的重点是提高企业资源的利用效率,使企业资源得到合理的利用。

职能战略通常需要解决以下三个方面的问题。

(1)各个职能部门的目标,它体现了公司的总体战略和经营战略的要求。

（2）实现职能目标所要采取的策略以及途径。

（3）实现职能目标的行动方案，具体落实到各个阶段的任务和要求。

职能战略属于执行型，所承担的风险与公司战略和经营战略相比最小，主要以量化衡量为主。

公司战略、经营战略和职能战略共同构成了企业战略体系。在企业内部，各个层次之间是相互联系、相互配合、相互影响的。这三种战略之间层层递进，越来越具体。任何一家企业要想达到总体的战略目标，必须要将这三个战略结合起来，共同推进企业的发展。

露得清香皂的独特战略定位

露得清公司的战略是基于产品品类的定位，建立在对皮肤温和、无残留皂剂、平衡 pH 值配方的香皂上。露得清有一支庞大的销售队伍去拜访皮肤科医生，因此其营销策略看上去更像是医药公司采购的，而非制造商所为。它在医学杂志上刊登广告，向医生寄送直邮广告，参加医学会议，并且在自己的皮肤护理研究中心开展研究工作。为了强化自己的定位，露得清公司最初把经销渠道集中在药店，而且避免采用降价促销的方式。它采用一种速度较慢而花费高的生产流程，以生产此种质地较为细腻的香皂。

选定这个定位后，露得清公司拒绝在香皂中添加许多消费者喜欢的除臭剂和皮肤柔润剂。它放弃了通过超市销售和降价促销所带来的大量销售潜力。它牺牲制造效率以换取香皂的理想品质。在原始定位上，尽管露得清牺牲不少，但是这种取舍保护了公司免受模仿者的抄袭。

（资料来源：刘会福，蒋晶. 现代企业管理 [M]. 广州：中山大学出版社，2013）

第二节　企业战略环境分析

战略环境分析是指对企业的生存经营环境进行分析和评价，并预测这些环境对未来的经济发展趋势的影响以及这些环境可能对企业战略决策的制定和实施造成的影响。企业的经营环境是不断变化和发展的，企业制定经营战略要充分考虑企业的环境。提高企业的适应性，帮助企业发现机会，这是关系企业生存和发展的大事。

影响企业发展的环境因素，主要包括企业的外部环境因素、企业所在行业的竞争情况、企业的内部环境因素。另外，企业环境分析技术的正确运用对企业战略的制定也至关重要。

一、企业外部环境因素分析

任何企业组织都不是单独存在的，都会与周围的环境产生联系。企业外部宏观环境是指影响一切行业和企业的各种宏观力量，通常包括政治、经济、社会文化、科学技术等方面的因素环境。

（一）政治因素

政治因素分为国内的政治和国际的政治环境。通常包括政治局势，它是指一国政局的稳定程度、与邻国的关系、边界安定性、社会安定性等。政权频繁更替、政府人事更迭、暴力事件、宗教势力的斗争、经济危机的爆发等，都意味着国家内外方针政策的调整和变化，这必然会对市场经济造成很大的影响。

政党和政治制度、政治性团体、政策等因素，这些因素对企业的生产经营活动具有控制和调节作用。它规定了企业能做什么、不能做什么，同时对企业的合法权益和合理竞争起到保护作用，有利于企业间的公平竞争。对企业而言，政治因素是不可控的，带有强制性的约束力。因此，企业要积极适应政治环境的变化，要按照国家的政治路线去发展。

（二）经济因素

经济因素是指影响企业生存和发展的社会经济状况和国家经济政策。与其他的宏观环境相比，经济环境对企业的经营活动的意义更加直接。社会经济状况包括经济要素的性质、水平、结构、变动趋势等多方面的内容，涉及国家、社会、市场及自然等多个领域。国家经济政策是国家履行经济管理职能，调控宏观经济水平、结构，实施国家经济发展战略的指导方针，对企业经济环境有着重要的影响。

企业经济环境主要由社会经济结构、经济发展水平、经济体制和宏观经济政策等 4 个要素构成。

1. 社会经济结构

社会经济结构是指国民经济中不同的经济成分、不同的产业部门以及各个社会生产单位在组成国民经济整体时相互的适应性、量的比例及排列关联的状况。社会经济结构主要包括 5 方面的内容：产业结构、分配结构、交换结构、消费结构、技术结构，其中最重要的是产业结构。

2. 经济发展水平

经济发展水平是指一个国家经济发展的规模、速度和所达到的水准。常用指标包括国民生产总值、国民收入、人均国民收入、经济发展速度、经济增长速度等。

3. 经济体制

经济体制是指国家经济组织的形式。经济体制规定了国家与企业、企业与企业、企业与各经济部门的关系，并通过一定的管理手段和方法，调控或影响社会经济流动的范围、内容和方式。

4. 宏观经济政策

宏观经济政策是指国家制定的一定时期内实现国家经济发展目标的战略与策略，它包括综合性的全国经济发展战略和产业政策、国民收入分配政策、价格政策、物资流通政策、金融货币政策、劳动工资政策、对外贸易政策等。

（三）社会文化因素

社会文化环境是指企业所处的社会结构、社会风俗和习惯、信仰和价值观念、行为规范、生活方式、文化传统、人口规模与地理分布等因素的形成和变动。社会文化环境通过 2 个途径影响企业：一是人口的数量、分布、居民的价值观和工作态度，影响他们对企业的态度；二是社会文化环境影响企业人员的价值观,继而影响企业的发展。社会文化环境是日积月累逐渐形成的,具有过程性。因此,企业对社会环境的影响也是不容易察觉的。

(四)科学技术因素

科技环境是指企业所处的环境中的科技要素及与该要素直接相关的各种社会现象的集合,包括国家科技体制、科技政策、科技水平和科技发展趋势等。随着国家科技的飞速发展以及新技术、新能源、新材料和新工艺的出现和应用,企业在战略管理上需要做出相应的战略决策,以取得新的竞争优势。科学技术的发展和运用对企业的生产和销售活动具有重要的影响。科学技术的进步决定着人类和社会的进步。科学技术水平的高低也是衡量一个国家和地区综合实力的重要标志。因此,科学技术创新使企业拥有更大的竞争优势。

二、企业所在行业的竞争情况分析

传统的产业组织理论是以市场结构、企业行为和效益为研究框架的。哈佛大学商学院著名的战略管理学者迈克尔·波特在 20 世纪 90 年代末,将传统的产业组织理论与企业战略结合起来,形成了竞争战略与竞争优势的理论。他认为,一个行业中存在着 5 种竞争力,包括潜在进入者、替代品、购买者、供应商以及行业中现有的竞争者,彼此之间相互作用。如图 5-2 所示。

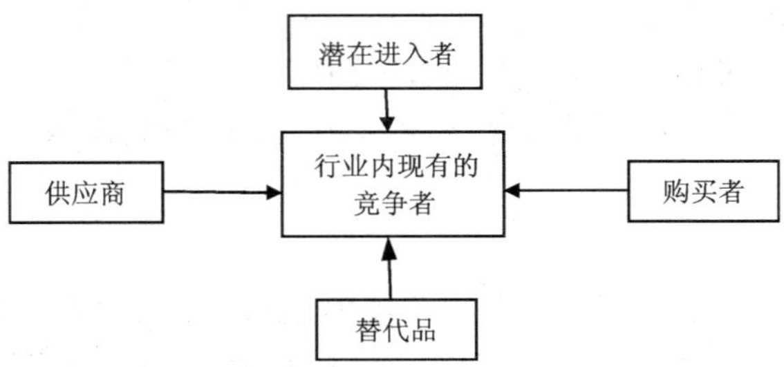

图 5-2 波特的"五力模型"图

(一)行业内现有竞争者之间的竞争

行业内现有企业的竞争是指一个产业内的企业为争夺市场占有率而进行的竞争。如果一个或多个行业竞争者感到了市场压力,那么随之而来的就是竞争者的抗衡。行业内现有企业竞争是通常意义上的竞争,这种竞争通常取决于多种因素。

1. 行业内企业的数量

一个行业内的企业数量增多时,竞争会越来越激烈,企业会为了获得更多的利润,打破行业限定,采取一些战略,这样便会引起其他竞争企业的激烈竞争。例如 20 世纪 80 年代初期的洗衣机行业、20 世纪 90 年代末期的 VCD 行业,众多实力相当的企业存在,使这些企业竞争空前激烈。反之,如果产业内现有企业的数量较少,竞争就不是特别明显。

2. 行业发展速度

一个行业处于快速发展期的时候,行业内的企业具有较充足的发展空间,这种情况下,企业要发展必然没有精力与同行业竞争。但是当行业发展缓慢时,生产能力过剩,开工率降低，一些企业为了快速回笼资金、寻找出路，就会以降价的方式提高销售量，夺取市场份额，这样就会导致同行业的企业数量减少，竞争个体实力增强，必然出现残酷的竞争格局。

3. 行业内企业产品差异化

同行业内各企业之间产品大体相同，企业实施差异化战略可以吸引消费者注意，激发顾客的购买欲望。产品和服务的差异化，不仅取决于实际存在的差异，顾客能否识别差异也是关键的因素。

4. 退出壁垒

退出壁垒指企业退出某一行业时会遇到的障碍或承受的压力。退出壁垒会直接影响企业的去留，当退出壁垒较高时，经营不善的企业会衡量利弊并选择继续留在行业内不惜牺牲利润而采取各种竞争手段，加剧竞争的激烈程度。但是如果退出比较容易，企业盈利较低，同时承担风险也比较低，一些企业就会迅速退出市场，例如餐饮业或修理等服务行业。

案例

我国汽车行业的进入壁垒

2000 年前后，面对国内汽车市场井喷后的惊人利润所带来的巨大诱惑，越来越多的合资汽车企业高级主管都面临更加严峻的挑战，而对于希望进入国内汽车市场的行业分一杯羹的自主品牌企业来说则需要莫大的勇气。

由于汽车行业固有的高投资风险和高进入壁垒等特点，很多潜在的进入者都望而却步。

（二）潜在进入者的威胁

潜在进入者是指不在本行业但是有能力进入该行业的企业，是现有企业潜在的竞争对手。潜在进入者将从 2 个方面减少产业内现有企业的利润：①进入者瓜分原有的市场份额获得一些业务；②进入者减少了市场集中，从而激发现有企业间的竞争，将导致整个行业内平均利润的下降。所以，从行业内现有企业的角度来看，它们是不愿意有新的进入者加入其中的，这样可以维持既得利益和相对的优势地位。但是，对于行业外的企业来说，如果其他行业的产品特别受到消费者的追捧并可以获得很高的利润，那么这些行业外的企业为了有利可图的产品，是很可能成为新的进入者，给行业内现有的企业造成威胁。

（三）购买者的讨价能力

对于企业来说，购买者也是一个不容忽视的竞争力量。购买者可以通过压低价格或提高服务质量等要求，迫使行业中企业相互竞争。购买者对企业的压力主要取决于以下因素。

（1）购买者的集中程度。供应商行业有大量的小企业，而购买者只有少数几家大企业，这样购买者就占有优势的地位。

（2）购买者购买产品的数量。购买者购买产品的数量比较大时，他们可以以此作为手段要求企业降价。

（3）购买者购买产品对其产品质量的重要程度。如果企业的产品对购买者的产品质量影响很大时，购买者一般在价格上不太敏感。

(4)购买者向上游一体化的可能。向上游一体化就是购买者也开始从事原材料的制造和销售,即进入到供应商的领域。

(四)替代品的威胁

所谓的替代品,是指那些与本行业的产品有同样功能的其他产品。替代品的价格直接影响着本行业产品的价格,限制了本行业的利润水平。替代品的价格对行业内产品的价格具有极大的压力作用。这里提到的"替代品"具有2方面含义,一是直接替代品,就是某一种产品直接替代另一种产品;二是间接替代品,指作用相同的另一种产品,间接地取代现有的产品。

当然,替代品的替代威胁并不是一定意味着新产品对老产品的最终取代。由于新老产品所处的产品生命周期是不同的,几种替代品的长期共存也是常见的情况。替代品一般情况下会给行业产品设定一个上限价格,当现有产品价格上涨时,消费者就会转向替代品进行消费。

(五)供应商的讨价还价能力

供应商是指向企业及其竞争对手提供各种所需资源的工商企业和个人。供应商也属于企业的竞争对手,主要表现在提高原材料价格或者减少原材料的供应量。总之,供应商的讨价还价能力直接影响着行业内现有企业的盈利水平和产品的竞争能力。一般来说,以下几种因素对供应商的讨价还价能力有较大影响。

(1)供应商的市场集中程度。如果供应商的集中程度高,只有少数几家供应商,那么通常情况下,供应商会在价格和质量上对购买者施加压力。例如OPEC对全世界石油的价格及产量的协调及垄断,对各国石油供应的影响极大。

(2)供应的产品的可替代程度。供应商供应的产品可替代的程度越低,那么供应商的市场竞争能力就越强,反之越弱。例如,我们国家的通信行业包括电信、移动、联通3家运营商,它们属于寡头垄断的行业。因此,它们具有较高的市场竞争能力,决定着整个通信行业产品的价格,作为消费者只能是被动地做出选择。

(3)本行业对供应商的重要性。如果购买供应商产品的企业,对于供应商来说非常重要,那么作为企业来说,来自供应商的压力就会小很多。

三、企业内部环境因素分析

企业的内部环境因素是指企业在一定的生产技术组织条件下,从事生产经营活动所具有的内在条件。企业的内部环境因素主要包括资源、企业能力和企业核心竞争力。

(一)资源

资源是指企业用以为顾客提供有价值的产品与服务的生产要素。资源包括有形和无形2种形式。有形的资源是指那些可见的资源,主要是指企业的固定资产和金融资产。固定资产主要包括企业厂房、土地、机器设备等资产。金融资产主要是指企业的筹资和借款。无形资源是指那些根植于企业历史、长期积累下来的、不容易辨别和量化的无形资产,主要包括专利、商标、版权等知识产权、网络、企业文化以及产品或服务等。无形资源具有隐蔽性,容易被人忽视,但是其创造的价值不容忽视。

与有形资源相比,无形资源更具有潜力。企业的成功更多地取决于知识产权、品牌、商誉、创新能力等无形资源。

"分析家往往把资源的内涵界定得异常狭窄,只识别了那些能够加以衡量的资产,比如厂房和设备。对于无形资产,比如专有技术、累积的顾客信息、品牌、商誉及企业文化等,他们却认为这些对增强公司的竞争力价值不大。实际上,这些看不见的资产往往是使竞争优势得以长久保持的唯一真正源泉。"

——选自广雪目童《激活无形资产》

除了有形和无形资产以外,人力资源也很重要。所谓人力资源,是指组织成员向组织提供的技能、知识及推理和决策能力,通常把这些能力称为人力资源。人力资源能够推动企业的发展,主要包括企业人力资源结构、人力资源配置状况、企业战略管理者的分层、企业的薪酬制度 4 个方面。

西门子成功的关键

是什么造就了西门子 150 年的辉煌?高质量的产品、完善的售后服务、不断创业和创新以及高效的人才培训,被认为是西门子成功的关键。在人才培训方面,西门子创造了独具特色的培训体系。西门子的人才培训计划从新员工培训、大学精英培训到员工在职培训,涵盖了业务技能、交流能力和管理能力的培养,为公司新员工具有较高的业务能力,为大量的生产、技术和管理人才储备,为员工知识、技能、管理能力的不断更新和提高提供了保证。因此,西门子常年保持着公司员工的高素质,这是西门子强大竞争力的来源之一。

1. 新员工培训

新员工培训又称第一职业培训。在德国,一般 15~20 岁的年轻人,如果他中学毕业后没有进入大学,想要工作,必须先在企业接受 3 年左右的第一职业培训。西门子早在 1992 年就拨专款设立了专门用于培训工人的学徒基金。现在公司在全球拥有 60 多个培训场所。第一职业培训(新员工培训)保证了员工一开始正式进入公司就具有很高的技术水平和职业素养,为企业的长期发展奠定了坚实的基础。

2. 大学精英培训

西门子计划每年在全球接收 3 000 多名大学生,为了利用这些宝贵的人才,西门子也制订了专门的计划。大学精英培训计划为西门子储备了大量管理人员。

3. 在职培训

西门子人才培训的第 3 个部分是员工的在职培训。西门子公司认为,在世界性的竞争日益激烈的市场上,在革新、颇具灵活性和长期性的商务活动中,人是最主要的力量,知识和技术必须不断更新换代,才能跟上商业环境以及新兴技术的发展步伐,所以公司正在努力走上一个学习型企业之路。为此,西门子特别重视员工的在职培训,在公司每年投入的 8 亿马克培训费中,有 60% 用于员工的在职培训。西门子员工的在职培训和进行主要有 2 种形式:西门子管理教程和在职培训员工再培训计划,其中管理教程培训尤为独特和成效显著。

(资料来源:丁宁. 企业战略管理 [M]. 北京:北京交通大学出版社,清华大学出版社,

2013:88)

(二)企业能力

企业能力是企业在历史发展过程中,充分利用规模经济和范围经济获得的生产能力、营销能力和管理技能,是企业内部组织起来的物质设施和人的能力的集合。企业能力主要由研发能力、生产管理能力、营销能力、财务能力和组织管理能力等组成。

企业能力来源于资源的有效整合,同时它也是企业核心竞争力的来源。通过企业有形和无形资源的不断融合,企业所拥有的能力在某种职能领域或者某一职能领域的部分领域中得到发展。

(三)企业核心竞争力

核心竞争力(Core Competences)的英文原意是核心能力或核心技能。根据普拉哈拉德和哈默(1990)的定义,核心竞争能力是"组织中的积累性学识,特别是关于如何协调不同的生产技能和有机结合多种技术流的学识"。企业的核心竞争力既可能以某种先进技术的形式表现出来,例如英特尔公司的计算机微处理技术、佳能公司的影像技术、美孚公司的全球销售服务机构等。核心竞争力主要体现在3个方面:一是开拓市场和事业的能力;二是为消费者提供显著的贡献能力;三是防止竞争者模仿的能力。

建立领先的核心竞争能力的关键在于持之以恒。由于核心竞争能力可以使企业在竞争中获得超额收益,竞争对手总是千方百计地对企业的核心竞争能力进行研究和模仿。核心竞争力是通过长时间的发展和强化建立起来的,如果核心竞争力丧失了,那么会给企业带来无法估量的损失,严重的可以导致企业破产倒闭。所以,对于企业来说,保持企业的核心竞争力与建立同等重要。

四、企业环境的分析技术

(一)波士顿矩阵分析法

波士顿矩阵(BCG Matrix),又称市场增长率,相对市场份额矩阵、波士顿咨询集团法、四象限分析法、产品系列结构管理法等。波士顿矩阵由美国著名的管理学家、波士顿咨询公司创始人布鲁斯·亨德森于1970年首创。他认为一般决定产品结构的基本因素有2个,即市场引力与企业实力。市场引力包括企业销售量(额)增长率、竞争对手强弱及利润高低等。其中,最主要的是反映市场引力的综合指标——销售量(额)增长率,这是决定企业产品结构是否合理的外在因素。

它把公司经营的全部产品、使用的组合作为一个总体来分析,故也称为统筹分析法、波士顿矩阵分析法。波士顿矩阵对于企业产品所处的4个象限有不同的定义和相应的战略对策。

(1)明星产品,这种产品的市场占有率和业务增长率高,表明该产品的利润增长较快。这种产品采取扩张型战略,例如投资等。

(2)金牛产品,又称厚利产品。这种产品可以给企业带来巨大的利润。这种产品处于业务低增长阶段,已进入产品的成熟期,不适合大力发展,可以采取稳定型战略。

(3)问题产品,有人译为"顽童",它是新生力量,但是孩子的前途如何,要视其如何发展，所以又有人称这种产品为"前途未卜"的问题产品。

（4）瘦狗类产品，指处于低增长率、低市场占有率的产品，因此所带来的利润少，但是资金占用率并不低。针对这种产品，企业可以采用紧缩型战略，例如做抽资、放弃、清算的处理。

波士顿矩阵分析法的具体做法可以分成以下几个步骤：

（1）把企业分成不同的经营单位，其中每一经营单位拥有不同的产品；

（2）明确每一经营单位的业务增长状况；

（3）确定经营规模、资金占有量；

（4）确定市场占有率；

（5）根据波士顿矩阵图，确定每一经营单位在波士顿矩阵中的位置；

（6）根据每一经营单位的位置，确定不同的经营战略；

（7）了解实际战略实施情况，进行战略实施的控制与评价。

但是波士顿矩阵也存在着一定的局限性。因为除了业务增长率和市场竞争状况以外，在实际的市场经营状态下，还会存在其他因素，也会影响企业的利润水平。

（二）SWOT 模型分析法

SWOT 模型分析法是一个常用的战略管理的分析方法之一。SWOT 分析法又称为态势分析法，它是由旧金山大学的管理学教授于 20 世纪 80 年代初提出来的，是一种能够较客观而 EG 准确地分析和研究一个企业现实情况的方法。著名的竞争战略专家迈克尔·波特提出的竞争理论从产业结构入手对一个企业"可能做的"方面进行了透彻的分析和说明，而能力学派管理学家则运用价值链解析企业的价值创造过程，注重对公司资源和能力的分析。

分析企业的 SWOT 就是将企业内部的优势（Strength）、劣势（Weakness）与企业外部的机会（Opportunity）、威胁（Threats）通过调查罗列出来，并依照一定的次序按矩阵形式排列起来，从中得出一系列相应的结论，如表 5-1 所示。

表 5-1　SWOT 模型

内部环境 / 外部环境	优势（S） 资金丰富、进入市场早、完整的销售网、技术先进、占市场份额大	劣势（W） 产品成本高、投入大、产品品种单一
机会（O） 其他行业进入难、存在国际市场	SO 增长型战略 利用企业的内部优势和外部机会，保持现有的经营领域，加强技术研发，开拓市场	WO 扭转型战略 克服企业内部的劣势，抓住企业外部的机会，在稳定开展业务的同时，开展多元化经营
威胁（T） 行业内竞争激烈，供货商、购买者的议价能力强	ST 多元化战略 利用优势避免威胁，保持现有的经营领域，不扩张；利用自身融资的能力，向其他领域拓展，实行多元化的经营战略	WT 防御型战略 以克服弱点和避免威胁作为基本出发点，目的是使这些不利因素都趋于最小化

可见,WT 战略是一种最为悲观的战略,是处在最困难的情况下不得不采取的对策;WO 战略和 ST 战略是一般的战略;SO 战略是一种最为理想的战略。

第三节 企业战略的类型

随着信息技术的飞速发展,按照不同的分类依据,企业战略可以分成如下几大类。

一、从企业战略态势的角度

按照企业战略的态势可以将战略分为发展型战略、稳定型战略、紧缩型战略、混合型战略。

1. 企业发展型战略

企业发展型战略又叫扩张型战略、进攻型战略。它是指企业依靠自身力量或同其他企业联合,扩大原有的企业经营规模,向新的领域开拓市场,以促进企业的经营不断发展。发展型战略又分为集中型发展战略、多元化发展战略和一体化发展战略。

1)集中型发展战略

集中型发展战略是指公司将自己的经营业务集中在某一个确定的行业而进行的总体谋划。在一定的时间内,促进企业的销售额、利润额和市场占有率的增长,这是集中型发展战略的优点。其缺点体现在:目标过于集中、风险大,一旦市场需求发生突变,就会造成企业经营不稳定,甚至导致亏损、破产。

2)多元化发展战略

多元化发展战略又称为多样化发展战略,是企业为了更多的战略市场和开拓新的市场或避免经营单一的风险,而选择进入新的领域的战略。多元化发展战略又可以分成水平多元化、同心多元化和复合多元化。多元化发展战略的优点是可以实现范围经济,分散企业经营风险,拓展企业发展空间;缺点是易导致企业资源分散,加大管理难度,提高企业运作费用。

(1)水平多元化,又称为专业多样化、横向多元化。它是指以现有用户为出发点,向其提供新的、与原有业务不相关的产品或服务,适合原有产品信誉高、市场广且发展潜力还很大的企业。例如中国石化多年来在加油站提供废油类的产品业务,截至 2016 年初,依托加油站和易捷便利店已可提供“便利店 + 汽服 + 旅游 + 保险”全方面的服务。

(2)同心多元化,又被称为相关多样化或集中多元化,即利用原有的技术、特长和经验等增加新的,但与原有的业务相关的产品和服务。这些产品、业务在价值链上形成了有价值的战略匹配关系,它们可以共用企业的技术、产品线、销售渠道或顾客基础等。它的实现途径包括市场开发型、产品开发型、产品市场开发型。

(3)混合多元化,指企业扩展或增加的新产品、新服务等与原有产品、服务、技术和市场诸方面不存在关联性。只要存在富有吸引力的市场机会,才能提高企业的绩效,改善企业的整体盈利能力和灵活性,能分散企业风险,任何企业都可进入任何适当的行业及项目。例如联想公司控股同时涉足的还有房地产、餐饮、汽车配件等，这些都是典型的混合多元化。

3)一体化发展战略

一体化发展战略是指企业充分利用自身产品的生产、技术和市场的优势，沿着其产品生产经营链条的纵向或水平方向，不断地扩大其业务经营的深度和广度来扩大经营范围，提高其收入和利润水平，使企业得到发展壮大。一体化战略主要包括纵向一体化战略和横向一体化战略。

(1)纵向一体化发展战略，它是具有投入和产出关系的相邻的几个阶段或企业合为一体的过程。每一件产品或者服务的制造过程都包含了若干阶段：原材料的投入、加工半成品、产出最终成品、产品批发和零售。如果这些环节当中的两个以上相邻的环节在一家企业中完成，就是纵向一体化。纵向一体化战略包括前向一体化和后向一体化两种类型。

前向一体化是向本企业的下游产业扩展，包括对自己产品的进一步深加工等，提高企业生产经营的深度，提高原有产品的商品化程度，提高附加值，增加收益水平。例如，零售产品企业自己建立网上商城，直接销售产品。

后向一体化是向本企业的上游产业扩展。企业向自己产品的原材料生产方面发展业务，使企业获得价格相对低廉的原材料供应，降低产品生产成本；有利于让企业摆脱供应商讨价议价的影响，减少企业生产经营停产的可能，从而使企业有精力提高产品质量，提升企业的服务能力，增强企业产品的差别化竞争优势。例如汽车制造商自己生产汽车的发动机，就是后向一体化发展战略。

(2)横向一体化发展战略，又叫水平一体化发展战略。它是企业生产经营范围的扩张，通过生产与原有产品相类似，在功能和用途上有新的差异的产品实现。横向一体化发展战略的优点在于扩展企业的能力和经营规模。由于新增产品可以利用原有产品的生产资源，大大节省了新产品的生产成本，取得更强的竞争优势。这种发展战略只适用于那些在生产技术和市场上占有优势地位的产品企业。

长虹企业的发展战略

长虹公司始创于1958年，公司前身国营长虹机器厂是我国“一五”期间的156项重点工程之一，是当时国内唯一的机载火控雷达生产基地。历经多年的发展，长虹完成了由单一的军品生产到军民结合的战略转变，成为集电视、空调、冰箱、IT、通信、网络、数码、芯片、能源、商用电子、电子产品、生活家电等产业研发、生产、销售、服务于一体的多元化、综合型跨国企业集团，逐步成为在全球具有竞争力和影响力的3C信息家电综合产品与服务提供商。

2. 企业稳定型战略

稳定型战略又称防御型战略、维持型战略。它是指企业遵循与过去相同的战略目标，保持一贯的成长速度，同时不改变基本产品或经营范围的经营战略。稳定型战略的风险性较小，在外部环境和内部环境相对稳定的情况下适宜采用稳定型战略。例如一些企业实行减少研发费用开支，停止设备维修，减少广告费的支出，尽量提高企业当前短期利润水平。

企业稳定型战略的优点在于，企业经营风险较小，维持原有的产品和市场领域，避免开发新产品的巨大资金投资风险。采取这种战略可以提高企业的内部管理水平,加强企业技术改造和革新。其缺点在于,如果企业较长期采用这种战略,将使企业发展的动力不能持续。加之企业外部环境变化速度较快,企业如果仍然保持原先的战略不变是十分危险的。因此,企业采取稳定战略的前提是企业所处的外部环境处于基本稳定的条件下,产品的生命周期处于成熟期,同时要保证企业的环境预测非常准确。

丽岛酒店的稳定型战略

丽岛实业是香港的一家餐饮企业集团,已在香港经营餐饮业30余年。丽岛实业在香港开设有20多家以"丽岛大酒楼""丽岛皇宫"等命名的传统粤菜酒楼,这些酒楼主要面向中、高档消费者,虽然菜品价格高于一般粤菜酒楼,但其菜式以高质量取胜,生意门庭若市,已经占有较高的市场份额。

除了粤菜酒楼外,丽岛实业还在香港各地区开设了100多家丽岛快餐店,虽然是快餐生意,但其经营模式仍以高质量为主,因此"丽岛"品牌的快餐店在中式快餐行业取得了领导地位。在香港餐饮业,"丽岛"就是品质的标识。加之丽岛实业大股东蔡大福已临近退休年龄,因此公司当时选择了稳定型战略,顾客群以中老年忠实熟客为主。

3. 企业紧缩型战略

紧缩型战略是指企业从目前的战略经营领域收缩或撤退,是偏离原战略起点较大的一种战略,是相对比较消极的战略。一般情况下,这种战略是短暂的,企业的主要目的是以退为进,同时在一定程度上还可以帮助企业躲避风险。其具体包括转向型战略、撤退型战略、清算型战略3种。

(1)转向型战略,它的实施对象是陷入危机境地而又值得挽救的企业,可以修订现行的战略,产品薄利多销,增加现金收入,尽量压缩日常开支。

(2)撤退型战略,企业为了保存实力,可能会采取卖掉一些生产线的方法,撤出现有的市场,以此寻找更好的机会再次拓展其他的市场。

(3)清算型战略,企业由于无力清偿债务,通过出售或转让企业的全部资产,以偿还债务或停止全部经营业务而结束企业的生命。企业在毫无希望恢复经营时,早期采取清算型战略,这样比被破产更有利于股东的利益。

紧缩型战略是企业战略中的重要战略之一,任何企业的产品都有它的生命周期,不会是一直上升的,随着企业内部和外部条件的不断变化,企业也要随之不断地变换战略。能够把握住撤退的时机,也可以让企业立于不败之地。

4. 企业混合型战略

所谓企业混合型战略,是指发展型战略、稳定型战略和紧缩型战略3种战略相结合的一种战略组合。企业为了实现不同的战略目标,可以将前面3种战略单独使用,也可以混合使用,要视企业的环境而定。混合型战略是大企业在特定的历史发展阶段的必然选择。

二、从企业战略层次的角度

按照企业战略层次的分类可以将企业的战略分成公司战略、业务战略、职能战略三种。其中,公司战略就是研究包含若干业务单元在内的企业整体战略的总纲。业务战略是在公司层次战略的总体指导下,经营管理某一业务领域的战略规划,是公司战略的子战略。职能战略是在特定职能管理领域制定的战略,目的是提高企业资源的利用率,使资源发挥最大化的效用。一般情况下,可以把职能战略分成产品战略、市场战略、投资战略、人力资源战略、国际化战略等内容。

三、从企业规模的角度

按照企业规模分类,可以分为中小型企业战略及大型企业战略。我国目前将中小企业划分为中型、小型、微型 3 种类型,中小微型企业约占全部企业总数的 90%。大型企业作为我国国民经济的重要支柱,是社会主义经济的重要载体,是社会主义经济制度的重要经济基础。解决好大中小微型企业的战略管理工作意义十分重大。

第四节　企业战略实施与控制

企业战略方案一经确定,企业经营管理的重点工作就是企业的战略实施与评价。企业战略管理是一个系统的过程,战略实施是贯彻执行既定战略规划所必需的各项活动的总称,也是战略管理过程的一个重要组成部分。战略实施是将战略理论转变为实践的一系列行动的过程,利用企业的人、财、物等内部资源和外部资源,制定出适合的制度和组织结构,进行控制、调节、反馈的过程。

战略实施的过程充分体现出了管理的计划、组织、领导、控制的四大基本职能。2000 年世界企业 500 强排行榜前 200 家公司中有 40 家公司的 CEO 被解雇或被迫辞职。当公司没有兑现战略承诺时,人们往往把责任归咎于 CEO 的战略错误,但在大多数情况下,战略本身并没有错,战略失败的原因是没有很好地实施战略[①]。

一、企业战略实施

战略实施又称为战略执行,是为实现企业战略目标而对战略规划的实施与执行。战略实施是一个自上而下地逐层传达落实的动态管理过程。企业的战略实施与企业的战略制定有着本质的差别。如果把战略制定比作一个点的话,那么战略实施应该就是一条线。企业战略制定是在行动开始之前的计划,而企业战略实施是将战略计划变为战略行动并达到目标的过程。企业战略的制定是一种分析思维过程,战略实施是一种实际行动过程。战略制定需要经验分析技能,而战略实施需要发挥管理的领导能力,战略实施是调动企业全体人员共同努力实现战略目标的过程。

战略实施的主要任务包括制定战略组织结构、建立企业的年度经营目标、优化配置战略

① 拉里·博西迪,拉姆·查兰. 执行:如何完成任务的影响 [M]. 北京:机械工业出版社,2003.

资源、培育企业组织文化等。

(一)制定战略组织结构

一个新的战略能否顺利实施,组织结构是首要决定因素。美国学者钱德勒(A. D. Chandler)做出了重要贡献,他对美国多家公司进行了研究,其中通用汽车公司的发展史正好证明了他的观点。在20世纪50年代末期,通用汽车公司执行的是简单的事业部制,但那时的战略已经转换成了多元化战略。到了20世纪60年代,该公司的销售额大幅度提高而行政管理跟不上,造成多元化经营失控,影响了利润的增长。到了20世纪70年代,原来的事业部制组织结构得到了优化,解决了管理滞后问题,有效控制了多元化经营,利润也上升了。由此得出,企业组织结构一定要适应实施企业战略的需要,它是企业战略贯彻实施的组织保障。

所谓的"组织",是指为了达到某些特定目标经由分工与合作及不同层次的权利和责任制度而构成的人的集合,通常包含3个层次的内容:组织目标、分工合作、层级权利和责任。所谓"结构",是指一个系统的构成形式,是系统内部以一定性质、一定数量的各个要素按照一定的关系进行排列组合的方式。所谓"企业组织结构",就是研究企业组织这一系统的构成形式,即目标、协同、人员、职位、职责、相互关系、信息等组织7要素的有效排列组合。

企业组织结构与战略是相互联系和影响的。组织战略不仅可以促进战略实施,还能制约战略实施。及时调整原有的组织结构,适合新战略实施,有助于提高战略实施的效率。组织结构是战略实施的载体,它将企业的战略目标转化成企业每一个部门的具体生产经营活动,为顺利完成企业战略发挥协调和指导作用。

(二)建立企业的年度经营目标

年度经营目标是企业从长期战略目标出发,在分析外部环境和内部条件的基础上所制定的公司下一年度各种经营活动所要达到的目标或所要取得的结果。它是企业经营思想的具体化[①],就是将企业的战略具体到各个职能部门,使战略目标具体融入到各职能部门的日常生产运作当中去。建立年度经营目标要遵循具体化、可度量、可实现性、相关性、时间要求等原则。

年度经营目标的建立有利于企业资源的优化配置,对员工的行动具有更明确的指导作用,可以将企业战略分阶段进行管理控制,突出公司不同层次的战略重点工作。

(三)优化配置战略资源

战略资源配置的优劣直接影响到战略目标的实现。战略资源是指企业用于战略行动及其计划推行的人力、财力、物力的总和。企业战略资源是战略转化为行为的前提条件和物资保证。

企业在实施战略的过程中,必须对资源进行优化配置,以保证企业战略实施的正常进行。在战略实施过程中,企业资源与战略实施具有相互协调的关系。首先,在制定战略时要充分考虑到企业资源情况,确保制定出合理有效的战略。其次,合理的企业战略,使企业资源得到合理利用,使企业资源包括人力、财力、物力充分发挥潜力。最后,在战略实施的过程中,企业资源需得到有效储备。所谓有效储备,是指必要的资源以低成本、快速度、在适宜的时机来进行储备。在战略实施的过程中,可以附带产生出新的资源,这种新的资源可以成为

---

① https://baike.so.com/doc/1012363-1070567.html

其他战略必要的资源而经常使用。

(四)培育企业组织文化

组织文化是指在组织长期发展过程中形成的物质和精神文明的总和。良好的企业组织文化有利于企业战略的制定,它可以调动企业全体员工的积极性,使企业员工能够形成统一的意志,而自觉的行动是企业战略成功实施的必备条件,是战略实施的原动力。一般来讲,企业文化为企业战略的制定提供了正确的指导思想,同时企业文化也为企业战略实施提供了优良的文化环境。

企业文化要随着新的战略的制定而不断变化。但是,一个企业的文化一旦形成,就具有持续性,不易改变。所以,企业文化一方面促进企业战略的实施,另一方面又制约着企业战略的实施。因此,企业文化要不断创新,尽量打造学习型企业文化,以学习力的提升增强企业和员工的竞争力。企业为员工搭建学习的平台,营造学习的良好氛围,创建学习型企业。

二、企业战略实施的原则

企业在战略实施过程中,一般要遵循 3 个方面的基本原则。

1. 统一原则

企业战略实施要坚持统一原则,坚持统一领导和指挥的原则。企业战略实施要在高层领导的统一指挥和领导下进行,这样才能够合理统一分配资源,统一调整组织结构,保持企业内部资源的相互协调、平衡,使企业战略有效运作。

2. 合理原则

企业战略实施的合理性原则主要体现在:只要基本上达到预定的战略目标,战略就是成功的。因为在战略目标制定和实施的过程中,企业所处的内部环境和外部环境是不断变化和发展的,所有的预测信息不一定完全准确。这就会影响到企业战略的制定,并影响到企业战略的实施。企业战略目标总是要通过一定的组织机构分工实施,要将复杂的总体战略目标问题分解为具体的、简单的问题加以管理和控制。因此,在战略实施的过程中要遵循适度合理原则。

3. 权变原则

权变原则应该贯穿于整个战略管理的全过程之中。由于企业战略的制定是基于一定的环境条件下的假设,在战略实施过程中,事情的发展与原先的假设有所偏离是不可避免的,战略实施过程中本身就是解决问题的过程,如果企业内外环境发生重大的变化,以致原定战略的实现成为不可能,显然这需要对原定的战略进行重大调整,这就是战略实施的权变原则①。在实际的工作中,既需要识别战略实施中的关键变量,也需要明确关键变量的允许值范围,只有这样才能做到当执行出现偏差时,能灵敏地察觉并迅速做出反应。

龟兔重赛与战略运筹

兔子与乌龟比赛输了以后,总结经验教训,并提出了与乌龟重赛一次。比赛开始后,乌

① 刘冀生. 企业战略管理: 不确定性环境下的战略选择及实施 [M]. 北京: 清华大学出版社,2016.

龟按规定路线拼命往前爬，心想“这次我输定了”。可当到了终点，却不见兔子，正纳闷的时候，见兔子气喘吁吁地跑了过来。乌龟问：“兔兄，难道又睡觉了？”兔子哀叹：“睡觉倒没有，但跑错了路。”原来兔子求胜心切，一路上埋头狂奔，恨不得三步两蹿就到终点。估计快到终点时，它抬头一看，发觉竟跑在另一条路上了，因而还是落后在了乌龟的后面。

这则故事深刻地说明，竞争道路上，你的实力再强、条件再好，也要依赖于明智的战略指导。可以说，战略决定胜负，这对我们的企业具有重要的借鉴意义。

三、企业战略控制

（一）企业战略控制的概念

企业战略是企业经营成败的关键，而保证企业战略顺利实施的关键在于企业战略控制。控制是对各项活动的监督，从而保证各项行动按计划进行并纠正各种偏差的过程。

所谓战略控制，就是在企业战略实施的过程中，监督战略实施进程，及时纠正偏差，确保战略有效实施，使战略实施结果符合预期计划、与企业目标一致的管理过程。战略管理的主要功能就是纠正企业在战略管理过程中发生的偏差，以保证企业战略方向的正确性。

（二）企业战略控制的作用

（1）企业战略控制的目的在于确保企业战略实施朝着企业战略目标的正确方向进行。控制是管理的重要环节，决定着企业战略实施的成败。

（2）企业战略控制有利于企业及时搜集企业战略实施过程中的各种信息，并迅速反馈给企业的最高管理层，对其积累战略经验具有深远的意义。

（3）企业战略控制有利于提高企业的经营管理水平。对企业的日常经营管理工作具有监督的作用，促进各职能部门在战略实施过程中劳动效率的提高。

（三）企业战略控制的类型

按照分类的依据不同，可以将企业战略控制分成不同的类型。

1. 依据控制的时间划分

1）事前控制

在战略实施之前，要正确地设计战略计划。这个战略计划要得到企业最高领导层的批准后方可执行。所有批准的内容通常称为控制的标准，作为企业日常经营管理的考核依据。通常情况下，事前控制运用于企业人事任免、重要项目的投资、合同的签订等。

2）事中控制

事中控制又称过程控制，指对企业正在实施的战略进行指导和监督，保证战略实施按照既定的目标和方向进行。这种控制方式主要用于对重大关键性的战略措施所进行的实时控制。在控制的过程中，通过作用核算和现场观测等手段获取信息，及时把实施结果与战略目标进行对比，做出纠正偏差的控制措施，进而保证战略目标的实现。

3）事后控制

事后控制又称为反馈控制，指在战略实施过程中，将战略实施结果与原战略计划进行对比，然后根据偏差的大小及其发生的原因，对战略行动过程采取校正措施，以使战略最终的结果能够符合最初制定的战略目标的标准。

事后控制的重点在于企业的日常经营管理工作，它是比较常见的管理控制工作的主要形式。但是事后控制需要一定的耐心和时间等待战略实施的结果，因此如果战略实施过程中出现的偏差不及时纠正，会造成一定的经济损失，其运用具有很大的局限性，企业在经营环境比较稳定的条件下适合采用这种控制方式。

2. 依据控制的切入点划分

1）生产控制

生产控制是对企业的产品品种、数量、质量、成本、交货期以及服务等方面的控制，主要分成产前控制、过程控制和产后控制。

2）财务控制

财务控制主要包括预算控制和比率控制，是非常重要的控制方式。它是指对企业的资金投入及收益过程和结果进行衡量与校正，目的是确保企业目标以及达到此目标所制定的财务计划得以实现。

3）质量控制

质量控制是为使产品或服务达到质量要求而采取的技术措施和管理措施方面的活动。主要目的在于确保产品或服务质量能满足要求。

4）成本控制

成本控制是保证成本在预算估计范围内的工作。科学合理地组织实施成本控制可以有效促进企业改善经营管理。它是指以成本作为控制的手段，通过制定成本总水平指标值、可比产品成本降低率以及成本中心控制成本的责任等，达到对经济活动实施有效控制的一系列管理活动①。

（四）企业战略控制的步骤

（1）订立标准。标准是衡量事物正确与否的准绳。订立标准要依据企业战略的目标，明确实现企业的战略目标要完成哪些具体的工作任务，因此企业战略衡量的标准一定是定量的，要有具体的、准确的数字。

（2）搜集数据信息。收集数据信息可以获得战略实施的实际情况。只有数据信息真实可靠，才能够有效控制企业战略实施的过程，使企业战略朝着既定的目标方向发展。因此，可以建立专门的部门来进行这项工作，如统计部门、审计部门等。

（3）衡量绩效。衡量绩效是指找出实施战略的绩效与战略目标标准之间的偏差信息。根据信息来衡量战略实施的正确与否，以及是否有效实施。控制的目的不是衡量绩效，而是达到预定的绩效。所以，在控制过程中要预测可能出现的偏差，以便控制未来的绩效。

（4）战略调整。企业高层管理者对企业的战略进行适时的调整，才能适应内外部环境与条件的改变，缩小实际与标准之间的距离，使企业总体战略得以成功实施。

① https://baike.baidu.com/item/%E6%88%90%E6%9C%AC%E6%8E%A7%E5%88%B6/3344?fr=aladdin

课后案例

伊莱克斯的销售战略

外国品牌进入中国市场不仅面临产品本土化的问题，也面临着营销策略本土化的问题。年销售额为 147 亿美元的国际家电巨人伊莱克斯很好地把握住了这一点。

在我国目前的冰箱市场上，海尔、容声、美菱、新飞 4 大品牌的市场占有率已经高达 71.9%。在产品功能方面，海尔正在大力推广其抗菌冰箱；容声和新飞在节能、环保、除臭方面已取得领先地位；美菱独树一帜，大力开发保险冰箱。在这些难以撼动的强大对手面前，伊莱克斯针对自己目标消费群的特征和产品风格，精心设计了一条充满亲情色彩的营销策略，并以“静音冰箱”作为进入千家万户的切入点。伊莱克斯提出“冰箱的噪音你要忍受不是 1 天、2 天，而是 10 年、15 年……”“好得让您一生都能相依相靠，静得让您日日夜夜察觉不到”这种极富亲情色彩的营销语言，除使中国消费者感觉到温馨和真诚外，品牌形象和产品形象也随之得到了认可—— “静音”就是伊莱克斯的个性和风格。

伊莱克斯历来遵循广告宣传低姿态、科研开发高投入的经营宗旨。伊莱克斯在产品导入期的广告投放很有节制，据北京中企市场研究中心统计，在 1998 年冰箱品牌的平面广告投放上，伊莱克斯的广告费用仅及海尔、容声的 1/3。在广告投放地域分布上，海尔的特点是全国遍地开花，表明它雄心勃勃，以征服天下为己任，伊莱克斯在甘肃、青海、内蒙古等地区投入很少甚至没有投入，而在北京的广告投入量却高达 10.56 万元，海尔在北京则为 9.22 万元。可见，两个品牌广告投放的策略不同，重点城市的高收入家庭是伊莱克斯既定的目标消费群体。

（资料来源：http://wenku.baidu.com/view，MBA 案例文库）

案例思考：

1. 从广告宣传的切入点来看，伊莱克斯采取的是何种战略？这种战略有何好处？
2. 从目标市场的选择来看，伊莱克斯采取的是何种战略？有何好处？

第六章　现代企业文化管理

课前案例

从松下看日本公司的企业文化

松下幸之助说：到一个企业，只要几秒钟的接触，从接待人员、办公室、车间人员的工作神态、情绪和秩序，就可以捕捉到一种精神、一种感染人心的力量，这就是企业文化。目前的松下电器公司是世界上9大公司之一，是日本获利最高的企业，现有职工20万名，产品14 000种，工厂分布在130多个国家，其营业额从第一次世界大战至今，增加了4 000倍以上。因此，松下电器公司的创始人及领导者松下幸之助被誉为"经营之神""民族英雄"。那么，松下电器的成功之道是什么呢？

松下幸之助出生在一个贫苦家庭，年幼时父母双亡，松下幸之助9岁开始学徒，15岁时进入"大阪电灯公司"工作，1918年(24岁)创立松下电器制作所，1935年松下电器制作所改组为股份制的松下电器株式会社。企业开始走上了发展的道路。

松下幸之助的学历并不高，但他很早就注意到生活中处处蕴藏着企业经营管理理念。他善于随时随地提炼人生和商业信条，转而又把它们运用到企业实践中去。他最著名的"自来水法则"就来自于对生活的观察。

一个炎热的夏天，松下幸之助走在大阪天王寺附近的街上时，看到了一个拉车人正用嘴对着别人家的水龙头津津有味、心安理得地喝着冰凉的自来水。他立刻想到：自来水是经过加工的饮用水，不是免费的，可拉车人未经主人同意就擅自喝了。究其原因就在于自来水是有价值的生活必需品，大量的生产加工后使造价很低，也就没有人去阻止这个拉车人的行为了。这个简单的场景引起了松下幸之助的进一步思考，如果把冰箱、电视等都变成了人们的生活必需品，经过大量生产，它们的价格也会降低。而大批量生产和低价格销售，不仅可使企业获得生存发展的利润，还满足了人们不断提高生活质量的要求。

"自来水法则"的确立，坚定了松下幸之助实施低价策略的信心和决心，由此确立了松下电器的低成本战略。即通过大规模生产，制造低价格的优质产品来满足千家万户的日常需要。松下幸之助这种朴素的经营理念，正与现代经济理论中的"规模效益"理论相吻合。而更为可贵的是，"自来水法则"中包括了报效社会的思想，这在"以和为贵"的日本传统社会引起了消费者的广泛赞同。今天，"社会利益"已经成为现代经营管理理论关注的热点。重温松下幸之助倡导的理念，我们能很好地体味到优秀企业文化关乎企业的长期战略和持久的生命力。1933年，松下幸之助用文字把自己的经营理念表述出来。这在日本是最先明确表述一家企业经营思想的做法。到了1937年，松下幸之助的经营理念被概括成7条企业精神,即“产业报国、光明正大、和亲一致、不断进取、礼貌谦让、适应形势、感恩报德”。它们至今仍然是指导松下电器公司生产和经营活动的根本价值体系。

时至今日,每天早晨8点钟,公司所有的人员朗诵本公司的“纲领、信条、七大精神”,并一起唱公司歌曲。松下电器的一名高级管理人员说:“好像我们已经融为一体了。”在感知企业文化的同时,松下电器还把培养人才作为重点,强调将普通人培训为有才能的人,松下幸之助有一段精彩的话:“松下电器公司是制造人才的地方,兼而制造电器产品。”他认为,事业是人为的,而人才的培育更是当务之急。就是说,如果不培育人才,就不能有成功的事业。出于这种远见卓识,他于1964年在大阪建起了占地14.2万平方米的大型培训中心,一年开支达40亿日元(占总销售额的0.1%)。全公司一年有1/3的人来这里接受培训。大规模的人员培训,保证了松下电器的新产品源源不断涌向世界各地。此外,松下注重不断丰富企业文化的内容,使员工感受到新鲜感,这样更易于自觉接受。每年年终时,公司自上而下动员员工提出下一年的行动口号,然后汇集起来,由公司宣传部口号委员会挑选、审查,最后报总经理批准、公布。公司有总口号,各事业部、分厂有各自独特的口号。一旦口号提出,全公司都在这一口号下行动,口号本身也体现了工作的道德观念。如1985年的行动口号是“创造未来”,要求每个职工有高度的责任心和进取精神,迎接新技术革命时代的到来。大家都要有危机感、紧迫感,主动去创造未来、发展企业,并要求职工在本职工作中去开拓、创新。这充分显示了松下幸之助先生对企业文化的高度重视和独到见解。

优秀的企业文化关乎企业的长期战略和持久的生命力。松下电器公司的创始人松下幸之助在世界企业界被誉为“经营之神”,他用一代人的时间使一个家族企业发展壮大,成为世界顶级大型企业集团。

第一节　企业文化概述

一、企业文化的含义

所谓企业文化,是作为企业主体的人们共同持有的价值观、行动方式和思考方式。经营理念是企业文化的核心,它既表明了该企业存在的价值,又提供了战略目标的依据,还包含了经营方式、行为方式的基本规范。也就是说,经营理念提供的是企业人员工作时的根本价值观。这种价值观是企业文化的根基,是由企业创建者、主要经营者的指导思想决定的。因此,它必定在企业战略上打下深刻的烙印。

二、企业文化的结构

企业文化由3部分构成:物质文化层、制度文化层、精神文化层。

物质文化层是指企业在生产经营过程中创造出来的适应社会物质需要的那部分产品,是企业文化的最表层,如文化广场、企业象征物等。最典型的是麦当劳的红黄二色,因为红灯和黄灯的颜色让人看到就会潜意识地停步。企业标识、公司的规章制度也是一个方面，比如日企中的规定相当严格，见了上级要鞠躬，上班必须关手机，上班统一穿制服，上班时间不准喧哗，等等。而形成鲜明对比的是某些美国企业，上班时间分成几批，按照实际需要设计；可以边工作边抬杠；可以吃东西，也可以接私人电话。此外，公司的商标、产品包装也属于企业文化的物质层。

制度文化层是企业为实现自身目标对员工的行为给予一定限制的文化，它具有共性和强有力的规范性。企业制度文化是一种来自员工自身以外的，带有强制性的约束，它规范着企业的每一个人，企业工艺操作规程、厂规厂纪、经济责任制、考核奖惩制度都是企业制度文化的内容。企业制度文化作为企业文化中人与物、人与企业运营制度的中介和结合，是一种约束企业和员工行为的规范性文化，它使企业在复杂多变、竞争激烈的环境中处于良好的状态，从而保证企业目标的实现。

精神文化层，也称为观念层，集中体现为一个企业独特的、鲜明的经营思想和个性风格，反映着企业的信念和追求，是企业群体意识的集中体现。它包括企业哲学、企业精神、企业经营宗旨、企业价值观、企业经营理念、企业作风、企业伦理准则等内容，对员工工作动机有激励作用。总而言之，企业精神文化就是企业人的意识形态的综合。

三、企业文化的基本特征

1. 人本性

以人为本，没有人类就没有文化。因此，企业文化的人本性强调人的思想、道德、价值观、行为规范等在企业管理中要起到核心作用，在生产经营中要关心人、尊重人、信任人，全体员工无论岗位级别，互相尊重，团结奋进，积极参与企业管理，推动企业发展。近年来，多数企业都努力营造一个以人为本的企业文化氛围。然而，如何落到实处，一直是每一个企业都在苦苦思索的难题。

2. 发展性

企业文化在一定时期应具有相对稳定性，建立一个开放、多元、富有弹性的全球企业文化。比如同仁堂在我国已经拥有 300 多年的历史，对比一下美国《财富》杂志的报道数据，美国中小企业平均寿命不到 7 年，大企业平均寿命不足 40 年。而中国中小企业的平均寿命仅 2.5 年，集团企业的平均寿命仅 7~8 年。美国每年倒闭的企业约 10 万家，而中国有 100 万家，是美国的 10 倍。不仅企业的生命周期短，能做大做强的企业更是寥寥无几。同仁堂却生存了 300 多年，这是多么令人惊讶又合情合理的事情。之所以是合情合理的，原因在于同仁堂坚持了其优秀的企业文化——诚信！我们知道同仁堂最早是为皇宫内廷制药的，在外在压力下，同仁堂必须认真谨慎，诚实守信，马虎不得。另外，最重要的是内在因素，同仁堂坚持“修合无人见，存心有天知”的诚信敬业信条。所以，同仁堂的产品质量广受消费者信任，使其发展事业走得长远。诚信，是一个人们最熟悉不过的字眼，可是要把这个原则坚持下来，确实不简单。同仁堂的经营准则是“质量即生命，责任重泰山，一百道工序，一百个放心”，同仁堂说到，也做到了。从同仁堂的发展史来看，无论其生长在大清年代或是当今社会，无论发展在中国还是国外，无论面对消费者还是员工，它自始至终都坚持了诚信这一根本的核心文化。

3. 多样性

“龙生九子，各有不同。”一般来讲，德国企业领导具有相对较高的地位和较大的决策权。在英国，企业业务决策权通常下放到中层经理人员手中，决策的制定主要通过商议而不是根据企业董事会的命令。因此，英国的各层经理们通常被赋予了高度的自主权。而在南欧的西班牙、意大利、希腊和葡萄牙，尽管企业的决策并非由领导人专制做出，但企业员工出于对企业领导的信任和忠诚，能够自愿接受来自高层的决定。法国的企业则具有欧盟国家中最明显的中央集权的色彩，专制化管理随处可见，管理阶层与员工之间的沟通未得到充分的重视。这主要是受法国悠久的君主专制历史和家庭传统观念的影响。再比如，从规章的繁简程度上看，有些企业习惯建立一整套非常细致、繁杂而长期固定化的规章制度来规范公司的业务经营，以便提高企业管理的安全等级。在这方面最突出的要属希腊和葡萄牙的企业，其次是比利时、法国和西班牙的企业。个人或部门期待完善而严格的规章体系给予他们全面的指导，比如明确个人工作职能等，员工们欢迎和依赖这些企业条例。相反，丹麦、爱尔兰、瑞典和英国企业则很少制定如此庞大的规章制度，甚至可以说从未尝试去建立这种固定体系。这些企业更多地采用多数人认可的原则来实行自我规范。

第二节　企业文化的内容

一、企业文化的主要内容

企业文化包括企业精神、企业价值观、企业道德、企业风气、企业形象、企业制度6个方面的内容。

（1）企业精神，指企业员工所具有的共同内心态度、思想境界和理想追求。它表达着企业的精神风貌和企业的风气。

（2）企业价值观，指企业及其员工的价值取向及企业在追求经营成功过程中所推崇的基本信念和奉行的目标。从哲学上说，价值观是关于对象对主体有用性的一种观念。而企业价值观是企业全体或多数员工一致赞同的关于企业意义的终极判断。价值是一种主观的、可选择的关系范畴。一种事物是否具有价值，不仅取决于它对什么人有意义，而且还取决于谁在做判断。不同的人很可能做出完全不同的判断。如一个把判断作为本位价值的企业，当利润、效率与创新发生矛盾时，它会自然地选择后者，使利润、效率让位。同样，另一些企业可能认为企业的价值在于致富、利润、服务和育人，那么这些企业的价值观可分别称为“致富价值观”“利润价值观”“服务价值观”和“育人价值观”。

（3）企业道德，指在企业这一特定的社会经济组织中，依靠社会舆论、传统习惯和内心信念来维持的，以善恶评价为标准的道德原则、道德规范和道德活动的综合。

(4)企业风气,指企业及其员工在生产经营活动中逐步形成的一种带有普遍性的、重复出现且相对稳定的行为心理状态,是影响整个企业生活的重要因素。企业风气是企业文化的直观表现,企业文化是企业风气的本质内涵。

(5)企业形象,指人们通过企业的各种标志而建立起来的对企业的总体印象,是企业文化建设的核心。企业形象能否真实反映企业的精神文化以及能否被社会各界和公众舆论所理解和接受,在很大程度上取决于企业自身的努力。

(6)企业制度,指在一定历史条件下形成的企业经济关系,包括企业经济运行和发展中的一些重要规定、规程和行动准则。它是关于企业组织、运营、管理等一系列行为的规范和模式的总称。

二、企业文化的功能

(1)导向功能,指企业文化对企业领导者和职工的价值取向及行为取向起导向作用。这种导向与传统管理中单纯强调硬性的纪律或制度不同,它强调通过企业文化的塑造来引导企业成员的行为,使人们在潜移默化中接受共同的价值观念。

(2)凝聚功能,指当一种价值观被企业员工共同认可后,它就会成为一种黏合剂,从各个方面把其成员聚合起来,从而产生一种巨大的向心力和凝聚力。

(3)激励功能,指企业文化本身所具有的通过各组成要素来激发员工动机与潜在能力的作用,它属于精神激励的范畴。

(4)约束功能,指企业文化对每个企业员工的思想、心理和行为具有约束和规范的作用。

(5)辐射功能,指企业文化对社会的影响。

第三节　各国企业文化的比较

一、美国企业文化

(一)美国企业文化产生的背景

在当今瞬息万变的经济环境下,美国的企业还是保持着世界第一的综合竞争力。因此,研究美国企业,尤其美国企业文化是摆在中国企业和企业家面前的一个课题。

1. 经济背景

美国的企业文化与近20年来美国经济持续衰退和日本经济的迅速起飞有直接关系。第二次世界大战后至20世纪60年代末,美国一直是世界首屈一指的经济强国。它的国民生产总值、工业产量、进出口贸易额、外汇储备均居世界首位。可是,随着西欧各国和日本经济的崛起,世界经济格局发生了巨大变化。美国企业在国际竞争中接连受挫,引起美国企业界、管理学界的严重关切。

首先是1980年日本取代美国成为世界上汽车生产的头号强国。当年,美国只生产800万辆汽车,日本却生产了1 100万辆。在美国三大汽车公司连年亏损的情况下,日本生产的节能小轿车却大量占领美国市场。美国素有“汽车王国”之称，可是现在这顶王冠突然被日本夺走，震惊了美国的企业界。其次是美国钢铁业的衰落。钢铁工业是美国工业的基础，然而从20世纪60年代起，它保持了六七十年之久的钢铁优势在日本、西欧的竞争下也逐渐丧失。1979—1982年，美国钢产量从1.36亿吨锐减至7 460万吨，许多钢铁厂关门。相反，日本钢铁工业却欣欣向荣。钢铁工业是美国力量的象征，它的衰落引起美国人更大的恐慌。再者是美国某些高科技产品日益丧失优势。美国的许多高科技产品一直处于世界领先地位，可是自20世纪70年代中期起，美国半导体集成电路芯片的一部分市场被日本夺走，到70年代末，美国大规模集成电路芯片的很大一部分市场也被日本占领。此外，日本的办公自动化设备、工业机器人、数控机床等高科技产品也超过美国。在微电脑、光导纤维、复印机方面，美国也败下阵来。

在这种残酷的现实面前，美国的企业家和管理学家开始重新评估本企业，并且与日本企业相对比，不但从经济发展的角度，更深刻的是从文化层次来思考企业在竞争中失败的原因。美国企业扬长避短，开始吸收和消化国外先进企业的企业文化，逐渐塑造本国企业的新企业文化。

2. 社会背景

美国企业文化的产生还有其社会原因。首先，新技术革命引起产业结构的变化，进而导致美国职工结构发生变化。1956年起，白领工人首次超过蓝领工人，美国大多数工人不是制造产品而是处理信息。企业职工结构的这种变化，必然影响他们的价值观和生活方式。对高技术、高智能工人的管理显然要有别于从事简单体力劳动的工人，由于新一代劳动力经济水平和文化素质较高，经济要求已不是他们工作的唯一动力。他们需要心理满足和自我实现，更注意人文色彩的企业文化正好适应这种要求。其次，二战后出生的一代人到了20世纪70年代已进入青壮年。这一代人受过良好教育，富有独立性和创造精神，要求民主参与的欲望较强。他们进入社会，涉足企业界，不能不对企业管理模式产生影响。企业文化强调面向人、尊重人、关心人和扩大民主参与决策等，正好是这一代人社会要求的折射。再次，人们对企业性质的认识发生了较大的变化。传统的企业把追求最大限度的利润当作唯一的目标，为此不择手段。随着时代的变迁，美国学术界和有些明智的企业家、管理学家逐步认识到，企业不应把获利当作唯一目标，还要为社会做出贡献；企业不只是一个生产组织、营利单位，也应该是使职工生活得有意义、为社会做贡献的场所。美国一些成功的企业之所以能充分调动职工的积极性，主要原因在于它们能较全面地认识企业在社会上的地位，带领职工在工作中寻求生命的意义，实现生命的价值，并进而使人–企业–社会的构成关系更加密切。从这个角度讲，美国企业文化是美国优秀企业经验的总结。

（二）美国企业文化的特征

企业文化作为一种新的管理理论和方法，是美国传统管理理论和方法的传承和发展。它既有鲜明的民族性，也体现出强烈的时代精神。美国是一个移民国家，早期居民大多数是从欧洲各国迁移过来，这些移民来到一个陌生的环境，一切需要从头开始，身边没有亲戚朋友的帮助,只能依靠个人奋斗,经过生活的磨炼形成了浓厚的个人主义价值观。另外,美国本身历史短暂,它直接从奴隶社会进入到资本主义社会,没有经历过封建社会,因而他们的个性没有受到封建思想的束缚,资本主义制度又提倡个人主义,使得美国人的个性在资本主义社会中得到了发展。美国的个人主义使得美国企业非常尊重员工的个性发展,崇尚个人自由,尊重个人价值。1997 年,美国修订了原有的每周工作 40 小时的劳动法案,制定了弹性工作制度,为员工创造宽松的工作环境,企业充分信任员工的工作能力,相信员工能处理好自己的工作。据有关方面对美国 33 家企业的调查,采取"弹性工作制"后,企业员工的责任心更强了,工作效率更高了。

具体来看,美国企业文化具有以下几个特征。

1. 尊重个人价值

美国著名的苹果公司认为,要开发每个人的智力资源。"人人参与""群言堂"的企业文化,使该公司不断开发出具有轰动效应的新产品。从强力笔记本式苹果机到现在为全球所有追求时尚生活人群所追捧的 iphone 产品系列,无不折射出这一企业的文化特点。

美国另外一家国际公司摩托罗拉则认为,责任和权利是一对孪生兄弟,要使职工对工作负责任,就必须尊重人、信任人,并给予实际的自主权。公司内负责开拓新事业的小组组员都是自愿来参加的,他们有高度的自主权。只要小组达到公司的绩效标准便可得到奖励,即使失败了,公司也保证小组成员享有原来的职位和待遇。异想天开、离奇的想法在摩托罗拉公司都能得到理解和宽容。1960 年惠普确立了"相信任何人都能在工作中追求完美和创造性,只要赋予他们适宜的环境,他们一定能成功"的经营理论,"尊重每一位员工"是沃尔玛的三项基本信仰之一,公司通过各种途径来帮助员工发挥自己的潜力。计算机领域的蓝色巨人 IBM 把"尊重个人"作为其核心价值观,在企业内部人人平等,公司里不设领导专用场所和设备,就连每个办公室和每张桌子都没有头衔标识。美国小企业管理局对 20 世纪对美国产生巨大影响的 65 项发明进行了研究,发现它们基本上是由个人完成的。杰克·韦尔奇接任美国通用电气公司总裁后,推行全员决策,公司在决策讨论会上邀请那些没有参与过决策会的员工出席会议,听取员工的意见,因为员工对自己的工作要比老板清楚,这样做出的决策才有针对性,避免决策失误的发生。美国 BHP 炼油厂公司规定,管理人员不能随意对员工发号施令,管理人员需认真对待员工的意见,尊重每一个员工。

美国公司尊重个人价值还表现在激励机制上,美国公司会花大量的时间、人力和物力对员工进行知识和岗位能力的培训,提高员工的业务能力,并给员工搭建展示自己能力的平台。IBM 公司一般会从本公司员工中选拔管理人员,让员工有晋升的机会,从职务上给予激励。另外,美国公司的奖励往往是针对个人而不是针对集体,他们相信员工有能力完成自己的工作,他们也要求员工明确自己的职责,对自己的工作负责,员工成绩突出,公司会对员工个人给予奖励。美国企业将自己的股份分配给员工,让员工成为公司的主人,从而发挥员工的主人翁思想,提高员工的责任心和积极性,让员工和企业的命运息息相关。20 世纪 80

年代美国企业经理人员典型的报酬是:企业的最上层管理人员每年拥有2.5万股购买权,中层管理人员每年拥有7 500股购买权,下层管理人员每年拥有2 000股购买权。2000年时,微软公司有80%的员工拥有公司的认股权。

成立于1971年的星巴克公司,经过多年的奋斗,成为全球最大的咖啡零售商。星巴克公司从1991年起允许员工通过折价购买公司的股票,满足公司条件的员工每年都能获得期权。美国福克斯波罗公司的一位科研人员把研制的新产品给总经理看,总经理看后非常高兴,觉得应当当场给予奖励,可总经理当时身边无可奖之物,于是只好用一只香蕉来奖励员工,以后公司就用"金香蕉"来奖励该公司的杰出科研创新者。

美国公司尊重个人价值还表现在个人英雄主义上,美国的企业家被美国人当作"新美国英雄"崇拜,并获得荣誉和高额的年薪,克莱斯勒汽车公司总经理艾柯卡的年薪为1 200万美元,而当时美国总统克林顿的年薪才20万美元。

2. 提倡竞争和献身

竞争出效益,竞争出成果,竞争出人才,但竞争的目的不在于消灭对手,而在于使参与竞争的各方更加努力工作。美国企业十分重视为职工提供公平的竞争环境和竞争规则,充分调动他们的积极性,发挥他们的才能。IBM公司对员工的评价以其贡献来衡量,提倡高效率和卓越精神,鼓励所有管理人员成为电脑应用技术专家。福特汽车公司在提拔员工时,凭业绩取人,严格按照其能力对应其职位的原则行事。福特汽车公司前总裁亨利·福特说:"最高职位是不能遗传的,只能靠自己去争取。"

3. 奖励创新

美国许多企业都通过不断创新来保持自己的优势。目前,国际上先进的美国IT公司都秉承了这一传统,使美国的经济一直处于国际前沿。而这种优势也是其企业文化长期积累和爆发的必然结果。即使在传统行业中,也不乏鲜活的例子。

杜邦公司成功的经验是发扬不停顿精神,不断开发新产品。3M公司的成功在于创新有绝招,招招都很妙。3M公司不轻易扼杀任何一个设想,如果一个设想在3M公司各部门找不到归宿,设想者可以利用15%的工作时间来证明自己的设想是正确的。3M公司还能容忍失败,"只有容忍错误,才能进行革新。过于苛求,只会扼杀人们的创造性"是3M公司的座右铭。成功者受到奖励、重奖,失败者也不受罚。3M公司董事长威廉·麦克唐纳说:"企业主管是创新闯将的后台。"

创新是美国企业精神的核心,美国商界流行这样一句话:"要么创新,要么灭亡。"可见美国企业对创新的重视。在过去的50年中,美国无疑是世界技术创新的领袖。1997年世界上最大的高新产品出口国是美国,达到2 580亿美元,比第二名日本多了1 000亿美元。

微软公司是比尔·盖茨于1975年创建的,到2005年已有30年的历史,在短短30年的时间里,微软从一个默默无闻的小公司成长为全球最大的软件公司,比尔·盖茨成为世界首富,微软公司的Windows操作系统成为操作系统的王者,并推动了整个计算机行业的发展,为人们普及计算机知识发挥了重要的作用。微软为什么能有如此大的成就?

最主要的原因是微软公司的员工不断创新，不断更新自己产品的质量和功能，使其在世界上处于领跑地位。美国明尼苏达矿业制造公司通常要投资约 7% 的年销售额用于产品研究和开发，企业为员工提供创新平台，并从机制、管理上给创新者提供时间和物质上的保障。

创新避免不了犯错误和失败。从对创业投资的统计来看，其成功概率仅为 20%，这就要求企业允许创新者有失败。国际数据集团总裁麦戈文说："在美国，它鼓励你去尝试做一些事情，即使你失败了，也会因为试过而获得荣誉。"美国通用公司曾经有 2 000 万美元投资计划因不可预测的市场原因而失败，执行此次计划的人却得到了奖励，其经理的职务不降反升，人们大惑不解，通用公司的 CEO 韦尔奇道出了原因，那就是只要你的理由和方法是正确的，即使结果失败，也值得奖励。

不断创新使美国抢占了许多科学技术的制高点。美国一直比较重视科学技术的发展，他们每年投入大量的人力和物力来开发新的技术并应用于企业的生产中，使其转化为生产力，并依靠其技术优势制定行业技术标准，从而获取高额利润。20 世纪 50 年代以来，美国在计算机领域的投入比较大，其投资额是美国在原子弹研究上投入的 10 倍，美国的大量投入和不断创新使其在计算机领域处于世界的前沿，造就了一批计算机领域的巨型公司，如 IBM、戴尔、微软等。微软公司非常注重对科研的投入，仅在 2000 年，微软公司投入的科研经费就高达 50 亿美元。

4. 利益共享

美国许多企业实行股份制，通过职工持股，使其除工资收入外还能分到红利。此外，还增加了职工参与经营管理的权利，提高了他们的身份、地位和安全感。

美国最大的连锁店沃尔玛公司、旅店帝国、希尔顿公司，均将一部分股份作为工资或福利分给职工。惠普公司还通过增加职工的福利（如为子女提供助学金），让职工共享公司成果。而其他耳熟能详的美国 IT 公司，也早已用期权将企业和员工的未来紧密结合起来，一步步打造完全新型的跨国性的行业巨无霸企业。

二、欧洲企业文化

文化与民族密不可分，文化一定是民族的文化。企业文化是一个国家的微观组织文化，它是这个国家民族文化的组成部分，所以一个国家企业文化的特点实际就代表了这个国家民族文化的特点。下文仅对欧洲部分国家和地区的企业文化和特点做一些简要介绍。

欧洲文化深受基督教的影响。基督教认为上帝是仁慈的，上帝要求人与人之间应该互爱。受这一观念的影响，欧洲文化崇尚个人主义，强调个人高层次的需求。欧洲人还注重理性和科学，强调逻辑推理和理性的分析。

虽然欧洲企业文化的精神基础是相同的，但由于各个国家民族的文化不同，所以欧洲各个国家的企业文化也存在着差别。英国人由于世袭观念强，一直把贵族视为社会的上层，企业经营者处于较低的社会等级。因此，英国企业家比较讲究社会地位和等级差异，他们不是用优异的管理业绩来证明自己的社会价值，而是千方百计地使自己进入上层社会，因此在企业经营中墨守成规,冒险精神差。

法国最突出的特点是民族主义、傲慢、势利和优越感,因此法国人的企业管理表现出封闭守旧的观念。

意大利崇尚自由,以自我为中心,所以在企业管理上显得组织纪律性差,企业组织的结构化程度低。但由于绝大多数的意大利企业属于中小企业,组织松散对企业影响并不突出。

德国官僚意识比较浓,组织纪律性强,而且勤奋刻苦。因此,在德国企业中,决策机构庞大,决策集体化,往往要花较多的时间论证,但决策质量高;企业执行层划分严格,各部门只有一个主管,不设副职;职工参与企业管理广泛而正规,许多法律都保障了职工参与企业管理的权利,职工参与企业管理主要是通过参加企业监事会和董事会来实现。德国《职工参与管理法》规定, 2 万人以上的企业,监事会成员 20 名,劳资代表各占一半,劳方的 10 名代表中,企业内推举 7 人,企业外推举 3 人;1 万 ~2 万人的企业,监事会成员 16 人,劳方代表 8 人,其中企业内推举 6 人,企业外推举 2 人; 1 万人以下的企业,监事会成员 12 名,劳资代表各占一半。

三、日本企业文化

日本是世界经济强国之一,人均 GDP 达 3 万多美元,经济繁荣,科技发达,环境良好,社会稳定,企业竞争力强……但日本给我们留下最深刻印象的不是这些,而是此表象背后的文化因素。

日本是一个国土狭窄、资源匮乏、人口众多的岛国,它从第二次世界大战的战败国到重新崛起为一个经济强国只经历了短短二三十年,其中的秘密是什么?这一直是专家学者关注和研究的重点。而企业作为国家经济的细胞,是构筑经济强国的重要基石。因此,研究日本经济发展奇迹就不能不涉及日本企业及日本企业的治理和文化问题。20 世纪 80 年代初,就有研究发现,日本独特的企业文化是日本经济腾飞的首要原因。

企业文化包括三层内涵:最外层是产品、技术、物质,第二层是企业的管理模式、制度及人员的行为,居于核心位置的是各种经营理念、价值观、哲学思想等意识形态因素。企业的产品、技术、形象只不过是企业的意识形态经过管理制度和员工行为的外化表现。在企业文化中,起决定作用的是居于核心位置的经营理念等意识形态因素。

日本企业的管理方式和文化,融合了东方传统文化和西方现代管理理念的优点,既注重以人为本、劳资和谐,又强调严格管理、规范制度,形成了具有日本特色的企业管理和企业文化模式。所谓"多元合金"文化是对现代企业管理理论和实践的创新、贡献。

1. 注重精神,"忠""和"治企

与西方的企业文化相比,日本企业文化带有注重精神灌输、教化的宗教式色彩,这是日本企业文化最大的特点。

受中国儒教文化的巨大影响,日本现代企业中形成了以"忠""和"为代表的日本企业文化。日本企业家认为,人生有物质需求和精神需求两大需求,为使人生活幸福,就要同时满足这两种需求,其中精神需求要依靠信仰,它是一种追求和理想。人的 1/3 时间在企业工

作，企业理所当然要担负起这两大责任。

作为企业文化神经中枢的经营哲学是企业精神和宗教思想相融合的产物。经营理念、经营思想、经营哲学实质上都是企业家在长期的经营实践中总结出来的道德准则、行为规范和价值标准。它是企业家管理的指导原则，可以把企业的员工凝聚起来，形成共同的志向和精神动力。日本的企业家把宗教思想融入到自己的经营哲学中，"产业报国、以社会责任为己任、和睦相处、上下一致"等思想和神道的"忠"以及儒教的"和"有着莫大的相似性。大多数日本企业绝对不会将"赚取利润"放在首位。相反，它们更多的是强调企业的责任——强调企业对社会、国家乃至全人类所负的责任。如松下电器公司就把"产业报国"放在第一位；丰田公司社训的第 1 条是"上下同心协力，以至诚从事业务的开拓，以产业的成果报效国家"；日本 TDK 公司精神为"创造：为世界文化产业做贡献"。日本企业家们在谈论企业目标、经营哲学时，与其说是产业者在发表经营心得，不如说是一位宗教得道者在传教布道，他们的谈话充满了哲学思想，"企业生存目的，企业如何生存"这些现代管理问题经过他们的注解都提升成整个社会、整个人类生存和发展的哲学问题。有的企业直接将宗教思想导入企业的经营哲学中。如丰田汽车公司就明确提出："尊崇神佛，心存感激，为报恩感谢而生活。"正是这种"感激""报恩"的思想，使企业员工的奉献精神发挥得淋漓尽致，生产已不单单是满足个人物质生活的需要，更重要的是它能给员工带来精神上的满足。

松下电器公司创始人松下幸之助被誉为"经营之神"，他特别注重精神层面的教化和灌输，把"忠""和"精神与企业治理巧妙结合起来，灌输给员工，使他们感到工作并不只是为了个人和小团体，而是为追求人类生活的共同幸福。他也强调人与人之间必须以"仁爱"的态度相处，企业发展以人为主，贯彻这种"和"的精神，利用这种企业文化理念凝聚员工的思想。在公司每天上下班前的 20 分钟里，所有员工都必须集中一起高唱社歌，背诵社训或检查自己的过失。他们深信只有这样，所有员工的精神认知才能达到一致，每个员工就同一个问题才能做出完全相同的回答。无论你问松下公司的任何一个员工，他们公司生产什么？他们都会一致回答说："我们公司是培训人才兼生产电器的公司。"可见他们对人才的重视和对公司经营哲学的执着追求。有人说，日本企业就像一个个宗教团体，都具有自己的宗教思想，企业最高领导者就是教主，他为实施自己的教义，不断向他的教徒传播他的经营哲学，企业员工则是一群狂热的宗教信徒，为维护他们的信仰，可以舍生取义，因此日本企业能够取得令人难以想象的成绩。由此可见，日本企业这种"忠""和"意识的灌输培育是日本企业治理文化的重要形式和基础。它给员工精神上带来的凝聚力、向心力是其他任何形式所难以达到的，这种精神上的作用反过来也促进了物质上的发展。

2. 以人为本，劳资和谐

日本的企业大多是由家族式企业发展而来的，因此家族式管理和"人本主义"的氛围浓厚。员工进了企业就像到了一个大家庭一样，自己整个人生关系与企业相互依存。以上得以实现离不开日本具有特色的企业人事制度，体现在以下三个方面。

1)终身雇佣制

日本企业大多采用终身雇佣制，他们从大学刚毕业或踏上社会的青年人中间挑选，然后通过各种考验，选择合适的人才，被录用的人将在这个企业里工作到退休。如果他们喜欢，甚至可以一直工作到去世。有些大企业还设有专门埋葬本企业员工的墓地，把死去的员工埋葬在灵塔下，每逢节日，企业的领导和员工一起到墓地举行大规模的宗教仪式，以表示对死去员工的缅怀之情，同时也对新员工进行一种“终生依附”的教育，使他们一生忠于企业。

日本企业家认为与其以“炒鱿鱼”来威胁员工，不如把员工当成企业的主人，使其形成与企业共存共荣的依存意识，更能激发员工的责任感、积极性与创造力；使企业不仅是从事生产活动的场所，更成为每个员工社会生活的中心，是每个成员“人格形成”和“精神修养”的学堂，马斯洛提出的“人的五个层次的需要”，在企业中都可以得到满足。因此，这种企业文化已将日本企业变成了劳资双方的利益共同体和社会生活的共同体，人与人之间不存在防不胜防的不公平竞争和暗箱操作，成功地使企业变成大家庭，使员工对家和国的忠诚变成对企业的忠诚。这种终身雇佣制将企业与雇佣者的利益统一起来，很好地缓解了西方企业普遍存在的“劳资矛盾”这一难题。

2)年功序列制

在日本企业可以很普遍地看到一个现象，即企业管理人员的层级越高，年纪越大。这就是对员工实行长时期考核和逐步提升，使职务和工资随个人在企业的工龄增加而增加的“年功序列制”。一般而言，管理层人事选拔都是阶梯式的。在经历了下一级的各个岗位实践考核后，可机会均等地获得逐步晋升，这使每个员工都能设计和看到自己的职业奋斗目标，获得充分的满足感、归宿感。同时，日本企业极为重视对员工的终身培训，使其不断提升工作能力与素质。这就是日本企业常用的岗位轮换和培训制。

当代管理学大师德鲁克说过一段发人深省的话：“在日本的企业机构中，自总经理以下还没有退休离职前，每一个人都经常在受训，每星期都有训练课程，受训成了日常事务的一部分。”由此可见，日本企业在使用人、教育人、培养人、造就人方面的造诣是很深的。由于实行非专业化的经历道路、培养适应各种工作环境的多职能人才，使每个人都能在合适的岗位上各尽其才，这也使得企业里没有离不开的尖子人才。所以，在日本企业中“员工跳槽”“人才流失”的现象是很少发生的。反而，一个员工若频繁跳槽会被视为“不忠诚的人”，而被企业拒之门外。

3)日本的企业工会

日本的企业工会是支撑日本企业的第三根支柱。这里的企业工会是指企业内部的工会，不同于跨企业的行业工会，它的成员仅限于科长以下职工，一旦晋升为科长，就不再是工会成员。

日本的企业工会不同于西方工会。西方工会和企业管理阶层处于对立位置，而日本企业工会却和企业管理者的目标是一致的，基层工会与企业管理者是命运共同体。因此，工会虽不参与企业的经营，但工会也要对企业的经营状况、财务状况起到监督的职能，以防止经营者滥用职权，损害职工的利益。当企业遇到困难时，企业工会也会采取办法，鼓励员工为企业尽力。

终身雇佣制、年功序列制与日本的企业工会这三大支柱是一个有机统一体，相互渗透，相互作用，为增强日本企业活力和提高竞争力发挥了巨大作用。

3. 追求卓越，不断创新

日本民族有一种天生的忧患感，他们常讲："日本国土狭小，资源缺乏，唯有靠人的头脑和双手去谋生。因此，只有比别人做得更好、更新的产品才能卖得出去。"在日本企业交流、考察，给人印象最深的是他们对产品质量一丝不苟的态度。"明治制果"是生产糖果食品的公司，在工厂的膨化食品流水线，我们看到，这是一个本不复杂的生产流程，但为了确保产品质量（杂质、口感、色泽、外观等）万无一失，工厂不惜重金购置多重检测设备，层层检控，每个工序都有工人层层检查把关，标准之严格使人感到他们不是在生产一种简单的零食而是在生产一种高精密仪器或药品。车间里挂着一个巨大的产品质量统计牌，每分钟都在跳动，一个生产线一天生产十几万包产品，居然能做到一年多无一次品，不能不使人惊叹！该厂经理讲："在日本，产品质量关系到企业的声誉和生存。建一座大厦要许多年，但只要一根梁没放好，就能使大厦毁于一旦。所以，质量是企业的生命。"

在精工公司（NSK）研究所的门厅里摆着两台模型，向参观者展示了令人惊叹折服的精工工艺制造品质。一台是钢珠弹琴，让一排轴承中的钢珠从高处掉落在第一级钢琴钢板上，它能发出清脆的撞击声，然后准确地弹起相同的方向、高度，再自由地跌到下一级钢板上，发出另一种声调……如此类推，一共有 8 层钢板，就奏出了 8 种音符。当一排这样的钢珠以不同速度落在代表不同音符的钢板上，就组成一支"大珠小珠落玉盘"似的弹拨乐曲。另一台是钢珠绘图，在两块光滑如镜的钢板上摆两颗轴承钢珠，然后同时轻轻晃动两块钢板，两颗钢珠竟能滚动出完全一样的轨迹，简直就像魔术一样，使人惊叹不已。这两个模型表明，该钢珠产品在加工精度和质量上的完美无瑕。因为只要钢珠或钢板的加工精度、硬度、圆心、重心等质量因素有万分之一的差别都不能实现这种表演。由此，我深深感到日本企业成功的最重要秘诀，不是它的企业战略、管理、先进装备和技术，而是对产品精益求精、追求完美的企业文化，这使得"日本制造"成为消费者的信任品牌，成为最可贵的企业核心竞争力。

在日本发明协会的资料里有一则有趣的故事：早期的中国瓷器虽然精美，但在欧洲却销路不畅，日本人经研究发现，原来中国的传统茶杯四周一样高，而欧洲人鼻子太大，用起来不方便。于是日本人把茶杯设计成斜口的，再从中国订货，然后把这种茶杯转到欧洲后马上开始畅销。

日本人的这类发明不胜枚举：可以弯曲的吸管、不断把笔芯推出的自动铅笔、不会滑到碗里的汤勺、方便面、卡拉 OK、随身听、笔记本电脑等

很多无名的发明家都来自日本的民间企业。虽然发明的原创未必在日本，但是日本人最后会将其不断改进完善，进而开拓市场。世人普遍认为日本是一个天性保守的民族，

他们在产品革新上的表现是稳扎稳打、小改小革,但坚持不断创新,从不满足。日本企业经常设奖征集顾客和一线员工的批评、建议,对一些一般人常认为是吹毛求疵或异想天开的意见也给予认真研究,作为启发思路、改进产品的法宝。丰田汽车公司从不搞标新立异、一鸣惊人的产品投入市场,但他们每年都会在原有基础上做少量改进,推出新的年度车型,永远追求领先和卓越。在汽车生产大国——美国,一条总装生产线只能产一种车型,而在丰田公司的汽车总装流水线可以同时生产装配六种车型,这不是机器设备方面的差异,而是丰田工人和设计人员通力合作、密切配合,将他们创造的“Just in time”“精确生产”这种管理技术发挥到了极致的结果。这种不断创新、追求卓越的精神使日本成为世界汽车生产大国。

课后案例

在美国的一次艺术品拍卖现场,拍卖师拿出一把小提琴当众宣布:“这把小提琴的拍卖起价是 1 美元。”还没等正式起拍,一位老人就走上台来,只见他二话不说,抄起小提琴就自顾自演奏起来。小提琴那优美的音色和他高超的演奏技巧令全场的人听得入了迷。

演奏完,这位老人把小提琴放回琴盒中,还是一言不发地走下台。这时拍卖师马上宣布这把小提琴的起拍价改为 1 000 美元。等正式拍卖开始后,这把小提琴的价格不断上扬,从 2 000 美元、3 000 美元,到 8 000 美元、9 000 美元,最后这把小提琴竟以 10 000 美元的价格拍卖出去。

同样的一把小提琴何以会有如此的价格差异?很明显,是协作的力量使这把小提琴实现了它的价值潜能。

一个人,一个公司,一个团队莫不是如此。如果只强调个人的力量,你表现得再完美,也很难创造很高的价值,所以说“没有完美的个人,只有完美的团队”。这一观点被越来越多的人所认可。

在雅典奥运会上,中国女排在冠军争夺赛中那场惊心动魄的胜利恰恰证明了这一点。2004 年 8 月 11 日,意大利排协技术专家卡尔罗里西先生在观看中国女排训练后认为,中国队在奥运会上的成败在很大程度上取决于赵蕊蕊。可在奥运会开始后中国女排第一次比赛中,中国女排第一主力、身高 1.97 米的赵蕊蕊因腿伤复发,无法上场了。媒体惊呼:中国女排的网上“长城”坍塌。中国女排只好一场场去拼,在小组赛中,中国队还输给了古巴队,似乎国人对女排夺冠已不抱太大希望。

然而,在最终与俄罗斯争夺冠军的决赛中,身高仅 1.82 米的张越红一记重扣穿越了 2.02 米的加莫娃的头顶,砸在地板上,宣告这场历时 2 小时 19 分钟、出现过 50 次平局的巅峰对决的结束。经过了漫长的艰辛的 20 年,中国女排再次摘得奥运会金牌。

那么,中国女排凭什么战胜了那些世界强队?凭什么反败为胜战胜俄罗斯队?陈忠和赛后说:“我们没有绝对的实力去战胜对手,只能靠团队精神,靠拼搏精神去赢得胜利。用 2

个字来概括队员们能够反败为胜的原因，那就是‘忘我’。”

相传，佛教创始人释迦牟尼曾问他的弟子：“一滴水怎样才能不干涸？”弟子们面面相觑，无法回答。释迦牟尼说：“把它放到大海里去。”

个人再完美，也就是一滴水；一个团队、一个优秀的团队就是大海。

一个有高度竞争力的组织，包括企业，不但要求有完美的个人，更要有完美的团队。

第七章 企业生产管理

课前案例

草籽娃娃迅速成为这个夏天风行一时的新产品，尽管才到7月中旬，可是自从4月中旬开始生产草籽娃娃以来，企业已经两次搬迁和扩建草籽娃娃生产分厂和仓库。即使这样，加拿大安大略省的多伦多工厂的设备生产能力仍然达到了其物理极限。一切都是不确定的。然而，草籽娃娃的合伙人拉比，一个商学院的毕业生，却不愿意给其生产主管本·瓦拉蒂实质性的建议，只是说“保持弹性，我们也许会拿到十万件的订单，当然如果这些订单没有到来，我们要求既要保持现有的人员，又不能承担巨大的库存”。基于这种不确定的背景，本正在寻找提高产能的办法，而这些办法的实施又不能以牺牲弹性和提高成本为代价。

草籽娃娃是一种眼下风行一时的产品。当主人把草籽娃娃买来时，他们发现这是一个光秃秃的惹人喜爱的人头状的小东西，将这个小东西浸泡在水里几天后，主人会发现，它会长出一头漂亮的绿色头发。草籽娃娃的主人可以根据自己的喜好和创意变化草籽娃娃的发型。该产品获得了客户的普遍好评。

草籽娃娃是通过一个混合批量流水线生产加工出来的。现有6个填充机操作人员和6台填充机，把锯末和草籽装进尼龙袋子，制成基本的球状形体，操作人员把加工好的球形体放入装载盒里，每盒可装25只。在另一个批量生产工作地，一个操作人员用电线在一个简单的模具上制成草籽娃娃的眼镜架。接下来是一个由人工组成的简单的流水线。3个塑形工对球体进行塑形加工，将球形塑造成有鼻子和耳朵的人头的形状；在塑形工的旁边有2个工人，把做好的眼镜架安装到人头上并将两个塑料眼睛粘贴到眼镜框上；之后有一名工人负责对草籽娃娃进行着色，然后放在架子上进行晾干，经过5个小时后，2个包装工将草籽娃娃装入包装盒包装。

为了研究整个生产能力，本对生产的时间进行测定。数据是：填充1.5分钟1只，塑形0.8分钟1只，构架眼镜架0.2分钟1只，眼镜安装0.4分钟1只，着色0.25分钟1只，包装0.33分钟1只。除去不可避免的休息时间，本每班次以有效工作时间7小时计算。

如果你是一名生产总监，你认为应该如何安排?

通过上述案例，我们可以看出，及早地制订详细、合理的计划并做出工作部署是工作得以顺利进行的重要保证。因此，企业若没有计划，好比一个交响乐队没有乐曲，是无法进行任何生产经营活动的。

（资料来源：刘晓峰. 现代企业管理[M]. 北京：机械工业出版社，2011.）

第一节　企业生产管理概述

一、企业生产管理的概念

企业生产管理就是对企业生产活动的计划、组织、控制。它有广义和狭义之分。广义的企业生产管理是指对企业生产活动的全过程进行综合性的、系统性的管理，也就是以企业生产系统作为对象的管理。所以，其内容十分广泛，包括生产过程的组织、劳动组织与劳动定额管理、生产技术准备工作、生产计划和生产作业计划的编制、生产控制、物资管理、设备和工具管理、能源管理、质量管理、安全生产、环境保护等。狭义的企业生产管理则是指以企业产品的生产过程为对象的管理，即对企业的生产技术准备、原材料投入、工艺加工直至产品完工的具体活动过程的管理。产品的生产过程是生产系统的一部分，因此狭义的企业生产管理是广义的企业生产管理的一部分，主要包括企业生产过程组织、生产技术准备、生产计划与生产作业计划编制、生产作业控制等。

二、企业生产管理在企业管理中的作用

在市场经济中，企业生产管理处于执行地位，但它的作用并未削弱，而是对其有了更高的要求，加强企业生产管理变得更为重要了。

（一）企业生产管理是企业管理的基础和保证

工业生产活动是工业企业的基本活动，而工业企业经营的主要内容是商品生产。因此，生产什么样的产品、生产多少来满足用户和市场的需要，就成为工业企业经营的一项重要目标。生产管理就是将处于理想状态的经营目标，通过产品的制造过程而转化为商品。所以，生产管理是企业经营管理的物质基础，是实现经营目标的重要保证。

（二）提高生产管理水平有利于增强企业产品竞争力

市场需求多变，不仅要产品新、品种多、质量高，还要价格便宜、交货迅速及时。要做到这些就必须加强企业生产管理，建立稳定的生产秩序，强化生产管理系统的应变能力，只有这样，才能实现企业的经营目标。

（三）加强企业生产管理有利于企业管理层做好经营决策

在市场竞争日趋激烈的情况下，企业管理层应主要抓好经营决策工作。但要有一个前提条件，就是只有企业生产管理比较健全、有力，生产、工作秩序正常，企业领导才能没有后顾之忧，才能从日常大量的烦琐事务中摆脱出来，集中精力抓好经营决策。所以，强化生产管理十分必要。

三、企业生产管理的内容

企业生产管理的内容可归纳为以下 5 个方面。

（一）企业生产战略

企业生产战略是企业总体战略下的职能战略。根据企业的目标和总体战略，对企业生

产管理系统进行全局性和长远性的规划，确定生产管理所应遵循的计划和程序，形成企业的生产管理模式。

（二）生产计划工作

生产计划工作是指对产品生产编制计划和对计划任务分配工作。生产计划主要包括产品的生产计划和生产作业计划等。产品的生产计划主要规定企业在一定时期（一般为一年）内各个生产阶段所需生产的产品品种、产量、质量、产值等计划以及为保证实现生产计划的技术组织措施计划。生产作业计划是产品的生产计划的具体执行计划，它是根据企业的生产计划与市场形势的变化，按较短的时间（月、旬、周、日等）为企业的各个生产环节（车间、工段、班组、工作地）规定具体的生产任务和实现的方法，并保证生产过程各阶段、各环节、各工序之间在时间和数量上的协调和衔接。

（三）生产准备和组织工作

生产准备和组织工作是企业生产活动正常开展所必备的基本条件，是落实生产计划的重要保证。生产准备主要包括以下3个方面的内容。

（1）工艺、技术及设备方面的准备，主要包括编制工艺文件、选优工艺方案、评价设备选择的经济性以及设计和补充工艺装备等。

（2）人力的准备，主要包括对工种、人员进行选择、配备和调整，充分挖掘及发挥人力资源的潜力。

（3）物料、能源的准备，主要包括原材料、辅料、燃料、动力、外购外协件的准备。

生产组织包括生产过程的组织与劳动过程的组织。生产过程的组织主要是解决产品生产过程各阶段、各环节、各工序在时间和空间上的配合衔接；劳动过程的组织主要是解决劳动者之间、劳动者与劳动工具及劳动对象之间的协调。

（四）生产控制工作

生产控制是指围绕生产计划任务所进行的各种检查、监督、调整等工作，具体包括投产前的控制、生产过程的控制（包括生产调度工作、产品管理等）、产品质量的控制、库存和资金占用的控制、物料消耗及生产费用的控制等。实行生产控制，重要的是要建立和健全各种控制标准，加强信息收集和信息反馈，实现预防性控制。

（五）先进生产与管理模式的研究与采用

采用先进的信息技术手段，实现企业生产经营系统的集成，增强企业的应变能力和服务水平，是现代企业生产管理的重点。如计算机集成制造（CIMS）、准时制生产（JIT）、精益生产、柔性制造系统等先进生产模式的创新与采用。

四、企业生产管理的任务

在市场经济条件下，企业生产管理的任务主要有：①按照规定的产品品种质量完成生产任务；②按照规定的产品计划成本完成生产任务；③按照规定的产品交货期限完成生产任务。产品的质量（Quality）、成本（Cost）和交货期（Delivery），简称为QCD，是衡量企业生产管理成败的三要素。保证QCD三方面的要求，是生产管理最主要的任务。这3个要素是相互联系、相互制约的。提高产品质量,可能引起成本增加;增加数量,可能降低成本;为了保证交货期而过分赶工,可能引起成本的增加和质量的降低。为了取得良好的经济效益,需要在生产管理中对QCD进行合理的组织、协调和控制。

企业生产管理的任务是为实现企业经营目标服务的。生产管理的每一项任务都是通过计划、准备、生产、销售4个阶段实现的。每项任务在生产阶段的实际情况,将反馈到准备阶段。生产管理能否保证质量的要求,最终要在销售中接受用户的检验;生产管理能否保证按期交货,将通过履约率得到反映;生产管理能否按最经济的成本生产,将根据销售后的盈亏得到结论。

第二节　企业生产过程组织

一、企业生产过程的概念

企业生产过程是工业企业最基本的活动过程。任何产品的生产,都必须经过一定的生产过程。企业的生产过程包括劳动过程和自然过程。劳动过程是劳动者利用劳动手段(设备和工具),按照一定的方法、步骤,直接或间接地作用于劳动对象,使之成为产品的全过程。自然过程是借助自然力,改变加工对象的物理和化学性能的过程,如铸件的自然时效、化工产品的化合作用等。

企业的生产过程有广义及狭义之分。广义的生产过程是指从生产技术准备开始,直到把产品制造出来、检验合格入库为止的全部过程。狭义的生产过程是指从原材料投入生产开始直到产品检验合格入库为止的全部过程。

生产过程是企业投入产出转化的主体部分,是企业维持生存和发展的基础。生产过程是否合理,对企业生产经营的效率、效益都有巨大影响。因此,必须对企业生产过程进行合理组织。生产过程组织,就是要以最理想的方式组合生产要素,对生产的各个阶段、环节、工序进行合理的安排,使其形成一个协调的系统。这个系统的目标是使产品在生产过程中的行程最短、时间最省、耗费最小,并能按国家计划和市场需要生产出适销对路的产品。

二、企业生产过程的构成

对于工业企业,根据承担的任务不同,企业的生产过程可划分为生产技术准备过程、基本生产过程、辅助生产过程、生产服务过程和附属生产过程。

(一)生产技术准备过程

生产技术准备过程是指投产前所做的各项生产技术准备工作过程,如产品设计、工艺设计、工艺准备、材料与工时定额的制定、新产品试制等过程。

(二)基本生产过程

基本生产过程是指与企业的基本产品实体直接相关的生产过程。所生产的产品以市场销售为目的。

（三）辅助生产过程

辅助生产过程是指为保证基本生产过程的实现，不直接构成基本产品实体的生产过程。例如，企业不以销售为目的，仅为本企业的需要而进行的动力生产与供应、工具制造、设备修理等。

（四）生产服务过程

生产服务过程是指为基本生产和辅助生产的顺利进行而从事的服务性活动，如原材料、半成品、工具等的供应、运输、库存管理等。

（五）附属生产过程

附属生产过程是指利用企业生产主导产品的边角余料、其他资源等生产市场需要的不属于企业专业方向的产品的生产过程，如飞机厂利用边角余料生产铝制日用品的过程。

生产过程的各组成部分既相互区别又密切联系。其中，基本生产过程是主要的组成部分，生产技术准备过程是必要前提，辅助生产过程和生产服务过程是围绕基本生产过程进行并为基本生产过程服务的，附属生产过程与基本生产过程是相对的，根据市场需要，企业的附属生产产品也可能转化为企业的主导产品。

三、影响企业生产过程构成的因素

不同的企业有着不同的生产过程。生产过程的构成取决于下列因素。

（一）产品的特点

产品的特点是指产品品种、结构的复杂程度、精度等级、工艺要求以及原材料种类等。

（二）生产规模

在产品专业方向相同的条件下，生产规模越大，生产过程的构成越齐全，专业分工也越细。

（三）专业化协作水平

社会专业化协作水平越高，企业内部生产过程就越趋于简化，而经济效果也越高。

（四）生产技术和工艺水平

企业产品相同，但技术条件和工艺水平不同，生产过程的构成也有很大差别。随着科学技术的发展，生产过程的构成也将会发生深刻的变化。

四、合理组织企业生产过程的基本要求

合理组织企业生产过程的目的是使产品在生产过程中行程最短、时间最省、耗费最少、效益最好。为此，组织生产过程必须满足以下要求。

（一）生产过程的连续性

生产过程的连续性是指物料处于不停的运动之中且流程尽可能短，它包括时间上的连续性和空间上的连续性。时间上的连续性是指物料在生产过程的各个环节的运动，自始至终处于连续状态，没有或很少有不必要的停顿与等待现象。空间上的连续性是指生产过程各个环节在空间布置上合理紧凑，使物料的流程尽可能短，没有迂回往返的现象。

保持生产过程的连续性，可以缩短产品的生命周期，加速流动资金的周转，提高资金的利用率。

（二）生产过程的比例性（协调性）

生产过程的比例性是指根据产品的要求，生产过程的各组成部分和各生产要素之间，在生产能力上保持一定的比例关系。它是生产顺利进行的重要条件，如果比例性遭到破坏，则生产过程必将出现"瓶颈"。瓶颈会制约整个生产系统的产出，造成非瓶颈资源的能力浪费和物料阻塞，也会破坏生产过程的连续性。

（三）生产过程的平行性

生产过程的平行性是指物料在生产过程中实行平行交叉作业，加工装配式生产使生产过程的平行性成为可能。平行作业是指相同的零件同时在数台相同设备上加工。交叉作业是指一批零件在上道工序还未全部加工完时，就将已完成的部分零件转到下道工序加工。显然，平行交叉作业可以大大缩短产品的生产周期。

（四）生产过程的均衡性（节奏性）

生产过程的均衡性是指在产品加工过程中，从投料到最后完工，在相等的时间间隔内，产品产量大致相等或递增。各工作地经常保持均匀的负荷，不发生时松时紧、前松后紧的现象，保证均衡地完成生产任务。

（五）生产过程的适应性

生产过程的适应性是指企业能根据市场需求的变化，灵活进行多种小批量生产的适应能力。用户需要什么样的产品，企业就生产什么样的产品；需要多少，就生产多少；何时需要，就何时提供。

以上5项要求是相互联系、相互制约的。生产过程的比例性是实现连续性、平行性的重要条件，是保证均衡性的前提；均衡性、连续性、平行性又相互影响、相互作用；适应性是市场经济对生产过程提出的要求，不与市场需要挂钩，追求连续性、平行性与均衡性是毫无意义的。

五、企业生产过程组织的基本内容

企业生产过程的组织包括生产过程的空间组织和时间组织。

（一）企业生产过程的空间组织

企业生产过程的空间组织就是企业生产系统的布置，是指应用科学的方法和手段对组成企业的各个部分、各种物质要素（设施、设备等）进行合理的配置和空间布置，使之形成有机的系统，以最经济的方式和较高的效率为企业的生产经营服务。生产过程的空间组织有以下2种典型的形式。

1. 工艺专业化形式

工艺专业化又称为工艺原则，就是按照生产过程中各个工艺阶段的工艺特点来设置生产单位。在工艺专业化的生产单位内，集中着同类型的生产设备和同工种的工人，完成各种产品的同一工艺阶段的生产。即加工对象是多样的，但工艺方法是同类的，每一生产单位只完成产品生产过程的部分工艺阶段和部分工序的加工任务，产品的制造完成需要各单位的协同努力。如机械制造业中的铸造车间、机加工车间及车间中的车工段、铣工段等，都是工艺专业化生产单位。

工艺专业化组织形式的优点：①设备不是针对某一产品配置的，而是根据多种产品某一工艺阶段的特点配置的，故对品种变化有较强的适应能力；②同种设备集中在一起，故有利于组织设备维修，便于对工人进行技术指导和技术培训，从而提高设备的利用率；③车间仅有一类工程的工艺，故有利于提高工艺管理的水平。

工艺专业化组织形式的缺点：①产品加工过程中运输路线长，运输数量大，停放、等待的时间多，生产周期长；②增加了产品和资金占用量；③生产单位间的协作复杂，生产作业计划管理、产品管理、成套性进度管理等诸项管理工作量大且复杂。

工艺专业化形式适用于企业产品品种多、变化大，产品制造工艺不确定的单件小批生产类型的企业。它一般表现为按订货要求组织生产，特别适用于新产品的开发试制。

2. 对象专业化形式

对象专业化又称为对象原则，就是按照加工对象的不同来设置生产单位，即根据生产的产品来确定车间的专业分工，每个车间完成其所承担的加工对象的全部工艺过程，工艺过程是封闭的。在对象专业化生产单位（如汽车制造厂的发动机车间、底盘车间，机床厂的齿轮车间、底盘车间等）里，集中了不同类型的机器设备、不同工种的工人，对同类产品进行不同的工艺加工，独立完成一种或几种产品（零件、部件）的全部或部分的工艺过程。

对象专业化形式的优点：①生产比较集中，生产周期短，运输路线短，周转量小；②计划管理、库存管理相对简单；③产品占用量少，资金周转快，协作关系少，有利于强化质量责任和成本责任，便于采取流水生产等先进生产组织形式，提高生产效率。

对象专业化形式的缺点：①对市场需求变化适应性差，一旦因市场不再需要生产产品而进行设备更换，则调整代价大；②设备投资大，由于同类设备的分散使用，会出现个别设备负荷不足，生产能力不能充分利用；③不利于开展专业化技术管理。

对象专业化形式适用于企业的专业方向已定，产品品种和工艺稳定的大批量生产，如家电、汽车、石油化工品等。

工艺专业化和对象专业化两种形式各有优缺点，在实际生产中，企业具体采用哪一种组织形式组织生产，应从企业自身的条件出发，全面分析、比较各种组织形式的利弊和技术经济效果。既要考虑当前需要，又要考虑长远发展；既可以采用其中一种形式，又可以把两种专业化形式结合起来应用，如在对象专业化形式基础上，局部采用工艺专业化形式；在工艺专业化形式基础上，局部采用对象专业化形式。

（二）企业生产过程的时间组织

合理组织企业生产过程，不仅要求生产单位在空间上密切配合，而且要求劳动对象和机器设备在时间上紧密衔接，以实现有节奏的连续生产，达到提高劳动生产效率和设备利用率，减少资金占用，缩短生产周期的目的。生产过程在时间上的衔接程序，主要表现在劳动对象在生产过程中的移动方式。劳动对象的移动方式与一次投入生产的劳动对象数量有关。以加工零件为例,当一次生产的零件只有一件时,零件只能顺序地经过各道工序,而不可能同时在不同的工序上进行加工。而当一次投产的零件有 2 件或 2 件以上时,工序间就有不同的移动方式。一批零件在工序间存在着 3 种移动方式,即顺序移动、平行移动、平行顺序移动。

1. 顺序移动方式

顺序移动方式是指一批零件在前一道工序全部加工完毕后,整批转移到下一道工序进行加工的移动方式。其特点是一道工序在工作、其他工序都在等待。

顺序移动方式的优点是一批零部件连续加工,集中运输,有利于减少设备调整时间,便于组织和控制;缺点是零件等待加工和等待运输的时间长,生产周期长,流动资金周转慢。

2. 平行移动方式

平行移动方式是指一批零件中的每个零件在每道工序加工完毕以后,立即转移到后道工序加工的移动方式。其特点是一批零件同时在不同工序上平行进行加工,因而缩短了生产周期。

采用这种移动方式,不会出现制件等待运输的现象,所以整批制件加工时间最短,但由于前后工序时间不等,当后道工序时间小于前道工序时间时,后道工序在每个零件加工完毕后,都有部分间歇时间。

3. 平行顺序移动方式

平行顺序移动方式吸收了上述 2 种移动方式的优点,避开了其缺点,但组织和计划工作比较复杂。其特点是当一批制件在前道工序上尚未全部加工完毕,就将已加工的部分制件转到下道工序进行加工,并使下道工序能够连续地、全部地加工完该批制件。为了达到这一要求,要按下面规则运送零件:当前道工序时间少于后道工序时间时,前道工序完成后的零件立即转送下道工序;当前道工序时间多于后道工序时间时,则要等待前道工序完成的零件数足以保证后道工序连续加工时,才将完工的零件转送后道工序。这样就可以集中使用人力及设备的零散时间。

在选择移动方式时,应结合具体情况来考虑,灵活运用。一般批量小、质量轻、加工时间短的零件,宜采用顺序移动方式,反之宜采用另外 2 种移动方式;按对象专业化形式设置的生产单位,宜采用平行顺序移动方式或平行移动方式;按工艺专业化形式设置的生产单位,宜采用顺序移动方式;对生产中的缺件、急件,则可采用平行或平行顺序移动方式。

第三节　生产过程的高效组织形式

一、流水生产

流水生产又叫流水作业或流水线,是指劳动对象按照一定的工艺路线和统一的生产速度,连续不断地通过各工作地,顺序地进行加工并生产产品(零件)的一种生产组织形式。它是把对象专业化生产组织和劳动对象的平行移动方式有机结合起来的一种先进的生产组织方式。

现代流水生产方式起源于福特制,是专业化组织形式的进一步发展,是一种高效率的先进生产组织形式。福特创立了汽车工业的流水线,适应了大规模生产的要求。流水生产与非流水生产相比,具有多方面的优越性。它有利于提高劳动生产率和设备利用率;有利于缩短产品生命周期,减少在制品占用量,降低产品成本;有利于满足合同交货期的要求,极大地提高企业的经济效益。

(一)流水生产线的特征

(1)工作地专业化程度高,即专业性。在一条流水线上只固定生产一种或几种产品(或零件),每个工作地都固定地完成一道或少数几道工序。

(2)工艺过程是封闭的,即封闭性。劳动对象某一工艺阶段的全部或大部分工序都在流水线中完成。

(3)工作地按照工艺过程的顺序依次排列成链索形式,即顺序性。劳动对象在工序间单向移动。

(4)生产的节奏性强,即节奏性。流水线按固定的节拍进行生产。

(5)生产过程的连续程度高,即连续性。劳动对象流水般地在工序间连续移动。

(6)各工序工作地(设备)数量与各工件单件加工时间的比值相一致,即一致性。

从上述特征可以看出,流水生产方式是一个具有较高专业性、封闭性、顺序性、节奏性、连续性和一致性的先进生产组织形式。

美国福特公司的流水线作业

1913 年,美国"汽车大王"亨利·福特受生猪屠宰厂的"流水式"作业方式的启发,首创流水线生产方式。在产品标准化、零件规格化、工厂专业化、作业专业化、机器及工具专门化的基础上,利用高速传送装置,把生产过程组成流水作业线,大大提高了劳动生产率,把成本降到最低限度。在手工生产时代,装配一辆车要 728 个人工小时,福特流水线把它缩短到 12.5 个小时,最后达到每 10 秒钟生产一辆车。1914 年福特公司的 1.3 万名工人生产了 26.7 万辆汽车;而同期美国其他 299 家工厂的 66 万工人仅生产了 28.6 万辆汽车,福特公司的人均效率是其他公司的 47 倍。之前,一辆轿车的售价为 4 700 美元左右。1914 年,福特公司的 T 型车售价已经降到了 360 美元,小轿车成为平民也可以买得起的交通工具。流水线的使用使产品的生产工序被分割成一个个的环节,工人间的分工更为细致,产品的质量和产量大幅度特高,极大促进了生产工艺过程和产品的标准化。

案例思考:流水作业的主要特征是什么?流水作业的意义有哪些?

(二)流水生产线的分类

(1)按生产对象是否移动,可将流水线分为固定流水线和移动流水线。固定流水线是指生产对象固定不动,工人按预定的规定路线,沿着顺序排列的生产对象移动,主要用于不便运输的大型制品的生产。移动流水线是指生产对象移动,工人、设备和工辅具固定,生产对象依次经过各道工序的工作地进行加工和装配。

（2）按流水线上生产对象的品种数目，可将流水线分为单一对象流水线和多对象流水线。单一对象流水线是指流水线只固定生产一种产品（零件），也叫不变流水线。多对象流水线是指流水线上固定生产几种结构和工艺上相似的产品（零件）。

（3）按生产对象的变换方式，可将流水线分为不变流水线、可变流水线和成组流水线。不变流水线亦称单一对象流水线。可变流水线是轮番集中生产固定在流水线上的几种产品，当变换生产对象时，要相应地调整设备和工艺装备。成组流水线是对固定在流水线上的几种产品，同时或顺序地进行生产，在变换生产对象时，不需要重新调整设备和工艺装备。

（4）按生产过程的连续程度，可将流水线分为连续流水线和间断流水线。连续流水线是指产品（零件）在流水线上的加工是连续不断进行的，没有停歇等待现象。间断流水线是指由于各道工序的劳动量不等或不成比例，各工序的生产能力不平衡，使产品在生产过程中出现停歇或等待现象。

（5）按流水线的节奏性，可将流水线分为强制节拍流水线、自由节拍流水线和粗略节拍流水线。强制节拍流水线要求准确地按节拍来进行生产，它一般要靠按严格规定速度移动的传送带来控制。自由节拍流水线不要求严格按节拍生产产品，节拍主要靠工人熟练操作来保证。粗略节拍流水线只要求流水线每经过一个合理的间隔，生产等量的产品，而各道工序并不完全按节拍生产。

（6）按流水线的机械化程度，可将流水线分为手工流水线、机械化流水线和自动化流水线。手工流水线多用于机器、仪表或其他器械的装配。机械化流水线应用最为广泛。自动化流水线是流水线的高级形式，一般投资很大，在应用上受一定的限制。

（三）流水生产线的条件

实现流水线生产需要一定的条件，其中主要条件如下。

（1）产品的产量要足够大，以保证流水线上各个工作地处于正常负荷状态。

（2）产品结构和工艺要求相对稳定，以保证专用设备和工艺装备能发挥出潜在效益。

（3）工艺过程应能划分为简单的工序，便于根据工序同期化的要求进行工序的合并和分解，且各工序的工时不能相差太大。

（4）厂房建筑和生产面积容许安装流水线的设备和运输装置。

（5）原材料、协作件必须是标准的、规格化的，并能按质按时供应。

二、成组技术

成组技术也叫群组技术，20 世纪 50 年代初起源于苏联。为了提高多品种、小批量生产的效率，把企业所有的零部件按结构和工艺相似性原则进行分类编组，并通过分组把许多各不相同但又具有部分相似的零部件集中起来统一加工处理，以达到减少重复劳动、增加生产批量、节省人力、降低成本、提高工作效率等目的。成组技术的广泛应用和不断完善，不仅对采用成组工艺和成组工艺装备，提高零件批量生产具有重大意义，而且对改进产品设计，使产品系列化、零部件标准化和通用化有着积极的推动作用。当今，成组技术与数控技术相结合，已成为制造技术向柔性自动化、全能制造系统等先进生产技术发展的手段。

(一)成组技术的概念

成组技术是组织多品种、小批量生产的一种科学管理方法,是指按照零件结构和工艺相似的原理分组组织生产的一种生产组织技术。

(二)成组技术的内容

从被加工零件的工艺工序的相似性出发,考虑零件的结构、形状、尺寸、精度、光洁度和毛坯种类等不同特点,成组技术的内容如下:

(1)按照一定的分类系统进行零件的编码和划分零件组;

(2)根据零件组的划分情况,建立成组生产单元或成组流水线;

(3)按照零件的分类编码进行产品设计和零件选用。

(三)成组技术的优点

为了提高多品种、中小批生产的技术经济效果,推行成组技术是一种有效措施,其优点有:

(1)简化了生产技术准备工作,有利于促进产品和零部件的系列化、标准化和通用化,减少产品设计工作量和工艺准备时间与费用;

(2)增加了生产同类型零件的批量,有利于采用先进的加工方法,从而提高生产效率;

(3)缩短了生命周期,有利于减少设备与工装的调整时间与费用;

(4)降低了产品成本,有利于提高产品质量;

(5)简化了生产组织与管理工作。

耐克的生产战略

耐克是当今最著名的运动鞋与运动服生产厂家之一。其创业者菲尔·奈特成为美国《福布斯》杂志评选的“美国最富有400人”之一。

1972年,奈特和鲍曼终于发明了一种鞋,并决定自己制造。他们把制作任务承包给劳动力价格低廉的亚洲各工厂,给这种鞋起名叫“耐克”,这是根据希腊胜利之神的名字而取的。他们还设计了一种意为“嗖的一声”(Swoosh)的独特标记,在每件耐克公司制品上都有这种醒目、独特的标记。1972年,在俄勒冈州尤金市的奥运会预选赛期间,耐克鞋在比赛中首次亮相。被说服使用这种新鞋的马拉松运动员获得第4名到第7名,而穿阿迪达斯鞋的运动员则在预选赛中获前3名。

在运动鞋行业,耐克面临着激烈的竞争。奈特和鲍曼意识到:如果不能开发出比现有产品更好的新产品,就根本没希望提高市场占有率。

1975年,一个星期天的早晨,鲍曼在烘烤华夫饼干的铁模中摆弄出一种尿烷橡胶,用它制成一种新型鞋底,在这种华夫饼干式的鞋底上装上小橡胶圆钉,使得这种鞋底的弹性比市场上流行的其他鞋的弹性都强。这种看上去很简单的产品改进,成为奈特和鲍曼事业的起点。

鲍曼发明的华夫饼干式新型鞋底大受运动员的欢迎。随着市场行情的好转,这种鞋在1976年的销售额达1 400万美元,而1975年为830万美元,1972年仅为200万美元。

耐克公司由于精心研究与开发新式样鞋而在制鞋业中居于领先地位。到 20 世纪 70 年代末，耐克公司的研究与开发部门雇用研究人员近 100 名。公司生产出 140 多种不同式样的产品，并根据不同脚型、体重、跑速、训练计划、性别和不同技术水平而设计，有些产品是市场上款式最新颖、工艺最先进的。

95% 的耐克鞋在海外 20 个不同国家和地区生产，另有 15% 在新罕布什尔州及缅因州的耐克鞋厂生产。到 20 世纪 70 年代末和 80 年代初，耐克鞋的需求量剧增，在 8 000 多家百货商店、运动商品店、运动鞋店中，60% 有耐克鞋的大量订货。耐克鞋常常要等到 6 个月后才能发货，出现了供不应求的局面。这给耐克公司制订生产计划、降低存货成本提供了机遇。

耐克的销售业绩迅速增长，1978 年耐克在美国已成为行业的领导者，其市场占有率达 33%，2 年后又提高到 50%。1981 年，《福布斯》杂志的记者访问达拉斯的一家社区中学，在向 150 名中学生询问最喜欢的运动鞋是什么牌子时，他们都异口同声地说，耐克是他们最喜欢的牌子。

耐克一直走在技术开发的最前列。1979 年年初，公司又推出了具有革命意义的顺风牌运动鞋，并称之为运动鞋的新一代。顺风牌是洛克威尔国际公司的一位前宇航工程师开发的，鞋底垫上了聚氨酯包胶的气室，用于增强弹性。公司还以“空气旅行”为主题大做广告。

在长达 3 年的研究与开发活动中，公司动员了众多的人试用新产品，从警察到脚病医生无所不包。这种运动鞋的最高售价达 50 美元，成为该行业的最高价。尽管如此，产品仍然供不应求，以至耐克公司不得不向各经销商定额分配。

当运动鞋行业日趋成熟，不再有前些年的高速发展时，耐克开始转向经营童鞋、服装和运动包等，这些产品有着巨大的发展潜力；阿迪达斯来自服装和运动包等鞋以外产品的销售额就占到其总销售额的 40%。对耐克来说，直到 1980 年，来自鞋以外产品的收入只占其收入总额的极小部分。耐克也在产品多样化方面做了很大努力。到 1980 年年底，篮球鞋销售额占到销售额的 24%，网球鞋、羽毛球鞋的销售额占 18%。耐克公司决定向登山鞋和水手鞋扩展，进而打入海外市场，在各方面都领先一步。

当运动鞋市场日趋成熟时，耐克在多样化经营方面又取得了重大进展。童鞋、运动服装、休闲鞋、田径运动鞋等产品都投入了生产。耐克努力进取，不断扩展底盘，其产品 1981 年开始进入欧洲市场，到 1982 年 1 月又进入了日本市场。运动鞋行业于 1983 年达到销售额高峰，总销售量达 1 900 万双，相比 1977 年的 900 万双有了大幅度的增长。

案例思考：

(1)耐克是怎样适应需求，不断创新的？

(2)耐克使用什么样的策略来降低成本？

(3)分析耐克的整个生产运作过程，你受到哪些启发？

第四节　生产计划与控制

生产计划与控制是企业生产运行管理的基本内容和关键环节，主要包括生产计划、生产作业计划和生产作业控制等内容。

一、生产计划

（一）生产计划概述

生产计划是指在生产战略指导下，企业在计划期（年、季、月）内应完成的产品生产任务和进度的计划，涵盖应当完成的产品品种、质量、产量、产值、出产期等一系列生产指标。生产计划也是编制物资供应计划、劳动人事计划、销售计划和技术组织措施计划等的重要依据，并同成本指标和利润指标密切相关。它是企业组织生产活动的依据和保证，指导企业计划期生产活动的纲领性方案。

（二）生产计划主要任务

生产计划的主要任务是充分挖掘和利用企业内部资源，不断生产出国内外市场适销的产品，以提高企业经济效益。因此，生产计划必须具有全局性、科学性、应变性，既要保证企业生产的产品在品种、数量、质量和交货期上满足市场的需求，又能充分利用企业的人、财、物，在提高劳动生产率、降低产品成本的基础上，增加企业的利润。

（三）生产计划主要指标

生产计划是由生产指标表现的，为了有效地和全面地指导企业计划期的生产活动，生产计划应建立包括产品品种、产品质量、产品产量及产值等 4 类指标为主要内容的生产指标体系。

1. 产品品种指标

产品品种指标是指企业报告期内规定生产产品的名称、型号、规格和种类。它不仅反映企业对社会需求的满足能力，还反映企业的专业化水平、生产管理水平。产品品种的确定在生产计划中占有十分重要的位置，处于首要地位。

2. 产品质量指标

产品质量指标是衡量企业经济状况和技术发展水平的重要标志之一。产品质量受若干个质量控制参数控制。对质量参数的统一规定就形成了质量技术标准。在执行质量标准上有国际标准、国家标准、部颁标准、企业标准、企业内部标准等。产品质量指标包括 2 大类：一类是反映产品本身内在质量的指标，主要是产品平均技术性能、产品质量等；另一类是反映产品生产过程中工作质量的指标，如质量损失率、废品率、成品返修率等。

3. 产品产量指标

产品产量指标是指企业在一定时期内生产的，符合产品质量要求的实物数量。以实物量计算的产品产量，反映企业生产的发展水平，是检查产量完成情况、分析各种产品之间比例关系和进行产品平衡分配、计算实物量生产指数的依据。

4. 产值指标

(1)商品产值。它是指用货币表示的商品产量,是企业在一定时期内生产的预定发售到企业外的工业产品的总价值,是企业可以获得的货币收入。对商品产值和企业的销售实际收入进行比较,可以体现出企业生产与市场需求的吻合程度。显然,两者差距越小,说明生产越符合市场需求。商品产值包括企业利用自备材料生产成品价值、利用订货者的来料生产成品的加工价值、完成承接的外单位的工业性作业价值等。

(2)总产值。它是指以货币表示的企业在计划期内预定完成的工业生产成果的总量。它包括全部商品价值、工业性作业价值及自制半成品、自制设备、在产品期末期初结存差额价值。根据不同需要,价格采用可变价格或不变价格。

(3)净产值。它是指在计划期内,企业工业生产活动新制造的价值,它可通过总产值扣除所有的物资消耗价值得到。

(四)生产计划编制的程序

编制生产计划是一个重要的决策过程。其基本程序如下。

1. 调查研究与预测

企业在编制生产计划之前,必须掌握和分析与生产决策相关的基本信息,并对未来做必要预测。主要包括:①企业经营目标与生产战略;②市场需求分析与预测,分析企业所面对市场的供给与需求及其变动趋势,并按用户的直接订货及市场需求预测确定生产量;③资源供给分析,调查与分析生产所需的各种资源的供应及其保证情况;④能力分析,以企业的生产能力为基本依据,同时分析企业内部的人员、技术、资金等状况。

2. 拟定和优化计划方案

初步提出生产任务,拟定生产计划草案。确定生产计划指标时要搞好统筹安排,主要包括:①产品品种、质量、产量、产值和利润等指标的优选和确定;②各个产品品种的合理搭配;③将总指标分解为各个分厂和车间的生产指标等。

3. 综合平衡,确定生产计划指标

对提出的计划指标和方案,要按照使企业的生产能力与现有资源充分利用的原则进行综合平衡。主要包括:①测算企业设备、生产面积对生产任务的保证程度,实现生产任务与生产能力的平衡;②生产任务与劳动力的平衡;③生产任务与物资供应的平衡;④生产任务与生产技术准备的平衡;⑤生产任务与资金的平衡;⑥生产任务与外部协作的平衡。

4. 正式编制与批准生产计划

正式编制与批准生产计划是指以确定的生产计划指标为核心,编制正式的计划文本。主要工作包括:①审核并最后确定生产计划指标;②安排产品的出产进度;③按车间规定生产任务;④编制与社会其他企业生产协作计划;⑤编制企业生产计划;⑥报决策机关批准执行。

5. 计划实施控制与评估

在计划实施过程中要加强跟踪控制,评估实现程度与出现的偏差,采取有效措施,对计划进行必要的调整与完善。

(五)生产计划编制方法

在编制生产计划时,不仅要确定好年度总量指标,还要确定好各季或各月的需求指标。前者是要达到总量平衡,后者则是要达到结构和产出进度平衡,而要同时做到这两点往往要付出代价。因为从现代生产的特点看,各月需求量往往是变动的,而且有时变化幅度很大。

若紧随需求量安排生产,则会出现劳动力、设备等不足或过剩,还会带来其他一些不利的后果,如产品质量不稳定、工人情绪不稳定、生产费用增加。当劳动力、设备等不足时,要多付加班、聘用、外包费用;当劳动力、设备等过剩时,要多付解聘或闲置费用等。

若均衡安排生产,最简单的办法就是制订恒定生产率计划。但恒定生产率计划也有缺点,它使得在计划期的某些时间段上,可能出现库存增加(多付库存费用)、延迟交货(多付延迟交货费用)或脱销(蒙受利润损失)。

因此,理想的生产计划能够综合市场需要和生产系统的优势,使企业在尽量满足市场需要的前提下,降低成本,提高生产效率。实际生产计划的制订既不能紧随市场需求,也不能完全按照恒定生产率来制订,只能是两方面的综合。

一般来说,在制订生产计划时,通常有4个基本考虑:尽可能满足顾客需求,尽可能保持恒定的企业产出率,尽可能维持一定水平的企业总人数,尽可能使总成本最低。其中,使总成本最低和利润最大是企业最终的目标。为此,需要进行各可行计划方案的成本费用计算比较,从中选择总成本最低的计划方案。编制生产计划的工作步骤一般如下。

(1)确定各期需求。

(2)确定各期生产能力,包括正常生产能力、加班生产能力和转包生产能力。

(3)明确相关的政策,包括库存水平、劳动力水平。

(4)确定各种相关单位成本,包括正常生产能力、加班生产能力、转包生产能力、存货、延迟交货、解聘或培训等情况下的相关单位成本。

(5)规划可供选择的各种方案,并计算出各方案的期间成本,相关成本计算如下:

期间成本=生产成本+聘用/解聘成本+存货成本+延迟交货成本

其中:

生产成本=正常生产成本+加班生产成本+转包生产成本

正常生产成本=单位产品正常成本×正常产出数量

加班生产成本=单位产品加班成本×加班产出数量

转包生产成本=单位产品转包成本×转包数量

聘用成本=单个员工聘用成本×聘用人数

存货成本=单位产品存货成本×平均存货数量

延迟交货成本=单位产品延迟交货成本×延迟交货数量

某期平均存货=(期初存货+期末存货)/2

期末存货=前期期末存货-本期产量-本期产品需求量

(6)如果出现满意的计划,选择其中最能满足目标的,否则回到第5步。

二、生产作业计划

生产作业计划是生产计划的具体执行计划，它把生产计划中规定的月度生产任务具体分配到各车间、工段、班组以至每个工作地和个人，规定他们在月、旬、周、日以至轮班和小时内的具体生产任务，并按日历顺序安排生产进度，从而保证按品种、质量、数量、期限和成本完成企业的生产任务。生产作业计划是建立企业正常生产秩序和管理秩序的主要手段，是企业计划管理的重要环节。

（一）作业计划标准

作业计划标准又称期量标准，是为制造对象（产品、部件、零件等）在生产期限和生产数量方面所规定的标准数据。期量标准是编制生产作业计划的重要依据和组织均衡生产的有力工具。企业的生产类型不同，生产过程组织也不同，因而形成了不同的期量标准。

1. 批量和生产间隔期

批量是指一次投入（出产）相同制品的数量。生产间隔期是指相邻两批同种制品投入（出产）的时间间隔。二者关系可以用下式表示：

批量＝生产间隔期 × 平均日产量

生产间隔期＝批量 / 平均日产量

2. 生产周期

生产周期是指产品或零件从原材料投入生产起一直到成品出产为止所经历的全部日历时间。它是确定产品在各个工艺阶段的投入期和出产期的主要依据。产品的生产周期由各个工艺阶段的生产周期组成。

3. 生产提前期

生产提前期是指产品或零件在各个工艺阶段出产（投入）的日期比成品出产日期要提前的时间。生产提前期有投入提前期和出产提前期。提前期是编制生产作业计划，保证按期交货，履行订货合同的重要期量标准。

提前期是根据车间和生产间隔期计算的，同时要考虑一个保险期。提前期是按反工艺顺序连续计算的，其计算公式如下：

某车间投入提前期＝本车间出产提前期＋本车间生产周期

本车间出产提前期＝后车间投入提前期＋保险期

4. 在制品定额

在制品定额是指在一定技术组织条件下，为了保证生产连续而均衡地进行所必需的最低限度的在制品数量。一定数量的在制品是保证生产正常进行的客观需要，但在制品过多，就会增加生产面积和资金占用，影响经济效益；如果在制品过少，往往导致生产脱节、设备停歇。因此，必须把在制品定额控制在适当的水平。在制品、半成品定额计算公式如下：

车间在制品定额＝平均每日出产量 × 车间生产周期＋保险储备量

库存半成品定额＝后车间平均每日需要量 × 库存定额天数＋保险储备量

生产调度精确到分钟

绍兴市蓝天仪表有限公司是一家专业生产仪器仪表设备的股份制民营企业。虽然企业不大,但由于体制灵活、产品适销对路,企业发展蒸蒸日上,目前已在绍兴市袍江工业区建起了新厂房,即将乔迁新居。

随着企业的日益壮大,企业老总对企业管理越来越感到力不从心。产品、半成品、原材料、客户、供应商等不断增加,特别是原材料已经上升到数千种,库存情况难以把握。这时,企业老总想到了应用信息化管理软件来摆脱困境、提升企业管理水平。

通过对绍兴市内多家软件开发和供应商的对比、筛选,最后老总拍板与绍兴"企明显"软件公司建立了合作关系,开发出一套既具有先进的管理思想,又满足该企业切实需要的企业信息化综合管理系统。系统成功实施后,接着就上马比较复杂的生产管理系统。

经过2个月左右的时间,先后上马了产品生产作业单、半成品生产作业单、生产调度、工资和超产奖等模块。在相关的基础档案数据,如作业分类、作业组工人数、对应作业、工作秒数、难度系数等都设置完成后,就进入生产调度界面,输入上下班时间、各作业段起始时间,每一张未完工的生产作业单的各种需要生产的商品,在各个工作组、各道工序中、在某年某月某日某时某分的完工时间,都能被相当精确地预测出来,可以根据需要实时调整生产作业单次序以及各个工作组和工序,真正实现了键盘上的生产调度。

以前,由于生产调度极其复杂而准确度要求很高,因而调度工作都是由总经理亲自部署。现在有了生产管理系统,总经理就可以放心地把生产调度工作交给生产调度人员直接处理了。

相对于手工调度方式,绍兴市蓝天仪表有限公司通过系统改造,使生产管理系统调度的整体性、实时性和准确性都有了大幅度的提高。

(二)生产作业计划的编制

编制生产作业计划包括编制分车间的作业计划及分工段或分小组的作业计划。这两种工作方法的原理是相同的,区别是计划编制的详细程度和责任单位有所不同。分车间的作业计划由厂部编制,它解决车间与车间之间生产数量及时间衔接等的平衡问题。对于对象专业化车间,因各个车间平行地完成各种不同产品的生产任务,按照车间的产品分工、生产能力和各种具体生产条件直接分配给各车间。对于工艺专业化车间,因各个车间之间依次提供半成品,则应根据生产类型和其他情况采用下列方法。

1. 在制品定额法

在制品定额法适用于大批量生产类型。这类企业生产品种比较单一,产量比较大,工艺和各车间的分工协作关系密切稳定,只要把在制品控制在定额水平上,就可以保证生产过程协调正常进行。采用在制品定额法,就是运用预先制定的在制品定额,按照产品的反工艺顺序,从出产成品的最后车间开始,连续地计算各车间的出产量和投入量。其计算公式如下:

某车间出产量=后车间投入量+本车间半成品外销量+(库存半成品定额+期初库存半成品预计结存量)

某车间投入量＝车间出产量＋本车间废品量＋(车间在制品定额＋期初车间在制品预计结存量)

2. 提前期法

提前期法适用于成批生产的企业。这类企业各种产品轮番生产，各个生产环节结存的在制品的品种和数量经常不一致。但是各种主要产品的生产间隔期、批量、生产周期和提前期都比较固定，因此可以采用提前期法来规定车间的生产任务。所谓提前期法，就是将预先制定的提前期标准转化为提前量，来规定车间的生产任务，使车间之间由“期”的衔接变为“量”的衔接。其计算公式如下：

提前量＝提前期 × 平均日产量

3. 生产周期法

生产周期法适用于单件小批生产企业。这类企业的生产任务多数是根据订货合同来确定的，生产的品种、数量和时间都很不稳定，产品是一次性生产或不定期重复生产。因此，各车间的生产在数量衔接上比较简单，关键是合理搭配订货，调整处理类似品种多变与保持车间均衡负荷之间的矛盾。

采用生产周期法规定车间的生产任务，就是根据订货合同规定的交货期限，为每一批订货编制出产品生产周期进度图，然后根据各种产品的生产周期进度表，确定各车间在计划月份应该投入和出产的订货项目以及各项订货在车间投入和出产的时间。通过产品投入和出产进度表，就可以保证各车间的衔接，协调各种产品的生产进度和平衡车间的生产能力。

三、生产作业控制

生产作业控制是指在生产作业计划执行过程中，对有关产品的数量和生产进度进行控制。生产作业控制是实现生产作业计划的保证。它一般要确定生产作业控制标准，把执行结果与标准进行比较，以采取措施纠正偏差。

1. 生产调度

生产调度是对企业的生产过程进行直接控制和调节。生产调度的任务就是在企业日常生产活动中，按照生产计划的要求，对企业的生产进行有效的指挥、监督和控制，使生产均衡进行，从而保证生产计划任务的顺利完成。

生产调度工作的主要内容包括：

(1)控制生产进度和在制品流转；

(2)督促做好生产技术准备和生产服务工作；

(3)检查生产过程中的物资供应和设备运行状况；

(4)合理调配劳动力；

(5)调整厂内运输；

(6)组织厂部和车间生产调度会议，监督有关部门贯彻执行调度会议决定；

(7)做好生产完成情况的检查、记录、统计分析工作。

一般企业设立厂部、车间、工段(班组)3级调度组织。即厂部设总调度室，车间设调度组，工段设调度员。在工作中实行值班制度、报告制度和会议制度等工作制度，及时、动态地处理生产中出现的问题。

2. 生产进度控制

生产进度控制是指对从原材料投入生产到成品入库为止的全过程的控制，包括投入进度控制、生产进度控制和工序进度控制等。

（1）投入进度控制。它是指控制产品开始投入的日期、数量和品种，使其符合生产作业计划的要求；此外也包括对原材料、零部件投入提前期以及设备、劳动力、技术组织措施、项目投入使用日期的控制。搞好投入进度控制，可以避免造成计划外生产和产品积压现象，保持在制品正常流转，保证产品投入的均衡性和成套性。

（2）生产进度控制。它是指控制产品的出产日期、生产提前期、产出量、产出均衡性和成套性等。搞好生产进度控制是保证按时、按量、均衡、成套完成计划任务的有效手段。

（3）工序进度控制。它是指对产品在生产过程中经过的每道加工工序的进度所进行的控制，主要用于单件生产、成批生产中加工周期长、工序多的产品。工序控制的方法一般采用工票和加工路线单进行控制。

3. 在制品占用量控制

在制品占用量控制是对生产过程各个环节的在制品实物和账目进行控制。进行在制品占用量控制，不仅对实现生产作业计划有重要作用，而且对减少在制品积压、节约流动资产、提高企业经济效益也有重要作用。在制品占用量控制主要包括：控制车间内各工序之间在制品的流转和跨车间协作工序在制品的流转，加强对在制品流转的检查和控制。

此外，还可以采用看板管理法控制在制品占用量。“看板方式”生产与一般生产方式的一个显著区别是，它不是由前道工序向后道工序送货，而是由后道工序在需要的时候向前道工序领取需要的零部件，前道工序只生产被后道工序取走的那部分零部件，严格控制零部件的生产和储备。

上面介绍的都是传统的生产计划和控制方式，随着科技水平的发展，也出现了新的生产计划和控制方法，最具代表性的就是制造资源计划（MRP-II）和企业资源计划（ERP）。

第五节　企业生产运作计划

20 世纪 70 年代，美国的约瑟夫·奥里奇提出了物料需求计划（Material Requirements Planning，MRP）的思想雏形。初期，MRP 作为一种库存计划方法的改进物料需求计划阶段，解决的是生产各种最终所需的零部件和原材料的数量问题。之后，人们在 MRP 基础上，把生产能力作业计划、车间作业计划和采购作业计划纳入 MRP 中，同时在计划执行过程中，加入来自车间、供应商和计划人员的反馈信息，并利用这些信息进行计划的平衡调整，从而围绕着物料需求计划，使生产的全过程形成一个统一的、闭环的 MRP 系统。在 20 世纪 80 年代，人们把制造、财务、销售、采购、工程技术等各个子系统集成为统一的系统，并称为制造资源计划（Manufacturing Resource Planning）系统，英文缩写还是 MRP，为了区别于物料需求计划(即缩写为 MRP)而记为 MRP-II。MRP-II 可在周密的计划下有效地利用各种制造资源、控制资金占用、缩短生产周期、降低成本,但它仅仅局限于企业内部物流、资金流和信息流的管理。它最显著的效果是减少库存量和物料短缺问题。

到 20 世纪 90 年代后期,随着开始从工业经济时代步入知识经济时代,企业所处的时代背景与竞争环境发生了很大变化,企业资源计划(Enterprise Resources Planning, ERP)系统就是在这种时代背景下面世的。在 ERP 系统设计中考虑到仅靠企业自己的资源不可能有效地参与市场竞争,还必须把经营中的有关各方如供货商、制造工厂、分销网络、客户等纳入一个紧密的供应链中,才能有效地安排企业的产、供、销活动,满足企业利用一切市场资源快速高效地进行生产经营的需求,以期进一步提高效率和在市场上获得竞争优势。

一、MRP

(一)MRP 的含义

在制造业中,零部件需要经过多道工序的加工和组装才能形成最终的产品,编制物料计划是一项十分复杂、繁重而又困难的工作,一直是生产管理中的一个“瓶颈”。随着计算机技术在企业管理领域的广泛应用,借助计算机系统对从原材料开始直到最终产品的物料流动进行管理,才将人们从烦琐的工作中解脱出来。

MRP 系统目前已成为世界上推广运用最为普遍的一项现代计划管理技术,是运用电子计算机编制物料需求计划的一种方法。具体地说,它是根据反工艺顺序法的原理,按照产品出产计划要求(数量和期限)以及各个生产阶段的生产周期、库存情况,反工艺顺序地计算出构成产品的各种物料的需求量和需求时间的计划。在企业的生产计划管理体系中,它属于作业层的计划决策。

MRP 系统的基本指导思想是,只在需要的时候,向需要的部门,按需要的数量,提供所需要的物料。也就是说,它既要防止物料供应滞后于对它们的需求,也要防止物料过早地出产和进货,以免增加库存,造成物资的积压和资金的占用。

MRP 的特点:有了成品出产的总任务,可以自动连锁地推算出成品所包含的各个部件、各个零件的生产任务;可以进行动态模拟;库存计算精确,对库存严格控制,可减少库存;运算速度快,便于计划的修正。MRP 系统极大地提高了生产计划的准确性和可靠性,提升了库存管理的服务水平,最大限度地降低了库存量,真正起到了指导生产的作用。

这种方法主要适用于成批生产加工装配型的企业,特别适用于根据订货进行生产或生产不稳定的成批生产企业。

(二)MRP 的逻辑流程

MRP 适用于相关需求的计划与控制, MRP 是依照最终产品的主生产计划,根据物料清单、现有库存量和预计库存量,计算哪些物料、在什么时候、需要多少的一系列方法。MRP 在任何一个生产过程中,都要回答:要生产什么,根据物料清单回答要用到什么,根据库存记录回答已经有了什么, MRP 运算后得出的结果可以回答还缺什么,何时生产或订购等问题。MRP 正是为了回答这些关键问题而设计的计算机应用软件系统。

MRP 系统是能够根据产品的需求自动地推导出构成这些产品的零件与材料的需求量，根据产品的交货期确定企业自制零部件的生产日程和外购原材料与零部件的采购日期，将主生产计划转化为物料需求表的计算机信息处理系统。

MRP 系统由三个部分组成，分别是输入、计算处理和输出。输入的是主生产计划、物料清单文件和库存状况文件；计算处理是使用事先编好的计算机程序，通过计算求得每个时间段上各种材料的净需求数量，同时也确定材料订货的数量、订货时间、订货批量和零部件的加工组装时间等内容；输出分为两种报告，一种是基本报告，另一种是补充报告，基本报告的内容主要有计划订货的速度表、进度计划的执行和订货计划的修正调整以及优先次序的变更，补充报告的内容主要包括成果检验报告、生产能力需求计划报告和例外报告。

（三）MRP 的关键要素

从以上介绍中可以看出，主生产计划、物料清单、独立需求计划以及库存记录等信息在 MRP 的计算过程中起着关键性的作用。下面对这些关键要素分别进行介绍。

1. 主生产计划

主生产计划（Master Production Schedule，MPS）要确定每一个最终产品在每一具体时间段的生产数量，是 MRP 的基本输入。MRP 根据主生产计划展开，导出构成这些产品的零部件与材料的需求。主生产计划必须是可以执行、可以实现的，它应该符合企业的实际情况，其制定与执行的周期视企业的情况而定。企业的物料需求计划、车间作业计划、采购计划等均来源于主生产计划，即先由主生产计划驱动物料需求计划，再由物料需求计划生成车间作业计划与采购计划。所以，主生产计划在 MRP 系统中起着承上启下的作用，实现从宏观计划到微观计划的过渡与连接。

2. 物料清单

物料清单（Bill of Materials， BOM）是产品结构的技术性描述文件。它表明了最终产品的组件、零件直到原材料之间的结构关系和数量关系。物料清单是 MRP 的第二个信息来源，也称为产品结构表，常用的表示方式有两种，一种为树状结构，另一种为表状结构。MRP 系统利用 BOM，把 MPS 中的产品订单分解成对零部件和材料的需求订单。MRP 运算时，需要使用 BOM 提供的物料的从属关系、底层标志、最低层次码、图纸类型、虚拟件类型、设计购置类型等信息。物料需求计划的准确性和可靠度依赖于 BOM 的准确性和可靠度。

3. 独立需求计划

物料需求分为相关需求和独立需求。相关需求是指一个物料的需求直接与另一个物料的需求有关系，可以通过对另一个物料的需求精确地计算出来，例如用于装配列入主生产计划的产品的零部件属于相关需求。独立需求是不能直接由另一个物料的需求计算得到的，如用于产品售后服务的零部件等。独立需求计划为 MRP 提供了除最终产品以外的物料需求时间和需求数量，MRP 根据独立需求计划的需求信息和由独立需求物料的属性产生的生产计划或采购计划进行运算。

4. 库存资料

库存资料说明现在的库存状况，如库存中现有物料的现有库存量、可用库存量、计划入库量、已分配量等。物料库存资料是以每个存储项目（零部件或材料）作为一个单独的文件。它包括每个存储项目的名称、实际库存量、保险储备量、订购批量、订购周期以及物料的进出情况（计划需要量、计划到货量及计划订货量等）。这些文件平时储存在计算机系统中，在 MRP 程序运行中，根据需要取用这些文件。

5. 物料主文件及其他

MRP 的第四个信息来源是物料主文件以及工艺文件等其他信息。物料主文件记录物料的各种属性，为 MRP 计划提供物料的描述信息、生产或采购信息（提前期、生产批量、废品系数等）。

除了物料主文件的相关信息外，还需要工艺文件、工作中心数据、企业加工和制造零部件的工艺路线以及相关数据，如产品工艺卡、材料定额等。

二、MRP-II

（一）MRP-II 的逻辑流程图

MRP-II 的基本思想就是把企业作为一个有机整体，从整体最优的角度出发，运用科学方法对企业的各种制造资源和产、供、销、财各个环节进行有效计划、组织和控制，使它们得以协调发展，并充分发挥作用。

在 MRP-II 的逻辑流程图中，包括决策层、计划层、执行层等企业经营计划层以及反映生产中物料需求和生产能力需求的基础数据和主要财务信息。其中，连线表明 MRP-II 中的信息流向和相互之间的信息集成关系。经营计划是 MRP-II 的起点，它根据市场需求和企业现有条件，确定企业的产量、品种、利润等指标，从而决定企业产品销售计划和各种物料、资金、工人等的需求计划，再在此基础上制订企业的具体生产计划，确定生产何种产品及产量和投产时间。在制订生产计划的同时还需对生产能力进行平衡，以保证生产计划能够实际完成。然后根据生产计划制订产品生产计划，规定每种产品的生产数量和生产时间，它是营销和生产作业的根据。流程图的业绩评价是对 MRP-II 系统成效进行评定，以求进一步提高和改善业绩。

MRP-II 使企业的生产经营管理达到系统化、合理化和规范化。而计算机快速处理信息的强大功能又极大地提高了管理和进行管理决策的效率和质量，因此从根本上改变了企业管理的面貌。许多企业在实施了 MRP-II 之后都取得了显著的经济效益：降低库存，包括原材料、在制品和产成品的库存；资源利用趋于合理，缩短生产周期，提高劳动生产率；按期交货，提高客户服务质量；降低成本，如降低采购费，减少加班费；如与财务系统集成，可减少财务收支上的差错和延误，减少经济损失。

（二）MRP-II 的特点

1. 计划与管理的系统性

MRP-II 是一种计划主导型管理模式，计划层次从宏观到微观，从战略到技术，由粗到细逐层优化，但始终保证与企业经营战略目标一致。它把通常的三级计划管理统一起来，把企业所有与生产经营直接相关部门的工作联结成一个整体，各部门都从系统整体出发做好本职工作，每个员工都知道自己的工作质量及同其他职能部门的关系。这只有在“一个计划”下才能系统化，条块分割、各行其是的局面被团队协作所取代。

2. 数据共享性

MRP-II 是一种制造企业管理信息系统，企业各种业务在统一的数据环境下得到展开，最大限度地达到了信息的集成。企业各部门都依据同一数据信息进行管理，任何一种数据变动都能及时地反映给所有部门，做到数据共享，提高了信息处理的效率和可靠性，为生产计划和控制提供了依据，有利于控制生产成本，通过牵引技术实现按需准时生产。

3. 动态应变性

MRP-II 是一个闭环系统，它要求跟踪、控制和反馈瞬息万变的实际情况，管理人员可随时根据企业的内外环境条件的变化迅速做出响应，及时调整决策，保证生产正常进行。它可以及时掌握各种动态信息，保持较短的生产周期，因而有较强的应变能力。

4. 模拟预见性

MRP-II 具有模拟功能，利用系统中的数据及建立的模型，可以对未来相当长时期内可能出现的情况进行模拟，预见到在相当长的计划期内可能发生的问题，可事先采取措施消除隐患，而不是等问题已经发生了再花几倍的精力去处理。这就使管理人员从忙碌的事务堆里解脱出来，致力于实质性的分析研究，提供多个可行方案供领导决策。

5. 物流、资金流的统一

MRP-II 包含了成本会计和财务功能，可以由生产活动直接产生财务数据。财务部门及时得到资金信息用于控制成本，通过资金流动状况反映物料和经营情况，随时分析企业的经济效益，参与决策，指导和控制经营和生产活动。

第六节　企业生产管理方式

随着现代科学技术在企业生产中的广泛应用，发达国家兴起了管理变革的浪潮，相继建立了适应当今时代要求的新型生产方式和管理模式，其中具有代表性的有“6S”管理、准时制生产、精益生产、柔性制造、敏捷制造等。

一、现场管理模式——“6S”管理

（一）现场与现场管理模式

生产现场是指从事产品制造或提供生产服务的作业场所。它是指企业围绕经营目标而行使管理职能，实现生产要素合理组合和生产过程有机转换的作业场所。生产现场包括加工、检查、储存、运输、供应、发送等一系列的作业现场和与生产密切相关的辅助场所等。为了有效地实现企业的经营目标，生产现场管理用科学管理制度、标准和方法，对生产现场的各个生产要素，包括人（操作者和管理人员）、机（设备、工具、工位器具）、料（原料、材料、辅

料)、法(加工、检测方法)、环(环境)、能(能源)、信(信息)等,进行合理、有效的计划、组织、协调、控制和激励,使其处于良好状态,保持正常运转,并不断加以改进,以求达到优质、高效、低耗、均衡、安全的生产。简言之,现场管理是生产第一线的综合性管理,是企业管理水平的直观反映。

为达到这一目的,通常采用以"6S"管理模式为主,兼有目标管理、标准作业流程等的管理模式。这些综合模式被统称为现场管理模式。这里主要探讨其中的"6S"管理模式。

(二)"6S"管理模式的概念

提起"6S",首先从"5S"谈起。"5S"是发源于20世纪末的日本企业并广泛应用于世界各国企业的一种现场管理方法,其含义是在现场对人员、机器、材料、方法等生产要素进行有效的管理,针对企业中每位员工的日常行为提出要求,倡导从小事做起,力求使每位员工都养成事事"讲究"的习惯,从而达到提高整体工作质量的目的,这是日本企业独特的管理方法,也是一切现场管理的基础。

"5S"活动是指对生产现场各生产要素(主要是物的要素)所处状态,不断地进行整理、整顿、清扫、清洁,以达到提高素养的目的。由于整理、整顿、清扫、清洁、素养这5个词在日语中罗马拼音的第一个字母都是"S",所以把这一系列活动简称为"5S"活动。我国企业结合国家开展得如火如荼的安全生产活动,在"5S"管理基础上增加了安全(Safety)要素,形成"6S"管理模式。

(三)"6S"管理的内容和要求

1. 整理

整理是指在规定的时间、地点,把作业现场不需要的物品清除出去,并根据实际对保留下来的有用物品按一定顺序摆放好。整理应达到以下要求:不用的东西不放在作业现场,坚决清除干净;不常用的东西放远处(厂区库房);偶尔使用的东西集中放在车间的指定地点;经常用的东西放在作业区。

2. 整顿

整顿是指对整理后需要的物品进行科学、合理的布置和安全、不损伤的摆放,做到随时可以取用。整顿要规范化、条理化,整顿后的现场应整齐、紧凑、协调。具体而言,即物品要定位摆放,做到物各有位;物品要定量摆放,做到目视化,过目知数;物品要便于取存;工具归类,分规格摆放,一目了然。

3. 清扫

清扫是把工作场所打扫干净,做到没有杂物、污垢等。清扫应达到的要求:对自己用的东西,自己清扫;对设备清扫的同时,检查是否有异常,清扫也是点检;对设备清扫的同时,要进行润滑,清扫也是保养;在清扫中会发现一些问题,如跑、冒、滴、漏等,要通过现象查出原因,加以解决,清扫也是改善。

4. 清洁

清洁是要保持没有垃圾和污垢的环境。清洁应达到的要求:车间环境整齐、干净、美观、保证职工健康,增加职工劳动热情;不仅设备、工具、物品要清洁,工作环境也要清洁,烟尘、粉尘、噪声、有害气体要清除;不仅环境美,工作人员着装、仪表也要清洁、整齐;工作人员不仅外表美,而且要精神上“清洁”,团结向上,有朝气,相互尊重,有一种催人奋进的气氛。清洁贵在保持和坚持,将整理、整顿、清扫进行到底,并且制度化,且管理要公开化、透明化。

5. 素养

素养是指努力提高人员的素养,养成良好的风气和习惯,具有高尚的道德品质,自觉执行规章制度、标准,改善人际关系,加强集体意识是“6S”管理的核心。素养应达到的要求:不要别人督促,不要领导检查,不用专门去思考,形成条件反射,自觉地做好各项工作。

6. 安全

安全是指企业在产品的生产过程中,能够在工作状态、行为、设备及管理等一系列活动中给员工带来既安全又舒适的工作环境。这就要求企业采取系统的措施保证人员、场地、物品等的安全。

开展“6S”管理的目的是做到人、物、环境的最佳组合,使全体人员养成坚决遵守规定事项的习惯。开展“6S”管理要坚持自我管理、勤俭办厂、持之以恒的原则。

“6S”是现场管理活动有效开展的基础,“6S”管理不仅能改善生产环境,还可以提高生产效率,减少浪费,提升产品品质和服务水平。将整理、整顿、清扫进行到底,并进行标准化,以至形成企业文化的一部分,这些将为企业带来新的转变和提升。

“6S”也是设备得以有效使用、减少不必要浪费的基础。在没有推行“6S”的工厂,每个岗位都有可能出现各种各样不规则或不整洁的现象,如垃圾、油漆、铁锈等满地都是,零件、纸箱胡乱搁在地板上,人员、车辆都在狭窄的过道上穿行,如不对其进行有效的管理,即使是最先进的设备,也会很快进入到不良器械的行列而等待维修或报废。

二、准时制生产

准时制生产是由日本丰田汽车公司于 1953 年提出的, 1961 年在全公司推广,经过十几年的不断发展和完善, 1972 年以后被广泛应用于日本汽车和电子工业。此时,人们通常把它称为“丰田生产管理系统”。目前,专家们普遍认为准时制生产为日本企业生产高质量、低成本的产品提供了保证,并使日本产品在世界上居于领先地位。

(一)准时制生产的原理和目标

准时制生产是指在精确测定生产各工艺环节作业效率的前提下,以按订单准确计划,并消除一切无效作业与浪费为目标的一种管理模式,又称为零库存生产。简单地说,就是在合适的时间,将合适的原材料和零部件,以合适的数量,送往合适的地点,生产出所需要的产品。合适的时间与合适的数量,即适时、适量,要求通过看板管理的方式实现生产同步化、均衡化及批量极小化。

根据“反工序”原理,准时制生产技术将生产系统中任何两个相邻工序即上下工序之间都确定为供需关系,需方起主导作用并决定供应物料的品种、数量、到达时间和地点,供方只能按需方的指令(一般用看板)供应物料。具体地说,就是每一个阶段加工或供应产品的品质、数量和时间由下一个阶段的需求确定。在传统生产制造系统中,物流与信息流同向运动，制品根据生产计划从前制程“推”到后制程，这种生产方式被称为“推动式生产系统”；而准时制生产的物流与信息流呈相反方向运动，后制程向前制程传递需求信息，“拉”出自己所需要的制品。所以，准时制生产方式又被称为“拉动式生产方式”。送到的物料必须保证质量、无次品。这种思想就是以需定供，可以大大提高工作效率与经济效益。

准时制生产是一种理想的生产模式。一是因为它设置了一个最高标准，就是零库存。实际生产可以无限地接近这个极限，但却永远不可能达到零库存。有了这个极限，才使得改进永无止境。二是因为它提供了一个不断改进的途径，即降低库存—暴露问题—解决问题—降低库存，这是一个无限循环的过程。

准时制生产的基本思想简单，容易理解。但是，实现准时制生产却不容易，因为准时制生产不仅仅是一种生产技术，更重要的是它是一种全新的管理模式。准时制生产涉及产品的设计、生产计划的编制、设备的改进、设备的重新布置、工序的同期化、设备的预防维修、生产组织的调整等各方面，任何一个环节不改进，准时制生产就推行不下去。

准时制生产方式将“获取最大利润”作为企业经营的最终目标，将“降低成本”作为基本目标。在这种思想指导下，生产过程在尽可能短的时间内，以尽可能最佳的方式利用资源，彻底消除浪费。总目标实现程度取决于特定配套目标的完成程度。这些目标包括：具备多种产品生产能力的柔性系统；减少换产时间与生产提前期；存货最小化；控制过量生产，消除浪费。

（二）实现准时制生产的重要工具——看板

准时制生产方式是以降低成本为基本目标，在生产系统的各个环节、各个方面全面展开的一种使生产能同步化、准时进行的方法。为了实现同步化生产，开发了后工序领取、单件小批量生产、生产均衡化等多种方法。而为了使这些方法能够有效地实行，准时制生产方式又采用了被称为“看板”的管理工具。

看板管理也可以说是准时制生产方式中最为独特的部分，是实现准时制生产极为重要的手段。看板的主要功能是传递生产和运送的指令。看板作为管理工具，犹如连接工序的神经而发挥着作用。但是，这里需要再次强调的是，绝不能把准时制生产方式与看板方式等同起来。准时制生产方式说到底是一种生产管理技术，而看板只不过是一种管理工具。

看板只有在工序一体化、生产均衡化、生产同步化的前提下，才有可能发挥作用。错误地认为准时制生产方式就是看板方式，不对现有的生产管理方法做任何变动，只单纯引进看板方式，是不会起到任何作用的。

1. 看板功能

看板最初是丰田汽车公司于 20 世纪 50 年代从超级市场的运行机制中得到启示，将其作为一种生产、运送指令的传递工具而创造出来的。其主要功能可概括如下。

（1）生产以及运送工作指令，这是看板最基本的功能。企业根据市场预测以及订货而制定的生产指令只下达到总装配线，各个前工序的生产均根据看板来进行。看板中记载着生产量、时间、方法、顺序以及运送量、运送时间、运送目的地、放置场所、搬运工具等信息，从装配工序逐次向前工序追溯。工人取下装配线上的零部件所带的看板，依此再去前工序领取；前工序则只生产被这些看板所领走的量。“后工序领取”以及“适时适量生产”就是这样通过看板来实现的。

（2）防止过量生产和过量运送。看板必须按照既定的运用规则来使用。其中的一条规则是没有看板不能生产，也不能运送。根据这一规则，如果没有看板，各工序就既不进行生产，也不进行运送；看板数量减少，则生产量也相应减少。

（3）进行“目视管理”。看板的另一条运用规则是看板必须附在实物上存放，前工序按照看板取下的顺序进行生产。根据这一规则，作业现场的管理人员对生产的优先顺序能够一目了然，易于管理。

（4）改善的工具。以上所述可以说都是看板的生产管理功能，看板的另一个重要功能是改善功能。这一功能主要通过减少看板的数量来实现。看板数量的减少意味着工序间的产品库存量的减少。一般情况下，如果产品库存量较高，即使设备出现故障，不良产品数目增加，也不会影响到后工序的生产，所以容易把这些问题掩盖起来。在运用看板的情况下，如果某一工序设备出故障，生产出不合格产品，根据看板的运用规则之一“不能把不合格产品送往后工序”，后工序所需得不到满足，就会造成全线停工，由此可立即使问题暴露，从而立即采取改善措施来解决问题。准时制生产方式的目标是要最终实现无库存生产系统，而看板则提供了一个朝着这个方向迈进的工具。

2. 看板实施条件和形式

在实际的生产系统中，实行看板管理需要具备一定的条件，这些条件主要如下：

（1）必须是以流水生产作业为基础的作业，不适用于单件生产；

（2）企业生产秩序稳定，生产工艺执行严格，生产均衡性较好，工序质量能控制；

（3）设备精度良好，加工质量稳定；

（4）原材料、外协件供应数量、质量有保证；

（5）实施标准化作业，企业内生产布局和生产现场平面布置合理。

通常，企业所用的看板是一张装在长方形的塑料袋内的卡片，依照其用途主要可以分为两类：一类是取货看板（表 7-1），用于后道工序向前道工序取货或向外协配套厂取货，板上标明后工序应领取的物品和数量；另一类是生产看板，主要显示前工序应生产物品及数量，形式主要有用于一般用途的一般看板（表 7-2）和用于批量生产的三角看板。

表 7-1　取货看板示例

<table>
<tr><td rowspan="4">前工序
车间：
工位：</td><td colspan="3">零件编号：</td><td rowspan="4">后工序
车间：
工位：</td></tr>
<tr><td colspan="3">零件名称：</td></tr>
<tr><td>容量</td><td>工位</td><td>料箱代号</td></tr>
<tr><td></td><td></td><td></td></tr>
</table>

表 7-2　一般生产看板示例

<table>
<tr><td colspan="2">生产看板</td><td>生产设备</td></tr>
<tr><td>存入货号：</td><td>工件背面号：</td><td rowspan="4"></td></tr>
<tr><td colspan="2">工件号：</td></tr>
<tr><td colspan="2">工件：</td></tr>
<tr><td>产品型号：</td><td>容器容量：</td></tr>
</table>

三、精益生产

（一）精益生产方式的产生

精益生产方式起源于日本的丰田汽车公司。第二次世界大战以后，日本国内汽车市场需求品种多、数量小，丰田汽车公司面临生产困境和挑战，于是提出了适应小批量生产的丰田生产方式。后这种方式传入美国，美国麻省理工学院的“国际汽车计划”的项目组研究人员根据这种生产方式的特点，称其为“瘦型”方式。翻译过来比较贴切的名字为“精益生产方式”（Lean Production）。

精益生产方式是对准时制生产方式的进一步升华，是对准时制生产方式精华的提炼和理论总结。精益生产方式将原来主要应用于生产领域的准时制生产扩展到市场预测、产品开发、生产制造管理、零部件供应管理以及产品销售和售后服务等领域，贯穿于企业生产经营的全过程，使生产方式的变革具有可操作性。

精益生产方式打破了传统的大规模流水生产线和金字塔式的分层管理模式，其核心思想就是消“肿”去“淤”，即以整体优化的观点，合理配置和利用企业拥有的生产要素，把参与一种产品的开发、生产、销售以及售后服务的所有步骤的员工融合在一些合作小组之中，以达到增强企业适应市场多元化要求的应变能力，获得更高的经济效益的目的。

精益生产方式与大规模生产方式相比，有效地缩短了生产和市场的距离，同时使企业真正地“瘦”了下来。然而，大量的裁员也带来了一些副作用，使西方的失业率更加严重，还因触动了众多中高层管理人员的利益，遭到了他们的反对。

（二）精益生产方式的主要特征

（1）采用小组工作法，将产品开发与生产准备工作化整为零。小组工作法是精益生产方式的一个突出特点。小组工作法是指企业的生产组织以小组为单位，小组不仅进行生产，而且要参与管理和经营。它是为彻底消除无效劳动和浪费、实行拉动式生产而建立的。小组工作法强调以人为本、团结协作、集思广益、齐心合力、团队精神。

（2）以人为本，充分调动人力资源的积极性，培训员工一专多能，不断提高其工作技能，推行多机床操作和多工序管理，并把工人组成作业小组，赋予相应的责任和权利。作业小组不仅直接参与组织生产，而且参与管理，甚至参与经营。

（3）在开发产品、提高质量、改善物流、降低成本等方面密切合作，确保主厂和协作厂共同获得利益。

（4）把多种现代管理手段和方法用于生产过程之中，如工业工程、价值工程等，计算机更多地应用到计划、过程控制中，使生产手段现代化，也会极大提高生产效率。

（5）有效配置和合理使用企业资源。丰田汽车公司十分珍惜每一份资源，认为资源来之不易，力争使每一份资源发挥最大作用。资源进入企业就转化为成本，“精耕细作”使用资源，可使企业生产成本得到降低。

（6）彻底消除无效劳动和浪费，即追求“零废品、零库存”，消除一切影响工作的“松弛点”，使员工可以在最佳的工作环境下，以最佳的工作态度，从事最佳的工作。

案例分析

阅读下面的案例，你有什么好的办法来解决A公司订单“撞车”的现象？

A公司是一家瓶装企业，在企业生产运营管理中，经常会碰到订单“撞车”的现象。如今天包装组在完成昨天的订单，但由于天气原因，瓶身不太干，在粘贴标签时费工（边擦边贴速度要慢）、费料（本可以用固体胶要换成双面胶才能粘牢）。而明天的订单也需要今天换盖子。但昨天的单子要求今天完成发货。

第八章　企业人力资源管理

课前案例

高人戏说《西游记》的角色分配

《西游记》是一部大家耳熟能详的古典文学作品，今天我们想从人力资源管理的角度来谈谈西天取经之路。

笔者通观西游发现，一切的一切，都是佛界首脑如来佛祖的如意安排。如来决定把自己悟到的三藏真经送到东土，劝化此地子民。因此，在大雷音寺召开御前会议，敲定查寻东土到西天极乐取经人的决定，指派佛界“组织部长”观世音菩萨去各方查访取经团队成员。

三藏法师去西天取经，如来心中早就有数。观世音菩萨也很顺利地就寻到了圣僧，他仗着如来送的可免堕轮回的锦襕袈裟和不遭毒害的九环锡杖，孤身一人就上路了。然后逐步招纳了那几个安插在必经之路上的“失足干部”，师徒4人加上一匹白龙马，算是拼凑起来一个像模像样而又还松松垮垮的取经团队。一路上，师徒几个逐步认识到了自己的优势和劣势、能力与缺陷。在磨炼中认识到自己的角色，在融合中明确了自己在团队中的位置。大家协同作战、各尽所能、降妖驱魔，历经磨难，终成正果。

管理大师们从管理学的角度布道《西游记》。笔者只从一个员工的角度来对照西游角色，认识自我位置。在《西游记》中，角色自有“天”注定，机会也是“天”给予，道路全靠“天”安排。虽然成事在“天”，谋事还是在“人”。如何认识自己的角色，确定自己的位置，如何演好自己的角色，很是值得思量。我们不妨对照西游取经团队来戏说一番。

那么，这个团队都有哪些角色呢？

唐三藏，团队领袖。虽然他时常优柔寡断，不明是非。但是他有权力、有素质、有修养，是个“敢想敢干”之人。他没有什么管理理念、方法，但是有自己的“金刚钻”，敢揽这个“瓷器活”。他充分运用上级授权（紧箍咒）来管理团队，把几个飞天神王管得服服帖帖。再加上他是当时名噪一时的佛学家，而且还是个懂外语的“通译”，要去西天取经，要经过蛮蕃荒地，没他不行。特别是他一定要到达西天的目标一直不曾改变，到西天取到真经的信念一直没有动摇，坚定不移、勇往直前的精神从未丢弃。他用精神、信念和目标感召着团队成员，一路走着，还一路塑造着取经团队的文化体系，具备一个团队最高管理者的修养和素质。

孙悟空，是个“敢干会干”的人才，“大哥”的位置在团队中是毫不动摇。其神通广大，本领高强，关系复杂。除了唐僧，人人都称“猴哥”。要不是犯了错误，头上又被戴上了紧箍咒，它才不会与二三流的“妖物”为伍。对照来看，可以说孙悟空就像一个部门领导，好似一个职业经理人。由于人家有本事，加上大闹天宫时建立起来的极其丰富的人脉关系，可以获取许多的外部人力资源,上天、入地、潜海都有人买账,没有什么办不了的事情。而且此猴性格又“猴急猴急”的,办事效率极高,上级布置的任务通常都能快速完成。刚刚参加团队之时,猴哥有点个人英雄主义,甚至还无视组织纪律。但在唐僧的理想信念感染下,在紧箍咒的约束下,在各路神仙的帮助下,孙悟空逐渐成长为一个成熟的中层管理人员。

猪悟能,多少有些“会干”的本事,但是懒得不愿多想,更不愿多干。可是那只一天到晚呱唧呱唧的嘴巴却很讨唐僧的欢心。也正因如此,他有时还在团队中起了不小的作用,比如调节师徒矛盾、协调团队关系,充当着团队润滑剂的角色。所以,其在团队中也功不可没。这样的角色,许多团队中都存在,只是本人往往不自知。再说,八戒虽然好吃懒做,但关键时刻也不完全是饭桶一个。天蓬元帅的头衔、三十六变的本事外加一只八齿钉耙也帮了猴哥不少的忙。可以说,没有八戒,团队会少一些摩擦,但是更会缺少许多快乐。

沙悟净,挑夫兼保安,最平凡而又最广大的劳动者。只需会干不用多想。就像我们广大平凡员工的一员,朴实无华,工作踏实,平平凡凡,兢兢业业,还不多言多语。几乎没有权力可以行使,却承担着最基层的职责,完成着最基础的工作,获取着该得的薪水,是我们基层员工学习的好榜样。

白龙马,坐骑。这个角色往往被大家忽视,好像他真的只是一匹“马”,其实它才是一条“真龙”。比较而言,白龙马比沙僧更踏实肯干、更默默无闻。他明知自己是条“龙”,但是上级安排他做“马”的工作,他却欣然受之,而且矢志不渝。实实在在地以一条“龙”的身份很好地扮演了自己“马”的角色。而且,团队的一切它都默默地记在心中,想在心头,关键时刻还给八戒出谋划策,为团队的发展做贡献。

笔者以为,在取经团队中那些专找麻烦的“妖魔鬼怪”也承担着重要角色。这些家伙不是无事生非,而是假装要“吃唐僧”,在“妖怪”岗位上履行着如来安排的工作职责。没有他们制造的艰难险阻,哪里凑得齐九九八十一难。不然,取经任务岂不是遥遥无期?

案例分析

1. 在一个团队中,你是什么角色?你的位置在哪里?

如果你具备唐僧的素质,具备掌控全局的能力,你应该争取做一个高层领导。但是你必须像唐僧一样心底永远要有矢志不渝的精神和坚定不移的信念,能够锁定前进的目标,指引前行的道路。

如果你是一个像孙悟空那样的能人,功夫了得、变化多端、关系过硬。那就克服自己内心个人英雄主义的冲动,积极努力,充分表现,远大前程在等着你。

如果你像八戒那样本事有限,缺点不少。那就好好地给领导打个下手,关键时刻拿出真本事,尽到自己的职责。闲暇时节按照自己的性情,过好自己的快乐舒心日子。

白龙马的坐骑岗位让人憋屈,但是它资历有限,又犯了错误,接受了处罚,就要老老实实地改造自己的思想,修正自己的行为,贡献自己的能力,得到上级的重新认可。改邪归正之后,仍然是个优秀的后备干部。

如果你只是一个沙僧，那就像绝大多数沙僧一样，做好自己的本职工作，脚踏实地，勤奋工作，看好自己的责任田，耕好自己的一亩三分地。

除非领导安排你去做有利于团队的“坏事”，那些“妖魔鬼怪”的角色，还是让坏人去担任吧。否则，你的命运一定会像那个没有主子、自学成材的白骨精一样，命丧于猴哥的金箍棒下。

我们在认识自己的同时，还有必要认识他人的缺点、包容他人的短处，特别是要学会欣赏同人的长处。这样团队才能团结和谐、同心同力、共达彼岸。

2. 分析一下为何《西游记》团队能够顺利完成取经任务呢？这将给我们怎样的启示呢？

不要以为唐僧除了唠唠叨叨的念经，就没有其他真本事。他有坚定的理想信念，他知道团队的愿景是什么、目标在哪里。其他人可以紧紧跟随，坚定信念，同心协力去实现理想和目标。

不要妒忌猴哥。他能够做的好多事情我们做不到。我们应该尽心尽力地帮助他去完成团队任务。

不要讨厌八戒。人无完人，大家都有缺点，应该互相包容谅解，这个团队才是一个和谐的团队。再说，一个团队要是少了八戒这样的人，那该是多么死气沉沉而缺少生气啊。

不要看不起沙僧。少了沙僧这样的员工，一切华丽的理想信念，一切远大的目标远景，都是海市蜃楼。我们绝大多数人都像沙僧一样，是一个平凡的劳动者。虽然能力有所局限，但是我们能够在自己力所能及的领域发挥我们的才能，为我们团队目标的实现添砖加瓦，并且也能够取得自己可以企及的收获，不亦乐乎？

不要忘记白龙马。虽然你可能是条“龙”，但是机会使然，你可能只分派到一个“马”的角色，你也一定要振作起“龙马精神”，为团队默默无闻地做出自己的贡献。白龙马不是也一样功成名就了吗？

当今社会，人才无疑是众多生产资料中最为昂贵的资源，企业选人、用人都会对企业的生产成本造成严重的影响，直接关系到企业的经济利润。因此，企业对选人、用人十分关注。然而，对于刚刚毕业的大学生来讲，如何得到企业的青睐？如何选择适合自己的工作岗位？如何合理有效地规划自己的职业生涯？这些也都是关系每个人一生的重大抉择。下面我们就通过企业的选人、用人之道来谈谈企业的人力资源管理，同时来谈谈大学生的择业技巧。

第一节　企业选才之道

企业选才，又称员工招聘，是指组织根据人力管理规划和工作分析的要求，通过各种方式，把具有一定技巧、能力和其他特性的申请人吸收到企业空缺的岗位上，以满足企业人力资源需求的过程。

一、企业选才的原则

1. 以德为先

选用人才的第一个标准是“道德情操”。

没有良好的职业道德、人生观和价值观的人，往往缺乏奉献精神，很难将“做好本职工作”作为对自己的第一要求，严重时其不良倾向波及和影响到整个团队，从而给团队带来较大的管理难度和管理风险。如果职业道德不佳，能力越强的员工，对团队的危害性也就越大。另外，我们需要注意，岗位技能可以培养，但人的道德品质一旦形成，就很难改变。因此，在选用人才时，首先把好应聘者的“职业道德”关。要识别应聘者是否有良好的道德情操，可以通过了解其以前的工作和学习情况来发现；也可以通过他们的言谈举止观察到“蛛丝马迹”，因为一个人内心的想法多数时候会“相由心生”“溢于言表”。

2. 务实为本

“务实”是选用人才的第二个标准。

现在大学毕业生越来越多，好工作却越来越难找，这在一定程度上打击了这些“天之骄子”们的自信心，但眼高手低、好高骛远、自认为怀才不遇者还大有人在。这样的人往往“头重脚轻根底浅”，表现得浮躁、不务实，投机取巧，热衷于做表面文章，很难对团队有较大贡献。任何的成功都是点滴积累的结果，务实型人才深谙此道，他们往往乐于从基础工作做起，一步一个脚印，并逐步成为团队的“栋梁”。要识别应聘者是否有良好的务实精神，可以通过他们以前的工作历史来了解，如果由于个人原因而频繁跳槽，这样的应聘者十有八九不属于务实型人才，因此聘用时需慎重考虑。

3. 良好的团队协作精神。

“良好的团队协作精神”是选用人才的第三个标准。

现代企业几乎不存在“个人英雄主义”逞能的土壤。成功需要团队全体成员精诚合作、协同作战。一个缺乏团队精神的人，表现为自私、利己，很难与别人合作，也很难认可别人的贡献。这样的人将会与团队格格不入，无法融入团队，即使有“一技之长”，也很难有机会施展，最终无法为团队创造出应有的贡献。

要识别应聘者是否有良好的团队精神，可以通过一些小游戏的测试来了解，看看他们个人的表现欲和占有欲的强烈程度。

4. 扎实的专业基础知识

“扎实的专业基础知识”是选用人才的第四个标准。

扎实的专业基础知识是培养其成为“能人”的前提条件。如果应聘者的专业基础知识很差，则会大大增加人才培养的难度和风险（因为专业基础知识是通过多年的学习和积累“固化”在人头脑中的，很难通过短时间的培养产生效果，甚至根本就做不到）。在这些基础知识中，专业知识固然十分重要，但最重要的是具有哲学头脑。因为一个人具备了良好的哲学头脑，则理解和表达能力通常不俗，有利于与人的沟通；此外具备哲学头脑的人，逻辑思维能力会比较强，处理事务时一般会比较严谨和细致，能及时发现问题并准确找到解决方法。

识别应聘者是否具有这些能力，可以请他们就某一个问题进行书面或口头阐述，看看他们对该事物的理性分析程度和表达清晰程度。

5. 认同企业文化

“认同企业文化”是选用人才的第五个标准。

认同企业文化与被聘后人才的稳定程度有关。人才不稳定，不但不利于团队工作的开展，而且会增加人才招聘成本，从而给企业带来不必要的负担。要识别应聘者对企业文化是否有认同感，可以通过向其介绍企业的发展、愿景、用人政策、企业理念等，看他们表现出来的认同程度。

6. 较好的发展潜力

选用人才的最后一个标准是“较好的发展潜力”。

较好的发展潜力是一个人快速成长的先决条件。企业需要的正是这种具有较好发展潜力的人才，因为对这样的人才，企业所付出的成本可能不会很高，但创造的价值却是不断增长的。要识别应聘者是否具有较好的发展潜力，可以通过观察精神面貌去发现，或通过其对事物的个人见解去了解。

这里提到的六个标准，企业可以根据自己的实际情况和对人才的需求情况进行综合权衡。当“称心如意”的人才一时难求时，企业不妨审视一下他们是否具有如上提到的某些素质，也许您就是合格的“伯乐”，他们就是您要寻找的“千里马”。

二、企业选才方法

（一）内部招聘

内部招聘，也称为内部供应，即企业针对空缺岗位进行有效的内部招聘以填补这一空缺岗位的行为。

1. 企业内部招聘的优势

（1）选任时间较为充裕，了解全面，能做到用其所长、避其所短。

（2）他们对组织情况较为熟悉，了解与适应工作的过程会大大缩短，上任后能很快进入角色。

（3）内部提升给每个人带来希望，有利于鼓舞士气，提高工作热情，调动员工的积极性，激发他们的上进心。

2. 企业内部招聘的劣势

（1）容易造成“近亲繁殖”，老员工有老的思维定式，不利于创新，而创新是组织发展的动力。

（2）容易在组织内部形成错综复杂的关系网，任人唯亲，拉帮结派，给公平、合理、科学的管理带来困难。

（3）内部备选对象范围狭窄。

索尼公司的内部招聘制度案例

有一天晚上，索尼董事长盛田昭夫按照惯例走进职工餐厅与职工一起就餐、聊天。他多年来一直保持着这个习惯，以培养员工的合作意识和与他们的良好关系。这天，盛田昭夫忽然发现一位年轻职工郁郁寡欢，满腹心事，闷头吃饭，谁也不理。于是，盛田昭夫就主动坐在这名员工对面，与他攀谈。几杯酒下肚之后，这个员工终于开口了："我毕业于东京大学，有一份待遇十分优厚的工作。但是，进入索尼之前，对索尼公司崇拜得发狂。当时，我认为进入索尼，是我一生的最佳选择。但是，现在才发现，我不是在为索尼工作，而是为科长干活。坦率地说，我这位科长是个无能之辈，更可悲的是，我所有的行动与建议都得科长批准。我自己的一些小发明与改进，科长不仅不支持、不解释，还挖苦我癞蛤蟆想吃天鹅肉、有野心。对我来说，这名科长就是索尼。我十分泄气，心灰意冷。这就是索尼？这就是我的索尼？我居然放弃了那份优厚的工作来到这种地方！"这番话令盛田昭夫十分震惊，他想，类似的问题在公司内部员工中恐怕不少，管理者应该关心他们的苦恼，了解他们的处境，不能堵塞他们的上进之路，于是产生了改革人事管理制度的想法。之后，索尼公司开始每周出版一次内部小报，刊登公司各部门的"求人广告"，员工可以自由而秘密地前去应聘，他们的上司无权阻止。另外，索尼原则上每隔2年就让员工调换一次工作，特别是对于那些精力旺盛、干劲十足的人才，不是让他们被动地等待工作，而是主动地给他们施展才能的机会。在索尼公司实行内部招聘制度以后，有能力的人才大多能找到自己较中意的岗位，而且人力资源部门可以发现那些"流出"人才的上司所存在的问题。

3. 企业内部招聘的具体程序

（1）发布工作公告。通过一定的方式将空缺职位信息传达给本组织内所有部门的所有人员。信息包括职位名称、所属部门、薪资等级、该职位上司姓名、工作场所、工作内容的简单描述、资格要求以及对候选人选拔的方法、技能评定的方法。组织内的人才还可向人力资源管理部门咨询，询问该职位以后的发展机会。

（2）建立人事记录。可以审阅以往的人事记录或利用申请表建立新的人事记录。通过审查这些人事记录，可以发现哪些候选人现在所从事的工作是低于他们所具有的知识水平和能力水平的，可以发现哪些人具有发展潜力、人才需要哪些方面的培训，可以发现哪些人已经具备了从事空缺职位的能力与背景。

（3）建立人才技能库。例如，在医院"药剂分析师"库中，医院将所有接受过这种培训或者具备这种能力的人名都列出来。如果门诊部门急需一名药剂师，而技能库显示具备这种技能的赵小姐在住院部做护士，就可以由人事部门直接去找赵小姐，征求她对到门诊部做药剂师的意见。

（二）外部招聘

企业外部招聘是指企业从企业现有员工之外，寻求适合空缺岗位的相关人员。企业进行外部招聘可以采取招聘广告、校园招聘、招聘会、就业代理机构、猎头公司、申请人自荐、网上招聘等形式。

企业在招聘员工时，不可避免地要考虑两个方面问题：一是能否招聘到合格的员工，二是招聘成本。第一个问题是招聘的目的。如果不能招聘到合格的员工，则整个招聘就是失败的。为了能够达到招聘的目的，必须考虑：应聘者的基本条件，选择范围，如何在选择的范围内有效地搜寻应聘者，考察或测试的方式，招聘者的条件及工作方式。

企业外部招聘的具体程序如下。

(1)识别岗位空缺。即确定什么时候、什么岗位需要招人。识别岗位空缺，主要是根据业务发展需要、退休计划、辞职情况等进行空缺岗位识别。由于招聘员工需要时间，特别是挑选合格的员工需要时间比较长，所以需要提前识别岗位空缺，以免造成工作间断。一般企业都会规定员工辞职要提前一个月通知企业。即便有这样的规定，也经常出现员工今天交了辞职报告明天就走的情况。为了应付这样的突发事件，现在许多企业都建立了各自的人才库，以便面对员工突然辞职的窘境时能够迅速找到合适的人员填补空缺岗位。

(2)确定填补的方法。就是一旦出现人员空缺应选择内部招聘还是外部招聘的方法。

(3)确定招聘的方式与途径。就是确定公开招聘还是小范围招聘，是通过广告招聘还是通过猎头进行推荐或委托等。

(4)确定应聘者条件和招聘时间。

第二节　企业育才与留才之道

一、企业的育才之道

企业通过层层筛选，终于找到了适合空缺岗位的合格人员，此时企业员工的培训就变得非常重要。培训是人力资源开发的重要方式。面对瞬息万变的经济环境和不断变化的企业需求，员工培训应根据企业的实际需要进行及时、有效的调整。具体培训内容如下。

(1)知识培训。与工作有关的各方面知识是员工培训的首要内容，组织应通过各种形式的培训使员工掌握相关知识。比如请名师讲座，委托名校进行定向培养，也可以选择本单位适宜的场地自行组织培训。

(2)技能培训。员工从事本职工作需要熟练掌握业务技能、人际交往技能，这些技能主要是通过培训获得。对于不同层次的员工，培训内容应各有侧重。对于高层管理人员应侧重判断力、决策力、创新力、灵活应变力等方面的培训。对于中层和基层管理人员则应侧重人际技能和业务能力的培训。

(3)态度培训。态度培训是工作绩效的重要因素，而员工的工作态度能否转变以适应组织文化和工作需要又主要取决于培训。要想最大限度地提高组织运转效率，必须通过培训增强全体员工对企业文化的认同感，使其将企业荣辱与自身紧密联系在一起，对企业产生强烈的归属感、荣誉感和忠诚度。

(4)选择合适的员工培训方法。员工培训方法有很多，针对不同的培训内容往往采用不同的培训方法。例如，进行以技能为主的培训时，常采用情景模拟，案例分析与研究、文件处理等方法;进行以传授知识为主的培训时,常采用讲座、视听教学、程序化教学、计算机辅助学习等方法;进行以改变态度和行为为主的培训时,常采用角色扮演、行为模拟等方法。

东京迪士尼乐园员工培训案例

世界上有6个很大的迪士尼乐园,在美国佛罗里达州和加利福尼亚州的这两个迪士尼都有一段历史了,并创造了很好的业绩。不过全世界开办最成功的、生意最好的,却是日本东京迪士尼乐园。美国加州迪士尼营业了25年,有2亿人参观;东京迪士尼,最高纪录一年可以达到1 700万人参观。研究这个案例,看看东京迪士尼是如何吸引回头客的。

一、重视员工培养,引客回头

开酒店或经营乐园,并不是希望客人只来一次。如果今天一对夫妇带孩子逛乐园,这孩子长大了以后会再来吗?他或她会带女朋友或男朋友再来吗?将来他又生了孩子,他的小孩子又会再来吗?如果回答是肯定的,这才叫作引客回头。住酒店也是同样的道理,很少有酒店会注意到一名客人会不会来第二次和第三次,所以只强调让客人来住店,却没有想到引客回头。因此,东京迪士尼要让老客户回头,就得在这个问题上动脑筋。

到东京迪士尼去游玩,人们不大可能碰到迪士尼的经理,门口卖票和剪票的也许只会碰到一次,碰到最多的还是扫地的清洁工。所以东京迪士尼对清洁员工非常重视,将更多的训练和教育大多集中在他们的身上。

二、从扫地的员工培训起

东京迪士尼扫地的有些员工是暑假工作的学生,虽然他们只工作2个月时间,但是培训他们扫地要花3天时间。

(1)学扫地。第一天上午要培训如何扫地。扫地有3种扫把:一种是用来扒树叶的;一种是用来刮纸屑的;一种是用来掸灰尘的,这三种扫把的形状都不一样。怎样扫树叶,才不会让树叶飞起来?怎样刮纸屑,才能把纸屑刮得很好?怎样掸灰,才不会让灰尘飘起来?这些看似简单的动作却都应严格培训。而且扫地时还另有规定:开门时、关门时、中午吃饭时、距离客人15米以内等情况下都不能扫。这些规范都要认真培训,严格遵守。

(2)学照相。第一天下午学照相。十几台世界最先进的数码相机摆在一起,各种不同的品牌,每台都要学,因为客人会叫员工帮忙照相,可能会带世界上最新的照相机,来这里度蜜月、旅行。如果员工不会照相,不知道这是什么东西,就不能照顾好顾客,所以学照相要学一个下午。

(3)学包尿布。第二天上午学怎么给小孩子包尿布。孩子的妈妈可能会叫员工帮忙抱一下小孩,但如果员工不会抱小孩,动作不规范,不但不能给顾客帮忙,反而增添顾客的麻烦。抱小孩的正确动作是:右手要扶住臀部,左手要托住背,左手食指要顶住颈椎,以防闪了小孩的腰,或弄伤颈椎。员工不但要会抱小孩,还要会替小孩换尿布。给小孩换尿布时要注意方向和姿势,应该把手摆在底下,尿布折成十字形,最后在尿布上面别上别针,这些地方都要认真培训,严格规范。

(4)学辨识方向。第二天下午学辨识方向。有人要上洗手间,“右前方,约50米,第三号景点东,那个红色的房子";有人要喝可乐,"左前方,约150米,第七号景点东,那个灰色的房子";有人要买邮票,"前面约20米,第十一号景点,那个蓝条相间的房子"……顾客会问各种各样的问题,所以每一名员工要把整个迪士尼的地图都熟记在脑子里,对迪士尼的每一个方向和位置都要非常地明确。

(5)后勤人员。如果在迪士尼里面,有一种员工是不太接触客户的,就是会计人员。迪士尼规定:会计人员在前两三个月中,每天早上上班时,要站在大门口,对所有进来的客人鞠躬、道谢。因为顾客是员工的"衣食父母",员工的薪水是顾客掏出来的。感受到什么是客户后,再回到会计室中去做会计工作。迪士尼这样做,就是为了让会计人员充分了解客户。

(6)怎样与小孩讲话。迪士尼有很多小孩,这些小孩要跟大人讲话。迪士尼的员工碰到小孩在问话,统统都要蹲下,蹲下后员工的眼睛跟小孩的眼睛要保持一个高度,不要让小孩子抬着头去跟员工讲话。因为那个是未来的顾客,将来都会再回来的,所以要特别重视。

(7)怎样对待丢失的小孩。从开业到现在的十几年里,东京迪士尼曾丢失过2万名小孩,但都找到了。重要的不是找到,而是在小孩子走丢后从不广播。如果这样广播:"全体妈妈请注意,全体妈妈请注意,这边有一个小孩子,穿着黑裙子白衬衫,不知道是谁家的小孩子,哭得半死……"所有妈妈都会吓一跳。既然叫作乐园就不能这样广播,一家乐园一天到晚丢小孩子,谁还敢来。所以在迪士尼里设下了10个托儿中心,只要看到小孩走丢了,就用最快的速度把他送到托儿中心。从衣服、背包来判断小孩大概是哪里人,衣服上有没有绣他们家族的姓氏;再问小孩,有没有哥哥、姐姐、弟弟、妹妹,来判断父母的年龄;有的小孩小的连妈妈的样子都描述不出来,都要想办法在网上开始寻找,尽量用最快的方法找到其父母。然后用电车把父母立刻接到托儿中心,小孩正在喝可乐、吃薯条、啃汉堡,过得挺快乐,这才叫乐园。他们就这样在十几年里找到了2万名小孩,而最难得的是从来不广播。

(8)怎样送货。迪士尼乐园里面有喝不完的可乐,吃不完的汉堡,享受不完的三明治,买不完的糖果,但从来看不到送货的。因为迪士尼规定在客人游玩的区域里是不准送货的,送货统统在围墙外面。迪士尼的地下像一个隧道网一样,一切食物、饮料统统在围墙的外面下地道,在地道中搬运,然后再从地道里面用电梯送上来,所以客人永远有吃不完的东西。这样可以看出,迪士尼多么重视客户,所以客人就不断去迪士尼。去迪士尼玩10次,大概也看不到一次经理,但是只要去一次就看得到他的员工在做什么。这就是前面讲的,顾客站在最上面,员工去面对客户,经理人站在员工的底下来支持员工。人们都应该建立起来这种观念。

西门子公司的培训

1. 西门子公司简介

西门子公司是德国的一家著名的电子产品公司,历史悠久,规模庞大。它于1847年创立,至今已有150多年的历史,拥有40万名职工。它从创办时期的2个人发展到今天成为世界500强中的第22位、德国100家大企业的第3位和世界六大电气公司之一,其经历颇具传奇色彩。

如今,西门子业务遍布世界五大洲 190 多个国家和地区,涉及能源、通信、工业、交通、信息、医疗、电子元器件、工业自动化、家用电器等领域,成为当今全球电子电器行业中最大的综合型跨国公司之一。

西门子进入中国至今,已将中国发展成为西门子亚太地区业务的一个主要基地。目前,西门子全球的各项业务在中国都有开展,其中包括信息与通信、自动化与控制、电力、交通、医疗、照明和家用电器等。如同在世界其他地方一样,基础设施建设是西门子主要的在华业务领域之一。西门子在中国各地设有 40 多家公司和 28 个地区办事处,为 2.1 万人提供了就业机会。

2. 西门子的多级培训制度

在人才培训方面,西门子创造了独具特色的培训体系——多级培训制。西门子的人才培训计划从新员工培训、大学精英培训到员工在职培训,涵盖了业务技能、交流能力和管理能力的培训。通过一系列的培训,帮助公司新员工具备较高的业务能力,提高员工知识、技能、管理能力,并储备了大量的生产、技术和管理人才。因此,西门子公司员工常年保持着高素质,这是西门子强大竞争力的来源之一。

1)新员工培训

新员工培训又称第一职业培训。在德国, 15~20 岁的年轻人如果中学毕业后没有进入大学,要想工作,就必须先在企业接受 3 年左右的第一职业培训。

在第一职业培训期间,学生要接受双轨制教育:一周工作 5 天,其中 3 天在企业接受工作培训,另外 2 天在职业学校学习知识。这样,学生不仅可以在工厂学到基本的职业技能和熟练的工作技巧,而且可以在职业学校接受相关基础知识教育。通过接近真刀实枪的作业,他们的职业能力及操作能力都会得到提高。

企业内部基本上使用技术最先进的培训设施,保证了第一职业培训的高水平。因此,第一职业教育证书在德国经济界享有很高的声誉。由于第一职业培训理论与实践相结合,为年轻人进入企业提供了有效的保障,也深受年轻人欢迎。在德国,中学毕业生中有 60%~70% 接受第一职业培训,20%~30% 选择上大学。

早在 1992 年,西门子就拨专款设立了专门用于培训工人的“学徒基金”。这些基金主要用于吸纳部分 15~20 岁的中学毕业后没有进入大学的年轻人,参加企业 3 年左右的第一职业培训。

现在,西门子公司在全球拥有 60 多个培训场所,如在公司总部慕尼黑设有韦尔·冯·西门子学院,在爱尔兰设有技术助理学院。它们都配备了最先进的设备,每年培训经费近 8 亿马克。目前,共有 1 万名学徒在西门子接受第一职业培训,约占员工总数的 5%。他们学习工商知识和技术,毕业后可以直接到生产一线工作。

第一职业培训(新员工培训)保证了员工一正式进入公司就具有很高的技术水平和职业素养,为企业的长期发展奠定了坚实的基础。

2)大学精英培训

西门子计划每年在全球接收 3 000 名大学生。为了吸引和选用这些宝贵的人才,西门子也制订了专门的计划。

西门子特别重视与大学生的沟通,以增强对大学生的吸引力。公司同各国高校建立了密切联系,为学生和老师安排各种活动(诸如举办报告会),并无偿提供实习场所和教学场所。

1995 年 4 月,西门子在北京成立了“高校联络处”,开始与高校建立稳定而持久的伙伴关系,加强与高校师生及各院系、研究所的联系和沟通。西门子每年在重点院校颁发 300 多项奖学金,并为优秀学生提供毕业后求职的指导和帮助。现在,“高校联络处”已经成为西门子和高校沟通的桥梁。

进入西门子的大学毕业生首先要接受综合考核,考核内容既包括专业知识,也包括实际工作能力和团队精神,公司根据考核结果安排适当的工作岗位。

此外,西门子每年还从大学生中选出 30 名尖子生进行专门培训,培养他们的领导能力。培训时间为 10 个月,分 3 个阶段进行:①第一阶段,让大学生全面熟悉企业的情况,学会从因特网上获取信息;②第二阶段,让大学生进入一些商务领域工作,全面熟悉本企业的产品,并强化他们的团队协作精神;③第三阶段,将大学生安排到下属企业(包括境外企业)承担具体工作,在实际工作中获取实践经验和知识技能。

目前,西门子共有 400 多名这种“精英”,其中四分之一接受海外培训或在国外工作。事实证明,大学精英培训计划为西门子储备了大量高素质的管理人才。

3)员工在职培训

西门子人才培训的第三个部分是员工在职培训。西门子认为,市场竞争日趋激烈,在颇具灵活性和长期性的商务活动中,知识和技术必须不断更新换代,否则就跟不上商业环境及新兴技术的发展步伐。所以,西门子特别重视员工的在职培训,在公司每年投入的 8 亿马克培训费中,有 60% 用于员工在职培训。

西门子的员工在职培训主要有 2 种形式:一是西门子管理教程;二是在职员工再培训计划。其中,管理教程培训尤为独特有效并闻名于全球。

西门子员工管理教程分 5 个级别,各级培训分别以前一级别培训为基础,从第 5 级别到第 1 级别所获技能依次提高。其具体培训内容大致如下。

(1)第五级别:管理理论教程。

培训对象:具有管理潜能的员工。

培训目的:提高参与者的自我管理能力和团队建设能力。

培训内容:西门子企业文化、自我管理能力、个人发展计划、项目管理、了解及满足客户需求的团队协调技能。

培训日程:与工作同步的一年培训;均为期 3 天的两次研讨会和一次课堂讨论会。

(2)第四级别:基础管理教程。

培训对象:具有较高潜力的初级管理人员。

培训目的:让参与者准备好进行初级管理工作。

培训内容:综合项目的完成、质量及生产效率管理、财务管理、流程管理、组织建设及团队行为、有效的交流和网络化。

培训日程:与工作同步的一年培训;分别为期5天的研讨会两次和为期2天的课堂讨论会一次。

(3)第三级别:高级管理教程。

培训对象:负责核心流程或多项职能的管理人。

培训目的:开发参与者的企业家潜能。

培训内容:公司管理方法、业务拓展及市场发展策略、技术革新管理、西门子全球机构、多元文化间的交流、改革管理、企业家行为及责任感。

培训日程:一年半与工作同步的培训;均为期5天的研讨会两次。

(4)第二级别:总体管理教程。

培训对象:必须具备下列条件之一,①管理业务或项目,并对其业绩全权负责者;②负责全球性、地区性的服务者;③至少负责两个职能部门者;④在某些产品、服务方面是全球性、地区性业务的管理人员。

培训目的:塑造领导能力。

培训内容:企业价值、企业前景与公司业绩之间的相互关系、高级战略管理技术、知识管理、识别全球趋势、调整公司业务、管理全球性合作。

培训日程:与工作同步的培训两年;均为期6天的研讨会两次。

(5)第一级别:西门子执行教程。

培训对象:已经或者有可能担任重要职位的管理人员。

培训目的:提高领导能力。

培训内容:根据管理学知识和西门子公司业务的需要而制定,随着两者的发展变化,不断更新。

培训日程:根据需要灵活掌握。

通过参加西门子管理教程培训,公司中正在从事管理工作的员工或有管理潜能的员工得到了学习管理知识和参加管理实践的绝好机会。这些教程提高了参与者管理自己和他人的能力,使他们从跨职能部门交流和跨国知识交换中受益。同时,在公司员工间建立了密切的内部网络联系,增强了企业和员工的竞争力,达到了开发员工管理潜能、培养公司管理人才的目的。

3. 西门子的培训经验

西门子公司能发展成为世界电气界的一颗璀璨明星,与西门子对人才的重视有很大的关系。一整套对人才的选拔、培养、造就办法,成为公司整体发展战略的重要组成部分。西门子一贯奉行"人的能力可以通过教育和培训而提高"的理念,因而它始终坚持由公司自己来培养和造就人才。

1)庞大的企业教育系统

早在1910年,西门子就为其内部人员开设了正式的培训课程。早期的培训是在车间进行的,后来建立了各类专门的培训学校,并有了专业的培训老师。目前,整个公司拥有11个综合培训中心、700 名专业教师和近 3 000 名兼职教师，在 18 个国家和地区设有 39 个培训中心，形成了庞大的企业教育系统。

在中国，西门子与北京市国际技术合作中心合作，共同建立了北京技术培训中心，西门子投资 4 000 万马克。合同规定，中心在合同期内负责为西门子在华建立的合资企业提供人员培训。目前，该中心每年可以对 800 人进行培训。

在西门子的全体员工中，每年参加各种定期和不定期培训学习的多达 15 万人。为此，公司每年投资 6 亿 ~7 亿马克用于培训及购置最先进的培训实验设备。

2）包罗万象的培训内容

西门子公司的培训内容包罗万象，课题针对各个部门和员工的实际需要。为适应技术进步和管理方式的变化，课程内容每年都有 20% 以上的调整。大部分培训项目都是根据公司当前的生产、经营和应用技术的需要而设置的，并且很大一部分是在工作岗位上完成的。

二、企业留才之道

公平的人才评价体系，透明的企业考核制度以及有效的人才激励原则是当今企业留才的制胜法宝。

（一）人才评价体系

每一位员工的工作成绩都希望得到企业的认可，因此近年来各企业纷纷制定了符合自身企业要求的员工绩效考核体系，以激励员工积极工作，完成既定工作目标。

1. 人才评价体系的原则

（1）公开原则。应该最大限度地减少考评工作者和被考评工作者双方心中的神秘感，使用科学化的考评程序、明确化的考评内容和公开化的考评原则进行有效考评。

（2）客观性原则。要求用事实说话，切忌主观武断和感情用事。若缺乏事实依据，宁可不做评论，或可注明“无从观察”或“待深入调查”等意见。

（3）可行性和实用性原则。考评体系科学、合理、有效，操作简单，内容条理清晰，具有较强实用性。

（4）重视时效性。考评体系要考核当期工作状况，不能以过往工作成绩作为当期考评依据，考评时段与考评数据要相吻合。

2. 人才评价体系的方法

（1）因素评分法。首先，根据考评目标设立各项考评因素，并赋予各项考评因素权重；其次，根据实际情况界定考评度的等级标准及定义；再次，考评者针对所列考评因素及考评度即定义评测被考评者的工作绩效，给予适当分数。

（2）关键事件法。将绩效考核的注意力集中在那些有效从事一项工作与无效从事一项工作的关键行为上。

（3）360 度绩效反馈体系。采用主管考评、自我考评、同事考评、下属考评及客户和供应商考评的全方位考评体系对员工的自身工作进行全方位评价。

(二)人才激励机制

如何有效地激励员工,已成为现代企业管理中的重要问题。所谓激励,就是组织通过设计适当的外部奖酬形式和工作环境,以一定的行为规范和惩罚性措施,借助信息沟通、激励、引导、保持和规范组织成员的行为,以有效地实现组织目标及其成员目标的系统活动。

1. 激励的方式

激励的方式包括物质激励和精神激励两种。

1)物质激励

物质需要是人类的第一需要,是人们从事一切社会活动的基本动因。物质激励是通过物质资励的手段,鼓励员工工作。具体表现形式有两种:一种是正激励,如发放工资、奖金、津贴、福利等;另一种是负激励,如罚款等。

2)精神激励

精神激励是十分重要的激励手段,通过满足员工的社交、自尊、自我发展和自我实现的需要,在较高层次上调动员工的工作积极性。其激励深度大、维持时间长。具体形式有目标激励、示范激励、参与激励、情感激励、职业生涯激励等。

萧何月下追韩信

秦末农民战争中,韩信仗剑投奔项梁军,项梁兵败后归附项羽。他曾多次向项羽献计,始终不被采纳,于是离开项羽前去投奔了刘邦。有一天,韩信违反军纪,按规定应当斩首,临刑时看见汉将夏侯婴,就问道:“难道汉王不想得到天下吗,为什么要斩杀壮士?”夏侯婴以韩信所说不凡、相貌威武而下令释放,并将韩信推荐给刘邦。刘邦见到韩信后,觉得韩信身材瘦小,认为他不会成大器,并未予以重用。所以,韩信每天都无所事事,只能在南郑的驿馆里读书下棋。后韩信多次与萧何谈论,为萧何所赏识。

刘邦至南郑途中,韩信思量自己难以受到刘邦的重用,中途离去。而萧何得知此事后,立即骑了一匹快马,迅速去追韩信。此时,韩信的马已经出了南郑城东门,向北进人了褒谷。因张良返回关中时,已烧毁了褒斜栈道,道路十分难走,许多地方不得不涉水过河。韩信策马跑着,到了一个地方,忽然被前面一条溪水挡住了去路。这条溪水,今名西沟,原名寒溪,自西向东注入褒水。平时寒溪水浅,行人可以涉水过河。

恰巧这天夜晚,寒溪上游下了一场暴雨,水位暴涨,韩信无路可走,只好在溪水前停下脚步。这时萧何骑马追赶上来并跳下马鞍,上气不接下气地说:“韩都尉怎么不辞而别?你不是胸怀大志,要建功立业吗?今日除了汉王,还有谁能够统一天下?都尉还是跟我一道回去吧!”韩信看见萧丞相累得满头大汗,气喘吁吁,脚上穿的鞋子也因马不停蹄,跑得太快而丢失,他觉得萧何确有爱才之心,不好再说什么,就随萧何返回了南郑。

萧何与韩信回到城中后,却被刘邦怒斥:“众将逃亡许多,你不去追,为何独追一个韩信?”萧何却回应说:“众将容易得到,而韩信乃国士无双,若大王欲得天下,除韩信以外,再没有为你统兵打仗的人了。”刘邦这才相信了萧何的话,就要召见韩信,委为大将。萧何批评说:“我王素来傲慢无礼。今天要拜大将,就如呼喊一个小孩子一样,这就是韩信要逃走的原因。”刘邦问：“那该怎么办呢？”萧何：“我王要拜韩信为大将，必须要选择一个黄道吉日，沐浴更衣，吃素食，戒酒肉，恭恭敬敬地斋戒七日，还要筑好坛场，准备好一切拜大将的礼节，方可隆重举行拜将仪式。”刘邦最后被萧何说服，在汉中城南专门为韩信建造坛场，并拜韩信为大将。有谚语说：“不是寒溪一夜涨，哪得汉朝四百年？”

所以，刘邦能得天下，萧何和韩信都起到了不可缺少的作用。

三顾茅庐　看爱惜人才

三国蜀·诸葛亮《出师表》有云：“先帝不以臣卑鄙，猥自枉屈，三顾臣于草庐之中。”

汉末，黄巾事起，天下大乱，曹操坐据朝廷，孙权拥兵东吴，汉宗室豫州牧刘备听徐庶和司马徽说诸葛亮很有学识，又有才能，就和关羽、张飞带着礼物到南阳郡古隆中去请诸葛亮出山辅佐他。恰巧诸葛亮这天出去了，刘备只得失望地回去。不久，刘备又和关羽、张飞冒着大风雪第二次去请诸葛亮。不料诸葛亮又出外闲游去了。张飞本不愿意再来，见诸葛亮不在家，就催着要回去。刘备只好留下一封信，表达自己对诸葛亮的敬佩和请他出来帮助自己挽救国家危险局面的意思。过了一段时间，刘备吃了三天素之后，准备再去请诸葛亮。关羽说诸葛亮也许是徒有虚名，未必有真才实学，不用去了。张飞却主张由他一个人去叫，如他不来，就用绳子把他捆来。刘备把张飞责备了一顿，又带他俩第三次去请诸葛亮。当他们到诸葛亮家前，已经是中午，诸葛亮正在睡觉。刘备不敢惊动他，一直站到诸葛亮醒来，才彼此坐下谈话。

诸葛亮见到刘备有志替国家做事，而且诚恳地请他帮助，就出来全力帮助刘备建立蜀汉皇朝。《三国演义》把刘备三次亲自请诸葛亮的这件事情，叫作“三顾茅庐”。多少年来，刘备“三顾茅庐”一直被传为佳话，刘备寻觅人才、求贤若渴，令人敬仰。刘备对人才的真情值得我们学习，其对人才的态度更值得我们去思索。在现今，人才竞争越来越激烈，高层次创新型人才匮乏的现实下，我们该怎样去爱才、敬才？树立怎样的人才意识？以下将从求才、识才、请才、用才、敬才几个人方面做分析。

1. 多方寻访求才

人才对企业发展的重要性很大，这是毋庸置疑的。人才是经济发展的主导力量。他们在很大程度上影响着经济的发展方向、速度、潜力、市场竞争力和经济效益。人才是经济发展的动力，谁拥有人才，谁就拥有成功，拥有未来。

正因为人才有如此重要的作用，所以我们应该用一双慧眼，以求贤若渴的心态去多方寻觅，以时不我待、如饥似渴的精神求才引才，增强使命感和紧迫感。自古以来，我国就有重才爱才的传统，萧何“月下追韩信”就是千古流传的求才佳话。

我们必须站在时代和战略的高度，充分认识人才的重要作用，以求才若渴、只争朝夕的精神，不拘一格广纳英才，坚持不唯学历、不唯职称、不唯资历、不唯身份的选才原则，解放思想，创新方法，以踏实的工作作风做好选才工作，能够不拘一格地求才、选才。

2. 多种途径识才

人才就是一匹千里马，它需要慧眼识英才的伯乐去识别并发掘。善于发现人才，要有眼力，要开阔视野，拓宽渠道，走群众路线，多倾听民众的声音，善于发现群众公认的、有政绩的、有能力的人才。

善于发现任劳任怨、踏踏实实工作的人才。拿破仑关于人才不可替代性的观点，强调了人才的重要作用，同时也警示我们识别人才不当的风险有多可怕。辨别人才不能忽略人才的德，德才兼备才是理想的人才。

要多观察，听其言，观其行，坚持看人品、看水平，而不能看关系、看假想。坚持唯才是举，反对任人唯亲。不要用唯一的标准去评判、考量人才，职称、学历并不等于人才，人才也不等于全才，要多维度、全方位地去评价，多用逆向思维去评判，坚持人品高于一切的识才理念，去发现社会生活中的奇异之才。

3. 多方联手请才

发现了人才，就需要引进并留住人才为我所用。如何请进人才？

首先要制定相关的政策，包括吸引人才的政策，为引进人才、留住人才创设良好的环境和条件。

其次要建立有利于留住人才和人尽其才的收入分配制度，为他们提供施展的平台，解决他们的后顾之忧，让人才创业有机会，干事有舞台，发展有空间。如随州的民间艺术——皮影戏，因种种原因，濒临绝迹，急需抢救保护，对于极少数掌握此技艺的民间艺人，就应把他们作为人才，给予相关的政策与待遇，为他们的传承提供平台，解决他们的后顾之忧，让这一民间艺术得以传承和发扬。

4. 多条路子用才

在人才的使用上要遵循各尽其能的原则，牢固树立以人为本的观念，让人才在使用中成长，在使用中增长本领，在使用中发挥作用。把人才素质能力与岗位需要结合起来，让人才在合适的岗位中尽其能。尊重人才成长规律，让人才在黄金时期尽其能，积极打造鼓励创新的良好环境，让人才心无旁骛地尽其能。

同时，必须解放思想，更新用人的观念，摒弃各种陈旧观念和偏见，树立事业至上的理念，讲资历但不唯资历。要知人善用，坚持平等、竞争择优的原则。建立有利于人才脱颖而出、充分施展才能的选人用人机制，能够不以个人喜好为标准，不以个人利益为手段，从大局出发用才，让人才有自由发展的空间。

5. 多种措施敬才

求才不易，发现人才如获至宝，就要用心对待人才，真诚爱护人才，像对待“至宝”一样尊重、善待人才。要努力营造尊重劳动、尊重知识、尊重人才、尊重创造的良好氛围，使人才资源是第一资源成为全社会的共识。

要格外关心人才的学习和生活，不断改善他们的生活条件，千方百计帮助他们解决各种实际问题。对待人才全在一个“情”字，不同的“情”，收到不同的回报。我们千万不能这样：没有人才盼人才，盼来人才冷落人才，等到人才要“流动”了，又千方百计阻挠，完全不尊重人才。

刘备三顾茅庐的故事，就是对爱才、敬才理念的完美阐释。让我们树立强烈的人才意识，以求才之心、识才之眼、爱才之德、用才之胆、敬才之真，广纳英才，为企业的稳健发展提供强有力的人才支撑。

要想留住人才，公平的环境和透明的发展平台是非常重要的！

第三节 大学生的择业技巧

前文从不同方面介绍了企业选才、用才、留才等的相关知识。下面，我们将站在入职者的角度讨论一下，如何得到一家心仪企业的青睐。要想进入一家心仪的企业，首先要通过招聘与企业搭建一条有效的沟通桥梁，那么对于刚刚踏出校门的大学毕业生而言，投递简历就成为与企业沟通的关键环节。

一、简历撰写

简历不需要太多文字，只需突出几个重点。工作经验是很重要的一部分，包括之前的工作成绩、特长等；如果是在校生，可以呈现学习成绩、实践经验，学习的专业内容、掌握的技能也可以展示。

简历最重要的内容有两点：一是能体现你的求职优势，二是符合招聘公司的招聘要求。你可以通过以下步骤制作一份好简历。首先，明确你的求职意向，即你想从事什么职业。其次，上网查询这些职业的招聘要求，对照要求撰写特长及以前的工作经历，也可以让朋友帮忙，说出你尽可能多的优点，注意不要是空话或过度强调具有某种能力，而应该有具体事例和经历支撑，来说明你具备某种能力。最后，从网上找一份简历模板，对照里面的选项，把你的资料填写进去，把你的优点表现出来。

二、面试技巧

面试是企业与员工的初次见面，也是彼此留下较深印象的一次能力考评过程，因此被面试者要牢牢抓住这一机会，争取获得面试官的好评。

1. 面试的基本礼仪

1）时间

提前 5~10 分钟到达面试地点，以表示求职者的诚意，给对方以信任感，同时也可调整自己的心态，做一些简单的仪表准备，以免仓促上阵，手忙脚乱。为了做到这一点，一定要牢记面试的时间、地点，有条件的同学最好能提前去一趟。这样，一来可以观察、熟悉环境，二来便于掌握路途往返时间，以免因一时找不到地方或途中延误而迟到。如果迟到了，肯定会给招聘者留下不好的印象，甚至会丧失面试的机会。

2）入场

进入面试场合时不要紧张。如门关着，应先敲门，得到允许后再进去。开关门动作要轻，以从容、自然为好。见面时要向招聘者主动打招呼问好致意，称呼应当得体。在面试官没有请你坐下时，切勿急于落座。面试官请你坐下时，应道："谢谢。"坐下后保持良好的体态，切忌大大咧咧、左顾右盼、满不在乎，以免引起反感。离去时应询问："还有什么要问的吗?”得到允许后应微笑起立,道谢并说“再见”。

3)面试过程

对面试官的问题要逐一回答。对方给你介绍情况时,要认真聆听。为了表示你已听懂并感兴趣,可以在适当的时候点头或适当提问、答话。回答面试官的问题时,口齿要清晰,音量要适度,答话要简练、完整。一般情况下,不要打断面试官的问话或抢问抢答,否则会给人急躁、鲁莽、不礼貌的印象。问话完毕,听不懂时可要求重复。当不能回答某一问题时,应如实告诉面试官,含糊其辞和胡吹乱侃会导致面试失败。对重复的问题也要有耐心,不要表现出不耐烦。

4)态度

在整个面试过程中,要保持举止文雅大方,谈吐谦虚谨慎,态度积极热情。如果面试官有两位及以上时,回答谁的问题,你的目光就应注视谁,并应适时地环顾其他面试官以表示你对他们的尊重。谈话时,眼睛要适时地注意对方,不要东张西望,显得漫不经心,也不要眼皮低望,显得缺乏自信,激动地与主试人争辩某个问题也是不明智的举动,冷静地保持不卑不亢的风度是有益的。有的面试官专门提一些无理的问题试探你的反应,如果你“一触即发”,乱了分寸,面试的效果显然不会理想。

2. 面试的着装技巧

1)女士着装技巧

女士着装以整洁美观、稳重大方、协调高雅为总原则,服饰色彩、款式、大小应与自身的年龄、气质、肤色、体态、发型和拟聘职业相协调、相一致。

Ⅰ.服装的选择要得体

女士求职服装一般以西装、套裙为宜,这是最通用、最稳妥的着装,不论年龄,一套剪裁合体的西装、套裙和一件配色的衬衣或罩衫外加相配的小饰物,会使你显得优雅而自信,会给对方留下良好的印象。切忌穿太紧、太透和太露的衣服。不要穿超短裙(裤),不要穿领口过低的衣服;夏天,内衣颜色应与外套协调一致,避免透出颜色和轮廓,否则会让人感到不庄重、不雅致,也给人轻佻之感,这是求职之大忌。大量的求职实践表明,不论是应聘何种职业,保守的穿着会被视为有潜力的候选人,会比穿着开放的求职者更容易被录用。

女性求职者服装的颜色可有多种选择,有些女性认为面试时一定要穿黑色套装,这种穿法虽然十分稳重,但是现在社会已能接受一些较鲜艳的颜色。比如,谋求公关、秘书职位的女性穿黄色服装就容易被主试人接受,因为黄色通常表现出丰富的幻想力和追求自我满足的心理。红色能显示人的个性好动而外向,主观意识较为强烈而且有较强的表现欲望,这种颜色感染力强,容易打动主试人,令他振奋,使他印象深刻。不过,女性应该避开粉红色,这种颜色往往给人以轻浮、圆滑、虚荣的印象。

Ⅱ.鞋子要便利

女士穿鞋也大有学问,总的原则是应和整体相协调,其颜色和款式应与服装相搭配。面试时,不要穿长而尖的高跟鞋,中跟鞋是最佳选择,既结实又能体现职业女性的尊严。设计新颖的靴子也会显得自信而得体。但穿靴子时,应该注意裙子的下摆要长于靴端。

Ⅲ.饰物

尽量少戴首饰,眼镜会使一些人外表增色,也可能使一些人显得不协调。尽量选择适合自己的镜框,但千万不可戴太阳镜(护目镜)去面试,当然更不能戴反光镜。假如你非戴眼镜不可,可选择隐形眼镜。

2)男士装技巧

Ⅰ.挺括的西装

在传统观念中,上衣、西裤和马甲三件套西装更正式,两件套也可以,但衣裤要成套。此外,首先注意平时就准备好一至两套得体的西装,不要到面试前才去匆匆购买,那样不容易选购到合身的西装。其次颜色应当以主流颜色为主,如深蓝色、咖啡色、黑色、灰色等,不要穿格子、条纹、花纹的,这样在各种场合才不会显得失态。对于求职的大学生而言,衣服价钱、档次应符合学生身份,不要盲目攀比,乱花钱买高级名牌西服,如果用人单位看到求职者的衣着太过讲究,不符合学生身份,对求职者的第一印象也会打折扣。最后,西服一定要挺括,不能皱皱巴巴的,也不能太过时、太老旧,西服袖口的商标一定要减掉。

Ⅱ.洁净的衬衫

男士面试衬衫多以白色或浅色为主,经典白色衬衫永不过时,这样较好配领带和西裤。深色西装配上白色衬衫,给人以潇洒的风度;而蓝色衬衫能体现出智慧、沉稳的气质。衬衫领开口、皮带扣和裤子前开口外侧应该在一条线上。衬衫应该是硬领的,领子要干净、挺括,短袖衬衫和圆领衫不宜在正式场合穿着。衬衫下摆要放入裤腰内。

Ⅲ.潇洒的领带

男士参加面试最好打领带,这样可以增添风采。领带以真丝材质为好,必须干净、平整、挺括,上面不能有油和其他痕迹。平时应准备好与西服颜色相衬的领带,在配色方面,以和谐为美,不要追求标新立异,以免弄巧成拙。一条价格适中、清洁整齐、色彩和谐的领带,远远胜过不相协调的名牌领带。领结要打得坚实、端正,不要松松散散,领带尖千万不要触到皮带,尽可能别上领带夹。

Ⅳ.配套的鞋袜

皮鞋以黑色为宜,黑色鞋容易搭配服装。皮鞋要以舒适大方为宜。面试前一天要上油、刷亮,擦去灰尘和污痕。穿时鞋带要系牢。皮鞋也尽量不要选给人攻击性感觉的尖头款式,方头系带的皮鞋是最佳选择。皮带和皮鞋应是同一质地的,如果不是,就要在颜色上找到统一。袜子的颜色也有讲究,西服革履时不要穿白色袜子,尤其是深色西装,一定要搭配同色系的袜子。如果没有同色系的袜子,则以深灰色、蓝色、黑色等深色为宜,最好和鞋的颜色一致,这样在任何场合都不失礼。袜子保持足够的长度,以袜口抵达小腿为宜。

3.面试的语言技巧

1)倾听的技巧

注意倾听是一种重要的交流信息的技巧。

面试的实质就是面试官与应试者进行信息交流,从而获得全面评价的过程,形式上充分体现在“说”和“听”上。应试者注意倾听,不仅显示对面试官的尊重,而且只有通过专心致志地倾听,才能抓住问题的实质,否则就可能不得要领,答非所问。

因此,在面试中应注意以下几点:一是目光要专注,要有礼貌地注视面试官,并且要不时地与面试官进行眼神交流,视线范围大致在鼻以下胸口以上,千万不要东张西望;二是尽量微笑,适时爽朗的笑声可活跃气氛,但绝不可开怀大笑;三是用点头来对面试官的谈话做出反应,并适时说些简短而肯定对方的话语,如对、可以、是的、不错等;四是身体要稍稍向前倾斜,手脚不要有太多的姿势,如果漫不经心、表情木然,则容易影响面试官对自己的印象。

在面试中,应试者除了注意倾听面试官的提问,同时还要注意察言观色。根据面试官的体态变化,了解面试官的内心活动及其对自己的认识和态度,从而做到知己知彼,有针对性地应付,变被动为主动。其一,应密切注意主试者的面部表情。如对方听了你的介绍,双眉上扬、双目上张,则是惊奇、惊讶的表现。可能表明,你就是他们理想的人选,有相识甚晚的感觉。这时你可能成功了一半,一定要锲而不舍。如果对方听了你的介绍后皱眉,则表示不高兴或遇到麻烦、无能为力等;也可能表明你不是他们的意中人,这时你可以采取其他途径进一步努力。其二,要密切注意观察面试官的目光。对方听你自我介绍时,双目直视前方、旁若无人,则表明他是一个高傲的人、“了不起”的人,那么你讲话时就要力争满足他的自尊心理。如果对方眼睛眨个不停,则表明他在表示怀疑、疑问,那么你就力争把问题解释清楚。如果对方眯着眼看你,则表示他比较高兴,那么你的介绍可能打动对方,再继续下去,就可能成功。如果对方白了你一眼,则表示他对你或你的某句话反感,这时你就要特别注意。总之,只要你认真观察,就会透过心灵的窗户——眼睛,把握对方的内心世界,力争主动权。

2)语言表达技巧

准确、灵活、恰当的语言表达,是面试的关键环节。

如果你的各方面条件都不错,但由于你表达能力差,不能将所要表达的内容充分表达出来,主试者会因难以了解你而不录用你。在同等条件下,谁的表达能力强,善于宣传推销自己,谁就能在竞争中获胜。

应试者在谈话中应着重掌握以下几种语言表达技巧。

Ⅰ.简明扼要

面试中的交谈受时间和内容的限制,不同于平时闲聊,绝不可漫无边际地“侃”。说话应简明扼要,这不完全是一个话语量多少的问题,即不能用说话的时间长短来判断。它包含了数量和质量的关系,就是用最少量的话语传递尽可能多的信息。通常要注意三个问题:一要紧扣提问回答;二要克服啰唆重复的语病;三要戒掉口头禅。

Ⅱ.通俗朴实

通俗朴实是对应试者语言风格的要求,即应试者的语言要通俗易懂、朴实无华。否则,面试官就可能听不懂,无法理解你要表达的内容,进而影响对你的了解和评价。因此,应试者说话首先一定要注意通俗化、口语化,避免使用那些过于书面化的语言,既不亲切,又很难懂,往往事与愿违,其次要质朴无华,如果片面追求语言的新奇华丽,过分雕琢,就会给人以炫耀之嫌,必定使面试官会产生反感。所以,语言贵在自然、朴实、生动,表达真情实感。

Ⅲ.要善于运用生动形象和幽默风趣的语言

生动形象、幽默风趣的语言有助于增强语言的吸引力，活跃谈话气氛。在面试交谈中，应试者要注意避免使用枯燥乏味、干瘪呆板的语言，尽量使自己的语言生动、形象、富有情趣，给面试官以感染力，增强其对你的好感和信任。当在面试过程中出现令双方难堪的局面时，你可用一句幽默的话岔开，消除尴尬，缩短双方之间的距离。说一句能引起对方发笑的话，就可以把双方不愉快的情绪冲淡，使谈话能友好地继续下去。

Ⅳ.注意谈话的语速

面试时，谈话的节奏会影响语言表达的质量和效果，这就是应试者不可忽视的语速问题。在现实生活中，你可能是个快言快语的人，也可能是说话慢条斯理的人。但在面试中，语速最好是不快不慢。一般来说，面试中的问答是平铺直叙的，如介绍自己的一些基本情况、谈谈对公司前景的看法等。所以，没必要慷慨激昂、振臂挥舞。在语速上也不必像朗诵诗歌般抑扬顿挫。口齿要清楚，说话时注意断句，以显示你的思路清晰、沉着冷静。另外，在面试时还应注意语气要平和，语调要恰当，音量要适中。语气是指说话的口气。语调则是指一句话的腔调，也就是语音的高低轻重配合。打招呼、问候时宜用上升语调，加重语气并带拖音，以引起对方注意。自我介绍时，最好用平缓的陈述语气，不宜使用感叹语气。声音过大令人厌烦，声音过小难以听清。音量的大小要根据面试现场情况而定。两人面谈且距离较近时声音不宜过大，集体面试而且场地开阔时声音不宜过小，以每个招聘者都能听清你的讲话为标准。

4. 问答技巧

问答技巧包括应答技巧和提问技巧两个方面。面试时，应试者主要是以回答面试官的提问来接受测评的，同时也应主动提出一些问题，来显示应试者的整体素质。

1)应答技巧

Ⅰ.先说论点，后说论据

应试者在回答问题时，要考虑自己所说内容的结构，在尽可能短的时间内组织好说话的顺序。一般来说，回答一个问题，首先提出你对问题的基本观点，然后再逐一用资料等论证、解释。这样做，既有利于应试者自己组织材料，又可以给主试者一个思路清晰的好印象。否则，你滔滔不绝地讲了半天，对方还没有明白你的论点，就会认为你思路不清，这样你很可能会失去一次机遇。

Ⅱ.扬长避短，显示潜力

常言道：寸有所长，尺有所短。每个人都有自己的优势与不足，如何在有限的时间内充分体现你的优势，扬长避短，显示潜力，是一种艺术。扬长避短，既不是瞒天过海，更不是弄虚作假，而是一种灵活性与掩饰性技巧的体现。如性格内向的人就容易给人留下深沉有余、积极开放不足的印象。因而，性格内向的人在面试时衣着宜穿得明快些，发言时主动、大胆、热情，以弥补自己性格的不足。对于大学毕业生来讲，学习成绩是面试者非常重视的一个因素。在一般情况下，学习成绩不好，会影响你的面试结果。但是，如果你换一个角度来谈这个问题，很可能使主试者认为你很有个性。例如，如果面试官问你："你在学校是怎么学习的，为什么学习成绩这么差?"你不妨这样回答："我对目前照本宣科的教学方法实在不能接受,没有办法专心学习,我喜欢计算机,并在这方面下了很大功夫,目前已经拿到了二级证书,且影响了学习成绩,实在不好意思。”或者说:“我在学校时是学生会干部,社团工作很多,我又非常热心于这些工作,所以学业被耽误了。”如此回答,不仅有可能得到面试官的理解,甚至有可能使面试官认为,你有特长、有较强的组织能力和一定的工作经验,又热心社会工作,反而增加了你被录取的可能性。由此可见,在面谈时要充分发挥自己的长处,掩饰自己的短处。

Ⅲ.遇到不便回答的问题可以拒绝回答

一般情况下,面试官在面试时不应提出有关应试者隐私或其他不便回答的问题。但是,有的面试官出于某些特殊工作的要求,或是出于其他原因,可能会对应试者提出一些棘手的问题。对于这样的问题,有些应试者不愿回答,即使回答,往往也是支支吾吾、含糊其词,给主试者留下不好的印象。与其这样,应试者不如直截了当地说:“对不起,我暂时不愿回答这个问题。”

2)提问技巧

面试时,应试者也可以向面试官提出自己的问题,但一定要注意以下内容。

Ⅰ.提出的问题要视面试官的身份而定

面试前你最好弄清面试官的职务,要知道面试官是一般工作人员,还是负责人,是哪一级的负责人。要视面试官的职务来提问题,不要什么问题都问,以免面试官无法回答,引起面试官对你反感。如果你想了解求职单位共有多少人、学历结构、主要业务方面的问题,就不要向一般工作人员提问,而要向单位负责人提问。

Ⅱ.应试者通常可提的问题

一般情况下,应试者可向面试官提出以下3个方面的问题:一是单位性质、上级主管部门、组织机构、人员结构、成立时间、产品和经营状况等;二是单位在同行业中的地位、发展前景、所需人员的专业及文化层次和素质要求;三是单位的用工方式、内部分配制度、管理状况、经济效益和社会效益等。

Ⅲ.要注意提问的时间

要把不同的问题安排在谈话进程的不同阶段提出。有的问题可在谈话一开始提出,有的可以在谈话进程中提出,有的则要放在快结束时再提。不要毫无目的地乱提,更不可颠三倒四、反反复复提那么几个问题。因此,在谈话之前,要将所要提的问题一一列出,按照谈话进程编出序号,反复看几遍,以便在谈话时头脑清醒,知道提问的顺序。

Ⅳ.要注意提问的方式、语气

有些问题,可以直截了当地提出来,如贵单位人员结构、贵单位岗位设置等。有些问题,则要委婉、含蓄地提出来,如想了解求职单位职工收入情况和自己去了以后的收入等,应该委婉地问:“贵单位有什么奖惩条例、规定?”“贵单位实行什么样的分配制度?”等。另外在询问时,一定要注意语气,要给人一种诚挚、谦逊的感觉。千万不可用质问的语气向对方提问,这样会引起反感。

Ⅴ.不提模棱两可、似是而非的问题

与职业、专业有关的问题，一定不要不懂装懂，提出幼稚可笑的问题。因为从提问中可以看出提问者的知识水平、思维方式、个人价值观等。由于谈话的对象、时间、地点、目的不同，提问题应注意的事项不可能一一列举。总之，应试者要重视提问技巧的学习和运用，这对求职影响极大，不可轻视。

5. 摆脱困境的技巧

应试者在面试时，往往由于过度紧张、长时间的沉默或一时讲错话使自己陷入困境。遇到这种情况，若不能沉着应对，会影响自己面试的整体表现。因此，面试时应掌握如下几方面的技巧。

1）克服紧张的技巧

紧张是面试中最常见的情况，面试对求职者非常重要，而面试往往又是在陌生的地方，与陌生人对话，因此求职者产生紧张情绪是很正常的。适度紧张可以帮助求职者集中注意力，但若过分紧张，不仅会给面试官留下不良印象，还会使你无法正常地回答问题，使面试陷入困境。

要克服面试紧张的问题，应遵循如下原则：

（1）以平静的心态参加面试，否则压力越大越紧张；

（2）面试前进行充分准备，不把一次面试的得失看得过重；

（3）深呼吸是缓解紧张的有效办法；

（4）不要急于回答提问者的问题，回答问题时注意讲话的速度；

（5）如果的确非常紧张，最好的办法是坦白告诉面试官“对不起，刚才有点紧张，让我冷静一下，再回答您的问题”，通常面试官会理解你，而你也因为讲了出来，觉得舒服多了，紧张程度也大为减轻。

2）打破沉默的技巧

有时面试官长时间保持沉默，故意来考验应聘者的反应。遇到这种情况，许多应聘者因没有思想准备，会不知所措，陷入困境。那么，应付这种局面最好的办法是预先准备一些合适的话题或问题，乘机提出来；或是顺着先前谈话的内容，继续谈下去，来打破僵局，走出困境。

3）讲错话的应对技巧。

人在紧张的场合最容易说错话。比如在称呼别人时，将其职务甚至姓名张冠李戴。经验不足的应聘者碰到这种情形，往往会懊悔万分，心慌意乱，越发紧张，最好的应付办法是保持冷静。若说错的话无关紧要，也没有得罪人，可以若无其事，专心继续面试交谈，切勿懊悔不已。通常面试官不会因求职者一次小的失误，而放过合适的人才。若说错的话比较严重，为防止误会，应该在合适的时间更正道歉。例如：“对不起，刚才我紧张了点，好像讲错了，我的意思是……请原谅。”出错之后，坦诚地纠正自己的错误说不定会因此博得面试官的好感。

企业的选才是一个“伯乐”寻找“千里马”的过程，同样选择优秀的企业并快速适应企业的用人需要也是当下刚踏入社会的大学生们所要修炼的第一课，希望上述内容能够帮助更多的企业获得更多的可用之才,也能够让更多的优秀毕业生寻找到更多的适合自己的工作岗位。

课后案例

孙悟空命运抉择与员工职业规划

孙悟空大闹天宫,最后被西方如来佛祖压在五指山下五百年。五百年后,孙悟空受观世音点化保护唐僧西天取经做了一名“行者”！唐僧来到五指山,揭下封条,顺利把孙悟空解救出来。自此,孙悟空喜脱天灾,唐僧喜得高徒,两人甚是欢喜！但是,两人的关系随着一个小事故而迅速瓦解了,那就是孙悟空出手打死了6个拦路抢劫的强盗。对于这个事件,唐僧和孙悟空有如下对话。

三藏道:“你十分闯祸！他虽是剪径的强徒,就是拿到官司,也不该死罪;你纵有手段,只可退他去便了,怎么就都打死？这却是无故伤人的性命,如何做得和尚？出家人‘扫地恐伤蝼蚁命,爱惜飞蛾纱罩灯’,你怎么不分皂白,一顿打死？全无一点慈悲好善之心！早还是山野中无人查考;若到城市,倘有人一时冲撞了你,你也行凶,执着棍子,乱打伤人,我可做得白客,怎能脱身?”悟空道:“师父,我若不打死他,他却要打死你哩。”三藏道:“我这出家人,宁死绝不敢行凶。我就死,也只是一身,你却杀了他六人,如何理说？此事若告到官,就是你老子做官,也说不过去。”行者道:“不瞒师父说,我老孙五百年前,据花果山称王为怪的时节,也不知打死多少人;假似你说这般到官,倒也得些状告是。”三藏道:“只因你没收没管,暴横人间,欺天诳上,才受这五百年前之难。今既入了沙门,若是还像当时行凶,一味伤生,去不得西天,做不得和尚！忒恶！忒恶!”

唐僧对于孙悟空打死六个强盗的做法非常非常生气,认为孙悟空简直就是不可理喻,没有管教,根本就不符合做和尚的资格。大家想,孙悟空一辈子无法无天,什么时候受过这种气？哪能受得了这个?

见三藏只管絮絮叨叨,按不住心头火发道:“你既是这等,说我做不得和尚,上不得西天,不必恁般绪咶恶我,我回去便了!”那三藏却不曾答应,他就使一个性子,将身一纵,说一声:“老孙去也!”三藏急抬头,早已不见。

一个筋斗云离开了,唐僧还没觉得咋的呢,一眨眼就没了。

孙悟空离开唐僧以后去哪儿了呢？回没回花果山？没回花果山！去哪里了？对,去了东海龙宫！为什么去东海龙宫而不回花果山呢？大家可以想象一下,孙悟空判处500年有期徒刑,刑满释放想不想家？当然想！那么想自己的亲人,但是他为什么还是没回家呢?

因为这个时候的孙悟空可不是以前的孙悟空了,他经过500年的反思与思考,终于明白了一件事:之前的所作所为是多么无知啊！与此同时,他也对自己的将来和明天充满了迷茫。他很茫然,以后的路到底应该怎么走？人生的方向到底在哪里？职业生涯到底应该如何规划？迷茫不定!

虽然被唐僧赶回来了,但是说实话他还没有真的下定决心要离开唐僧,因为这对于他来讲确实是一次非常难得的发展机会。以前上天其实给了他很多次机会，他都没有把握住，这次也许是最后一次了。如果放弃了，以后的路到底怎么走，真的很难说。这时候的选择对于他的整个一生、职业生涯规划相当重要！两种选择，代表着两种不同的人生；两种选择，也一定会给他带来两种不同的结果。

他到了东海龙宫，东海龙王给他做了一系列的思想工作，并讲了“黄石公三试张良”的故事，很含蓄地告诉孙悟空做人应该懂得感恩。孙悟空是如何反应的呢？原文对孙悟空的描述非常简单，就一句话：“悟空闻言，沉吟半晌不语。”

他沉默了半天不说话，那他在干吗呢？在想，在琢磨，在进行激烈的思想斗争！这可是两种前途、两种命运的斗争啊！如果要回花果山为王为尊，做他的美猴王，当然现在来看非常好，但是做美猴王也就是孙悟空这一辈子人生的结局，再不会有太大的突破了（像牛魔王一样小富即安，娶个老婆，置办些家业而已）。如果回到唐僧身边呢？只要能熬出来，绝对拥有正大光明的出身，位列天庭高官之列。但是如果选择取经，就势必要受唐三藏的管制，势必改变自己的性格和做事情的行为准则，并且在这个过程当中，一定还要吃很多很多的苦！

所以这个时候的孙悟空进行了激烈的思想斗争。成仙成佛是他所期望的，但是他也明白，要想得到这样的结果就必须做出太多太多的改变，而且这些改变都是非常痛苦的。孙悟空真的不知道怎么办了，只能在这里沉思。正当他左右徘徊、犹豫不决的时候，龙王给他加了把火，其实也是给了他一个台阶下。

孙悟空经过利益的权衡，毅然决定返回取经团队，回到唐僧的身边。孙悟空做出这个选择，说明他已经决定要对自己的性格和以往的做法有所改变，这是他慎重考虑的结果，既然选择了这条路，就要按照这条路的规则行事，否则一定不会有什么好的结果。并且孙悟空心里很明白，自从官封弼马温开始一直到现在，天庭给了他很多次机会，但他都没有把握好，如果不把握好这次机会，也许以后再也没有这样的机遇了，所以他毅然选择返回唐僧身边。

以上情节或多或少曾经发生在你、我、他等很多人的身上。曾几何时，当我们面对人生重要的分岔路口时，我们左右徘徊、难以抉择；曾几何时，当工作遭遇困难的时候，我们左右为难，不知是去是留。这样的事情发生在我们的身边或者是我们自己身上的太多了，最终决定还是要由你自己来选择。但是在这里，奉劝大家要积极学习孙悟空的勇气和智慧。那么一个盛气凌人、狂妄自大的他都甘愿放下自己的身段，改变自己的性格，忍辱负重追求自己心中的那个梦，每天就只知道空喊口号，但是一遇到困难、压力，就要退缩的人，难道不能从中感悟到点什么吗？所以各位，从你决定要修成正果的那天开始，就注定了你要历经九九八十一难，注定你要改变并且是很痛苦地改变原来的自己，改变自己的性格，去适应这个社会的规则和各方面的环境。

职业生涯就是一个人的职业经历，要想有一个精彩的人生，就必须对自己的人生与职业做出合理的规划，这样才能一步步地走向成功。你对自己的人生与职业进行规划了吗？请根据上述所学内容再次对你的职业生涯进行有效的规划？

职业规划:人生一堂必修课

“30岁之前,别指望挣多少钱!”这是当我刚踏上营销路的时候,我的上司给我的忠告。有人说良言可以让一个人受用一辈子,我不敢说这句话可以让我受用一辈子,但起码让我至今受用。后来当我达到我上司职位级别的时候,我也将这句话送给我所有的下属。

人在年轻的时候比较高傲和浮躁,总是想一口吃个胖子或一步能登上天。而这句话虽然朴实,但我却认为蕴含着深刻的职业定位道理。它告诉所有还没有到30岁的营销人或所有涉业不深的营销人(当然也针对其他行业的职业人员),30岁之前,做好营销生涯的职业定位和规划比挣钱更重要;它也毫不客气地反问那些轻狂浮躁的营销人,30岁之前你又能挣多少钱?

现在很多人耐不住性子,心浮气躁,眼高手低,只要给更高的薪水,不管什么行业,不管能干多久,不管是否符合自己以后的发展方向,都义无反顾地跳槽。正如我在《营销人,你闭关了吗?》一文中所说,30岁的时候出现职业蹉跎,不进则退!这是目前很多未到30岁的营销人职业状况的真实写照。

我们可以算一笔账,假设你上学没有留过级或复读并顺利考上大学,毕业后顺利找到理想的工作单位,你选择的单位是除上海、北京、深圳和广州之外的中等城市的一家民营快速消费品企业,且其年销售额过亿(选择民营企业更具有代表性)。

从你出生起计算,第6年完成幼儿园教育,第12年完成小学教育,第15年完成初中教育,第18年完成高中教育,第22年完成本科教育。当你完成本科教育的时候,你离到30岁只有8年。我们假设你一毕业就找到了合适的工作,也没有走弯路(但实际情况是一个刚毕业的大学生毕业后1~3年都处在一个择业期),这8年的平均月薪是4 000元,8年你挣了38.4万元。而这38.4万元正好是一个营销副总裁的年薪。因此,我们可以从经济学的角度去分析这种机会成本。如果30岁之前,你没有做出很好的规划,没有打好基础,你就可能会失去成为营销副总裁的机会,这就是你的机会成本。

30岁之前,对于大多数营销人来说,没有什么资本去要求获得更高的薪水,因为一没经验,二即使是名校毕业,但学历也不能给企业带来直接的经济效益。因此,营销人30岁之前更多的是向“前”看而不是向“钱”看,更多的是要“渔”而不是要“鱼”。

古语有云:“欲速则不达。”老子说:“合抱之木,生于毫末;九层之台,起于累土;千里之行,始于足下。”荀子说:“不积小流,无以成江河;不积跬步,无以至千里。”这些道理告诉我们,职业发展也要遵循循序渐进的自然规律。

30岁之前,对于一个营销人而言,本人认为应该做到“六要”:要戒骄戒躁,要谦虚务实,要诚实肯干,要勤奋好学,要慎近思远,要大智若愚。只有这样你才能有一个好的心态,心态决定了你有一个好的定位,定位决定了你有一个好的规划,规划决定了你有一个好的未来。

口才难以遮挡长久的无才,外表掩盖不了真实的内在,小聪明只能逞一时的得意,不义之财终究花得不光彩。营销人只有脚踏实地地工作,具备真才实学才会有一个美好的将来。

在此本人想结合自己的经历和大家分享——作为一个营销人如何进行30岁前的职业

规划。我认为营销人要做好职业规划必须要做好五件事。

一、职业规划三要素分析

本人总结的职业规划三要素为爱好、性格和特长。

第一,爱好。我认为爱好应该是营销人进行职业生涯规划时考虑的首要因素。因为只有你喜欢营销这个职业,你才可能去主动投入,而也只有你主动投入了你才可能有收获,才可能会取得成就。如果你不喜欢营销这个职业,所有的工作你都是在被动地接受,手到了心却没到,没用心自然不会获得好的结果。所以,当你决定从事营销行业时,你要问自己是否真的喜欢这个行业,还是抱着试试看的态度或其他原因。

第二,性格。古话说:"江山易改,本性难移。"一个人的性格是很难改变的,但也并不是不可改变的。我认为爱好可以改变一个人的性格。性格通常被分为外向、中性和内向三种,作为营销人,你就要分析你的性格属于哪一种。你的职业决定了你的大部分时间是在和人打交道,因此外向的性格当然更好。但也不代表内向的人就不能从事营销工作,对于一个性格内向(如不善于和陌生人打交道,不善言辞、不善沟通)的人,关键看你能不能改变以适应营销职业的需要。如果你无法改变或不愿改变(改变是痛苦的),那么你最好选择其他职业。

第三,特长。特长是你现有专长和潜在专长的总称。特长也分为基础特长和专业特长。基础特长包括沟通能力强、组织能力强等,专业特长如计算机熟练、擅长策划等。在计划经济时代,由于职业人在企业一干就是一辈子,改变外部环境的空间很小,所以自我完善强调的是如何去弥补自己的不足。在市场经济条件下,职业人的流动性增强,改变外部环境的空间加大,因此如何最大限度地发挥自己的优点成为自我完善的核心。世界上没有完美的东西,自然也没有十全十美的人,特长的发挥成为一个人取得成功的关键,因为有时候不足很难弥补,而且将弥补不足的时间用于发挥自己的优势更重要。因此,特长分析很关键。

二、选好行业

古语说,三百六十行,行行出状元。俗语又说,男怕选错行,女怕嫁错郎。因此,营销人选对行业很重要。在市场经济下,任何行业都需要营销人员。营销人员在选择行业时必须从自身和行业特点两个方面进行分析。

在自身方面,要统筹考虑到爱好(如有的人喜欢 IT 行业,有的喜欢医药行业)、性格(如培训行业对性格有很高的要求,仪器行业需要营销人员性格中性,不要太张扬,给人以可信赖的感觉)和特长(如医药、机械等产品技术含量高的行业要求营销人员必须是相关专业毕业的)。

在行业特点方面,有的行业发展已经趋于成熟,对营销人员的素质要求较高;有的行业才刚刚起步,需要冲劲大的营销人员;快速消费品行业由于操作精细需要销售人员有吃苦耐劳的精神,医药行业的非处方市场要求营销人员有良好的医院人脉等。

因此,如果你喜欢自己的专业,又喜欢营销,你可以选择专业对口的行业。如果你的专业无法对口(如经济学、哲学等),在快速消费品行业或耐用品行业中发展是一个比较好的选择,因为在这样的行业中你能得到很好的锻炼。

三、做好职业细分

营销工作有很多细分岗位，如市场销售人员、市场策划人员、品牌管理人员、产品开发人员、后勤保障人员、销售经理或总监助理等都称为营销人员。

面对这么多职位，你如何选择？本人的意见是尽管岗位很多，但从性质上我们可以分为两类：销售与市场。

销售为"武"，市场为"文"，具体特征可参阅《我是这样理解市场营销的》一文。武者，性格要外向，擅于执行，果断决策，带兵打仗，冲锋陷阵；文者，性格内向或中性，擅于思考，缜密分析，运筹帷幄，从旁谏言；选择文还是武，要结合自身和当前具体情况。

当然，作为一个优秀的营销人，能文武兼备自然最好，但能做到这一点的毕竟是少数。就如同一个销售总监做不好市场总监，一个市场营销教授做不好企业营销老总一样。所以，如果你要做营销，那就面临着先做销售还是先做市场的问题。本人认为如何抉择，主要看哪个岗位进入阻力最小，因为刚进入营销行业时，阻力过大会挫人锐气，重者使人滋生退意，不利于以后的长期发展。

四、选好企业

做好职业细分后，就要选择目标企业。当然，世界500强不一定是最好的，适合的才是最好的。

我们首先要讨论的是，选择外资企业还是内资企业。本人认为要结合自身情况权衡利弊，正如我在《中国营销人应该向谁学习》一文中所说，任何一件事都有好的一面和不好的一面，同时任何决定都必须有前提。

要想去外资企业，你的综合素质必须要高，否则不会被录取。由于外资企业（如可口可乐）运作了上百年，其营销体系很健全，也很规范，不论什么岗位都会接受专业化的培训，同时其有一整套完善的销售模式（如可口可乐的101系统）和方法（如可口可乐的线路图），你只要按照它的规则做事就行。因此，选择外资企业有以下好处：第一，你可以接受良好、规范和系统的培训；第二，掌握先进的销售模式和方法；第三，还可以给自己的职业生涯镀金。不好的方面是：第一，固有的模式限制了个体的创新；第二，强势品牌让销售人员在销售中始终占据主动地位，无法锻炼销售人员在弱势状况下的市场问题解决能力；第三，由于要求高，人员变动较小，个人晋升的空间有限。

而内资企业的状况正好相反。不好的方面是：第一，很难接受系统的培训；第二，销售模式和方法需要自己摸索；第三，镀金效果没外资企业好；第四，由于品牌相对处于弱势地位（如娃哈哈），销售难度相对较大。好的方面是：第一，销售人员可以很好地发挥主观能动性和创新意识；第二，锻炼销售人员在弱势条件下的市场解决问题的能力；第三，凭业绩说话，考核相对公平，晋升机会多，空间大。

因此，我们经常说，一个外资企业的销售经理到内资企业就不一定能做好，一是不适应，认为企业不规范；二是内资企业品牌处于弱势，销售经理要面对和解决比在外资企业多得多的各种疑难问题。一个外资企业的销售经理的市场操作能力不一定比内资企业的销售经理强，外资企业好的销售业绩是建立在外资企业的品牌和完善的营销模式上，而内资企业好的销售业绩相对而言是建立在优秀的销售经理上。因此，我认为一些内资民营企业在招聘销售经理时，选择优秀的内资企业从业人员可能比选择外资企业更好。

其次，我们要讨论选择目标企业的基本条件。例如你选择的是快速消费品行业，那么这个目标企业应该具备以下特征：年销售额在亿元以上(至少五千万)，企业所处的细分行业正在高速发展，企业产供销一体化，企业发展势头强劲，老板谦虚敬业。首先，这样的企业基础好，经过几年的发展趋于规范，不至于太乱或变数太大，同时企业处于积极实现规模经济中，企业薪酬也比较可观(比起刚起步或成熟的企业)。其次，企业有进一步的发展空间，个人发展机会更多。当然，一个新企业、商贸企业或一个规模较小(年销售额在一千万以下)的企业，也并不是不可以选择，但选择时相对的风险和对你的判断力要求更高。

五、做好 30 岁前的职业规划图

古语说，谋定而后动。这是有道理的。做完了以上的分析和判断之后，就要对自己 30 岁前的 5~8 年的营销生涯进行规划，形成一个清晰的职业脉络并按此脉络一路前行。

在规划中要考虑到重要的四点。

第一点，慎重选择，求稳为先。

选择企业时一定要慎重，哪怕多花些时间，一旦选择了不宜跳槽。因为，第一，跳槽会让你再一次花时间去熟悉新的环境，做出业绩的时间显然要推后；第二，由于经验不足、职务不高，跳过去还是主管，等于从头再来，浪费时间；第三，到新环境人员不熟，遇到企业关系复杂，或许干不长久，留下败笔(企业的人力资源部门可不喜欢频繁跳槽的人)；第四，人脉资源需要时间去建立，或许无法建立，缺少支持的营销如何发力，最终只能主动走人。而在一个企业做的时间长一些(一般至少 3 年)，以上的问题就或许不会发生，同时更重要的是，只有你用较长的时间深入到一个企业后，你才能真正掌握一个企业营销的精髓，走马观花，看到的只是表面现象。

第二点，任何企业都有问题。

不要以为到了一个新企业，企业就没有问题。每个企业都有问题，每个企业都有每个企业的问题，只是问题不同罢了。

第三点，搞清时间长度和时间密度的问题。

我们举一线销售人员的例子来说明，通常情况下，一个销售人员在销售职业中要遵循 1235 的职业发展时间规律，即做 1 年业代，做 2 年销售主管，做 3 年区域经理，做 5 年省区或分公司经理。为什么这样安排？前 3 年是基础，要打牢；后 8 年是带团队、做管理，要扎实。其后再做大区经理或销售总监、营销总经理就能驾轻就熟多了。但时间的长度不是衡量经验和能力的标准，这要看营销人员的学习能力和悟性。有的人做 1 年区域经理等于别人做 3 年，因此我说看的是时间的密度，是看你对老岗位知识的掌握多少和对新岗位的胜任能力。

第四点，在规划中设定不同阶段的岗位及时间目标、知识掌握目标、能力目标和薪酬目标。

岗位目标就是你各个阶段所要达到的岗位层次。如用 1 年的时间从销售代表做到销售主管。知识掌握目标就是在不同的阶段你所需要掌握的知识，如在销售代表阶段，所要掌握的知识是终端拜访和生动化等；在区域经理阶段，所要掌握的知识就是经销商开发和管理、区域市场促销策划等。能力目标就是你能真正管理多少人和多大的区域。所以，不要被职务头衔的光环绕昏了头脑，一个企业给你一个销售经理的头衔，你却只负责一个城市的一个片区，做着与业代相同的工作，我认为这不叫销售经理，就是个业代。薪酬目标可以给你增加一些前进的动力，也是你能力和价值的体现，所以薪酬目标也是要定的，如第一年年薪2万元，第四年年薪6万元等。

目标决定你的方向，方向决定了你的结果。

做好以上五件事后，你30岁之前的营销职业规划就算完成了，但如何按规划去执行和在执行中不断微调也很关键。其实，关于营销人职业生涯规划的文章和书籍很多，各位可能多有拜读。但本人认为要么过于理论化，要么过于形式化，要么是理论一大堆，要么是让你做选择题。

本人结合自身的成长经历和做过一段时间人力资源的工作经历来与各位进行这个话题的探讨，希望能给各位营销人带来一些行之有效的帮助。我想，如果运行良好的话，你起码能像我一样“成功”！

“30岁之前，别指望挣多少钱，做好职业生涯规划是关键！

第九章　企业融资管理

课前案例

万燕的成功与挫折

说到“万燕 VCD”，可能很多人并不熟知，然而伴随着万燕 VCD 的诞生，我国成为世界上第一台 VCD 的成功开发者和制造者。在我国电子行业中，很少有像 VCD 这样，刚一出产就占据了世界第一生产大国地位，并在技术创新和产品开发上与国际前沿大体保持同步水平；亦很少有像 VCD 行业这样，从最初产品开发不到几年时间内，便通过价格战方式在厂商之间展开激烈竞争。

VCD 行业的兴衰暗含着很多管理学方面的丰富知识，我们不妨通过万燕 VCD 的故事来开始学习之旅。

1992 年 4 月，时任安徽省某电视技术研究所负责人的姜万勐受约到美国参加一次电视技术展览会，在这次展览会上，他发现 MPEG 压缩技术，便决定与 C-CUBE 公司创始人孙燕生利用 MPEG 技术开发后来被称为 VCD 的电子消费产品。1992 年 12 月生产出世界第一台家用 VCD。随后双方出资 1 700 万美元成立公司，取名“万燕”。1993 年 9 月，万燕第一代产品问世，被抢购一空。1994 年，万燕销售出 2 万台 VCD，独占 VCD 市场。至此，万燕利用 1 700 万美元开发了一个产品，创造了一个市场，确立了一个品牌，完成了经济意义上一个典型的开发创新过程。然而，困难已经悄然而至，由于其前期投入和固定成本太高，产品平均成本高达每台 4 000 多元，这个价格对于当时的中国家庭无疑是比较高的。另外，由于前期大量使用，资金所剩无几，未来如果想继续发展，后续融资能力的强弱将成为万燕生存的致命环节。

最终，由于后续融资能力的不足，加之一批新企业很快进入 VCD 行业，1996 年全国 VCD 销量达 600 万台，但万燕市场份额已由 2 年前的 100% 降到 2%。同年，万燕被另一企业兼并，人们惋惜地把万燕称作“革命先烈”。

案例思考

1. 当今时代，金融领域相对发达，如果企业遇到资金瓶颈，请问你将通过哪些融资渠道、采取哪些融资措施为企业获取资金？

2. 我国的资本市场是何时建立的？当下中小企业又会用哪些方式进行有效融资？

第一节　企业融资概述

一、企业融资的概述

无论一个人选择创业还是直接就业，当他真正去管理一家企业时，面临的最大问题就是企业资金问题。就企业融资本身来说，它是直接决定和影响企业的经营活动及企业财务目标的决定性因素。

企业融资是指企业从自身生产经营现状及资金运用情况出发，根据企业未来经营与发展策略的需要，通过一定的渠道和方式，利用内部积累或向企业的投资者及债权人筹集生产经营所需资金的一种经济活动。

资金是企业体内的血液，是企业进行生产、经营活动的必要条件，没有足够的资金，企业的生存和发展就没有保障。企业融资一般针对的是非金融企业的长期资金来源问题，在市场经济条件下，企业融资的方式总的来说可以分为两种：一种是内源融资，另一种是外源融资。其中，内源融资是指企业依靠其内部积累进行的融资，具体包括资本金、折旧、基金转化为重置投资和留存收益转化为新增投资；外源融资是指企业通过一定的方式从外部筹集资金，具有高效性、灵活性、大量性和集中性的特点。

二、企业融资的模式

在市场经济发达的国家中，企业的融资模式主要有两种类型。一是以美国为代表的证券市场占主导地位的保持距离型融资模式，银企关系相对不密切。企业融资日益游离于银行体系之外，银行对企业的约束主要是依靠退出机制而不是对企业经营活动的直接监督。二是以日本为代表的关系型融资模式，在这种融资模式中，银企关系密切，企业通常与一家银行有着长期稳定的交易关系，从那里获得资金救助和业务指导，银行通过对企业产权的适度集中而对企业的经营活动实施有效的直接控制。

1. 保持距离型

保持距离型融资模式以美国为代表。美国是典型的自由主义的市场经济国家，具有发达的资本市场和高度竞争的商业银行体系，这使企业可以同时利用直接融资与间接融资两条渠道。由于企业自有资金的较高占比、商业银行间的高度竞争、发达的直接融资体系、禁止商业银行持有企业的股票以及银行活动本身受到严格监督，所以企业与银行间保持一种松散的商业型融资关系，即“保持距离型的融资”。在保持距离型的融资模式下，证券市场是企业获得外部长期资金的主渠道。企业主要通过发行债券和股票的方式从资本市场上筹措资金。从股权控制的角度看，美国企业十分分散的股权结构对治理结构具有重大影响：对经营者的约束主要来自市场。这些市场包括股票市场、商品市场和经理市场等，其中股票市场具有很重要的作用。一是股东“用脚投票”的约束。由于股票市场具有充分的流动性和方便交易性，当股东普遍对企业的经营状况不满意或对现任管理者不信任时，就会在股票市场上大量抛售股票，这就是所谓的“用脚投票”。它会引起该企业股票价格下跌，导致企业面临一系列的困难和危机。二是股票市场“接管”的风险。股票市场运作方便灵活促进了企业并购,特别是杠杆收购和敌意收购的兴起与发展,一旦企业经营不善,就存在被接管的可能,经营者就可能被撤换。市场对企业经营者形成强有力的外部监督制约机制。企业治理结构能够形成较为完整的权力制衡机制,外部治理结构与内部治理结构彼此独立存在且相互制衡,所有权、控制权、经营权的分布与配置有着较为稳固和规范的制度安排。

2. 关系型

关系型融资模式以日本为代表。日本富有政府干预色彩的经济体制,内在地要求建立一种不同于保持距离型融资模式的企业融资模式——关系型融资模式,以满足不平衡发展战略对资金的非均衡配置和对大企业进行特殊扶植的目的。长期以来,日本处于一种金融压抑的体制之下:主要商业银行直接或间接地受到政府的严格控制;长期人为执行低利率政策;政府影响贷款规模和方向,重点支持优先发展部门和企业;资本市场不发达,银行贷款是企业融资的主要方式。在这种金融压抑的体制下形成了富有日本特色的主银行制度。主银行制度包括互相补充的三个部分:银行和企业订立关系型契约、银行之间形成特殊关系以及金融监管当局采取一套特别的管制措施,如市场准入管制、金融约束、存款提保及对民间融资的限制等。与此相对的是,日本企业在证券融资中,形成了独特的法人相互持股的股权结构。企业通过这种持股方式集结起来,容易形成“企业集团”,有助于建立长期稳定的交易关系,也有利于加强经营者对企业的自主控制。因此,在日本的主银行体制和法人之间的相互持股基础上形成的日本企业治理结构:一方面,日本企业经营者拥有做出经营决策的极大自主权,由于法人之间具有持股关系,很少干预对方的经营活动;另一方面,企业经营者又会受到银行特别是主银行的监督。主银行既是企业的主要贷款者或贷款银团的组织者,又是企业的主要持股者。主银行与企业具有两方面的关系:①作为企业的股东,在盈利情况良好的条件下,银行并不对这些企业的经营实施直接控制;②如果企业利润开始下降,主银行由于所处的特殊地位,能够较早地察觉出问题,如果情况继续恶化,主银行就可以通过召开股东大会或董事会来更换企业的最高领导层。

三、企业融资的基本原则

企业融资一般情况下是指企业为了设立、经营、对外投资以及调整资本结构等需要,通过某种渠道和方式获得所需资金的一种财务行为。企业融资决定资金运动规模和生产经营发展程度,是财务管理的一项重要内容。

企业融资是企业的一项重要而复杂的工作,为了适应企业经营发展的需要,提高企业经济效益,企业融资必须遵循以下基本原则。

1. 资金适量,规模适当

企业融资的目的是确保企业生产经营所需要的资金。在融资时,应根据企业发展的不同时期,合理确定融资规模,既要保证生产经营正常的资金需要,又要防止融资量过多,造成资金的闲置。

2. 注重实效，讲究效益

企业融资时要充分考虑资金的时间价值和风险价值，应将融资和资金的投放紧密地联系在一起。既要合理安排融资时间，适时获取所需资金，又要把握资金的投放时机，力争以最小的代价获取融资的最佳使用效果。

3. 来源合理，结构最佳

资金来源渠道和资金市场为企业提供了资金的源泉和融资场所，它反映资金的分布状况和供求关系，决定着融资方式和融资规模。融资时必须认真研究资金来源的结构，合理安排自有资金和借入资金、长期资金及短期资金的比例，确定合理的资金结构，以降低成本，减少风险。

四、我国中小企业融资难的原因

（一）中小企业融资难的内因

1. 缺乏现代经营管理理念，经营风险高

随着企业的发展，创业初期使用的传统经营管理方式已经跟不上企业的发展步伐。部分中小企业仍存在着法人治理结构不完善、经营管理能力不强、产品技术含量低、企业抗风险能力弱等问题，缺乏可持续发展能力，而且中小企业负债水平整体偏高，从而使金融机构信贷风险过高。一般而言，中小企业没有中长期目标，经营行为短期化（一般只有 3~4 年），有较高的倒闭或者破产的可能。工信部 2009 年 12 月发布的报告显示，以 10 分为满分打分，中国中小企业的平均健康指数为 6.57 分，处于亚健康状态，而其内部管理水平也处在中下游水平。我国浙江省的调查结果表明，20 世纪 90 年代，70% 左右的小企业在开业后的 1~3 年便倒闭破产。中小企业生命周期的短暂和经营的不确定性，在一定程度上降低了金融机构的放贷意愿。

2. 中小企业的规模和信用水平低下，制约其融资能力

一般而言，企业融资要具备“5C”，即品德、能力、资本、担保和经营环境，而目前我国的中小企业多采用业主制和合伙制，规模偏小。同时，许多中小企业内部管理制度特别是财务管理制度不健全。许多中小企业没有建立完善的财务制度，有的甚至没有建立会计账目，资金管理较为混乱，大大降低了自身的信用度，严重削弱了其融资能力。2009 年中国人民银行对部分中小企业集中地区的调查表明：50% 以上的中小企业财务管理制度不健全，60% 以上的中小企业的信用等级在 3B 或 3B 以下。另外，由于社会征信系统建设和信用信息网络系统建设的滞后，信用信息传输渠道不通畅，导致银企双方信息不对称，极大降低了中小企业的信贷满足率。

3. 缺少可供担保抵押的财产，融资成本高

由于银行对中小企业固定资产抵押的偏好，一般不愿接受中小企业的流动资产抵押。而中小企业的资产结构中固定资产比例小，特别是高科技企业，无形资产占有比较高的比例，缺乏可以作为抵押的不动产，风险大，难以满足金融机构的放贷要求。中小企业在寻求担保机构担保时，由于多数担保贷款的期限在半年以内，最长不超过一年，信用担保机构基

本上只对短期的流动资金贷款而不对设备投资等长期性的贷款提供担保，增加了中小企业的融资难度。另外，由于担保公司在自负盈亏的经营情况下往往提高担保条件，无形中限制了中小企业资金的融通，而繁杂的担保手续、高昂的担保费用，增加了企业的融资成本，影响了融资效率。

（二）中小企业融资难的外因

1. 金融机构体系的缺陷

在我国的融资格局中，银行贷款在企业融资来源中占有绝对比重，并且由于近年来信贷余额快速增长，而直接融资发展相对缓慢，贷款和直接融资余额的差距越来越大。截至2009年10月，我国银行贷款、直接融资（包含企业债、股票首发、增发和配股）的比重分别为73%和27%。而我国五大国有和国家控股的商业银行在存款、贷款市场上处于主导地位，在银行贷款的市场份额中，五大国有商业银行仍然占有70%以上。国有银行的高度垄断减少了中小金融机构能够获得的金融资源，限制了它们为中小企业服务的能力，而大银行追求贷款规模效益和风险平衡又不愿为中小企业提供贷款。据统计，目前阶段我国占企业总量0.5%的大型企业拥有50%以上的贷款份额，而占88.1%的小型企业的贷款份额不足20%。

2. 资本市场的缺陷

从直接融资渠道上来看，主要有股票融资和债券融资两种方式。由于我国资本市场发展较晚、发育不完善且迟缓，企业通过股票市场和债券市场直接融资所占比重较小。从发行债券融资的情况看，国家对企业发行债券筹资的要求十分严格，目前只有少数经营状况好、经济效益佳、信誉良好的国有大型企业能通过债券市场融资，虽然股票市场上创建了中小企业板市场及创业板市场，但截至2010年1月，中小板上市公司共有346家，对数量众多的中小企业来说上市融资门槛仍然很高。据统计，中小企业股票融资仅占国内融资总量的1%左右，中小企业主要的筹资方式还是银行借款。

3. 信用担保环境在一定程度上影响着中小企业的融资

目前，全国虽有各类中小企业担保机构3 700多家，担保总额接近2 000亿元，累计为中小企业提供1.35万亿元贷款，但仍不能有效满足中小企业的担保需求，迫切需要进一步加强信用担保体系建设。信用担保体系的欠缺和不完善在一定程度上影响着中小企业的融资。尽管我国一些地方在尝试建立中小企业信用担保体系，但都处于初级阶段。在我国企业信用低下、中小企业融资的要素不完全时，靠中小企业自身所具有的信用担保条件，难以顺利完成融资任务。

那么，在我国经济体系中占有绝对比重的中小企业应该如何寻找到一条适合我国国情的融资途径呢？

第二节　企业融资途径

融资难长期以来一直是制约中小企业发展的瓶颈。造成这种状况的原因是多方面的，而企业对融资工具了解甚少或利用不善，是其中的一个重要因素。尽管目前融资工具品种尚少，专门面对中小企业的更少，但在银行贷款和上市以外，还是有一些成长中的新型工具可以利用的。

企业融资渠道一般可以分为以下4类。

第一类是债权融资模式：国内银行贷款、国外银行贷款、发行债权融资、民间借贷融资、信用担保融资、融资租赁。

第二类是股权融资模式：股权出让融资、增资扩股融资、产权交易融资、杠杆收购融资、风险投资融资、投资银行融资、国内上市融资、境外上市融资、买壳上市融资。

第三类是内部融资和贸易融资的模式：留存结余融资、资产管理融资、票据贴现融资、资产典当融资、商业信用融资、国际贸易融资、补偿贸易融资。

第四类是项目融资和政策融资模式：项目包装融资、高新技术融资、BOT项目融资、IFC国际融资、专项资金融资、产业政策融资。

下面我们将就上述4类融资途径进行一一介绍和阐述。

一、国内银行贷款

国内银行贷款是指银行将一定额度的资金，按照一定的利率，贷发给资金需求者，并在约定国内银行贷款期限内，付利还本的一种经济行为。国内银行贷款的特点是手续比较简单、融资速度比较快、融资成本比较低、贷款利息计入企业成本、按期付利、到期还本。目前，在国家工商管理部门批准设立的法人企业，自主经营、独立核算，有一定数量的自有资金或资产，产品有市场，经营有效益，到时能按约定的合同付利还本，这样的中小企业都可以到银行贷款。国内银行贷款的期限，短期贷款是1年之内，中期贷款是1~3年，长期贷款是3年以上。

中小企业贷款的技巧有7点：①要建立好企业贷款信誉；②要搞好企业的财务管理，也就是搞好自己的账务，这个很重要；③提高企业经营效率；④编制好贷款的可研报告；⑤抓住贷款的适当时机；⑥争取贷款担保机构支持；⑦按规定的期限还本付息。

二、国外银行贷款

国外银行贷款指的是为进行某一项目进行筹集资金，借款人在国际金融市场上，向外国银行贷款的一种融资模式。中国2001年11月加入世界贸易组织，中国人民银行宣布了国外银行进入国内的时间表，从2001年到2006年，外国银行将在国内全面展开人民币业务，取消所有地域的限制，允许外资银行对所有中国客户提供服务，允许外资银行设立同城营业网点，审批条件与中资银行相同。

外国商业银行贷款的特点如下：①外国商业银行是非限制性贷款，不限贷款用途，不限贷款金额，不限贷款的币种；②外国商业银行的贷款利率比较高，按国际金融市场平均利率计算，硬通货币的利率要高于软通货币的利率；③国外商业银行贷款看重贷款人的信誉，这个信誉非常重要，国外商业银行贷款的期限，短期是1年，中期是1~7年，长期贷款是7年以上，周转贷款在规定的期限内，可借与还重复周转；④国外商业银行的贷款包括独家银行贷款，就是一亿美元之内的3~5年期限，多家商业银行贷款，一亿美元期限是5年以上。

国外商业银行的贷款程序如下：①企业要编写项目建议书；②编制项目的可行性研究报告；③选择国外贷款的银行；④组建国外银行贷款谈判团队，包括律师、会计师、工程技术专家和市场营销专家，这一点和国内贷款不一样，国内贷款不用组织团队，但是国外银行贷款要求律师、会计师、工程技术专家、市场营销专家也都参加这个谈判。

企业向外商银行沟通及递交贷款文件包括：①贷款人的法律地位证明的文件；②企业资产负债表及有关财务资料；③企业贷款项目的可行性研究报告；④律师出具的法律意见书，这一点也和国内银行贷款不一样，国内银行贷款不用出法律意见书；⑤国外商业银行需要的其他相关文件。

目前花旗银行、渣打银行等一些国外银行，都把目光瞄准了中小企业，因为中国的中小企业太多了，中国企业99%都是中小企业，所以这么多国外银行在中国开展业务，不可能把眼光都盯向大企业，目前国资委只管理170多家大型国有企业，其余都是中小企业，所以花旗银行、渣打银行等大型的外国银行开始把眼球盯向中小企业。

三、发行债券融资

发行债券融资是企业按照法定的程序，直接向社会债券融资的一种模式。企业债券有短期债券、中期债券和长期债券三类，短期是1年，中期是1~5年，长期是5年以上。

《中华人民共和国证券法》第16条规定，发行债券必须符合下列条件：股份有限公司净资产不低于3 000万，有限责任公司净资产不低于6 000万，净资产应该在6 000万以上。发行债券的运作程序如下：首先，公司要做出发行债券的决议，制定做出发行债券的章程，办理发行债券的手续，申请得到证券发行的批准；其次，发布募集公告；然后，签订债券承销合同，企业公开发售；最后，债券出售款，进入企业的账户。发行债券要注意选择好发行的品种、发行的数量、发行的期限、发行的时机和发行的方式。

四、民间借贷融资

民间借贷融资是不通过金融机构而私下进行借贷的活动，是一种原始的直接信贷形式。可能很多种小企业都亲身经历过民间借贷，因为目前来看，企业融资最简单的方式就是民间借贷。民间借贷有供求的自发性、利率的自主性、风险较大等特点。近年来，随着民间借贷模式的不断创新，又相应出现了个人委托贷款业务。此业务的出现大大降低了投资人的风险。所谓个人委托贷款业务，是指由个人委托人提供资金，银行作为受托人，根据委托人确定的贷款对象、用途、金额、期限、利率等向借款人代为发放，银行负责监督使用，并到时收回贷款，这应该说也是银行的技术创新。

针对个人委托银行贷款，中国人民银行于1999年发布了《贷款通则》，规定委托贷款是由政府部门、企事业单位及个人委托提供资金，由贷款人，也就是委托人，根据委托人确定的对象、用途、金额、期限代为发放，监督使用，并协助收回。商业银行和信托投资公司都可以开办委托贷款业务。2002年1月，中国人民银行批准中国民生银行正式开放个人委托贷款业务，从此也开启了我国股份制银行进入个人委托贷款业务的新大门。

五、信用担保融资

信用担保是指企业在向银行融通资金的过程中，根据合同约定，由依法设定的担保机构以保证的方式为债务人提供担保，在债务人不能依约履行债务时，由担保机构承担合同约定的偿还责任，从而保障银行债券实现的一种金融支持方式。信用担保的本质是保障和提升价值实现的人格化的社会物质关系。信用担保属于第三方担保，其基本功能是保障债权实现，促进资金融通和其他生产要素的流通。

（一）信用担保的原则

1. 区别对待

信用担保机构良莠不齐，在资本实力、风险控制、经营业绩和商业信誉等方面存在较大的差别。因此，并不是每个担保机构都可以参与保全担保。各高级法院应当结合本地的实际情况，对担保机构参与保全的条件进行限定，排除实力弱小的机构进入司法担保领域。

2. 适度审慎

与实物资产担保相比，法院不对信用担保进行审查和控制，风险较大。因此，我们认为，对于保全担保而言，信用担保的运用不宜普遍化。另外，人民法院在审查信用担保的过程中，一方面要谨慎；另一方面如果情况允许，应当尽可能听取对方当事人的意见，尤其是在解除保全的案件中。

3. 核准备案

信用担保机构在各级法院开展司法担保业务，应当经各高院审核同意并经统一备案。各高院出台相关规定后，符合条件并有意开展公司法担保业务的机构应持有关文件向高院申请核准并备案。备案机制有利于统一管理，建立灵活的进入退出机制，也减轻中、基层法院的压力。

信用担保融资是介于商业银行与企业之间，将信誉证明和资产责任保证结合在一起的融资模式。20 世纪 90 年代之后，国内成立了很多担保机构，有事业法人型的，像各省市的中小企业担保中心；有企业法人型的，像省市的中小企业担保公司；还有社团法人型的，各省市的中小企业担保协会，它们都为中小企业融资做担保。

（二）信用担保的作用

1. 有利于全社会的信用体系建设

金融是现代经济的核心，信用是金融业的生命。金融业的信用建设是全社会信用体系建设的重要组成部分。担保业是金融业的延伸，在担保业发展信用担保，以经济生活的最敏感区域作为切入点，可以直接使企业或个人提高信用观念，关注和重视自身的信用建设。

2. 有利于信用信息的资源共享

信息的资源共享是体现社会进步的一个重要方面。在当前社会经济生活中，信用缺失的一个重要原因就是信用信息的不对称，市场交易双方或多方之间的信息闭塞造成交易成本的提高和交易的失败，或信息的虚假而使交易一方蒙受巨额损失。金融产品交易过程中同样存在此类问题。推广信用担保，使正确的、统一的信用信息被金融机构、担保机构和贷款企业共同分析、研究和享用，可以避免交易多方出于各自的目的而通过不同的渠道和不同的方法获得的信息的偏差，可以使大家在同一个比较科学的信用信息前提下，做出科学的决策。发展信用担保，金融部门和担保机构都可以充分共享信用信息资源，不必为此付出更多的信息成本。

3. 有利于促进信用评价机构的发展

在社会信用体系建设中，信用评价机构是重要一环。评价机构处于交易过程中的独立地位，不受交易方的利益制约和其他部门的影响，它运用科学的评价分析系统，对企业的信用状况做出客观的、全面的、科学的评估。毋庸讳言，相对于经济发展速度而言，我国信用评价业的发展是滞后的。正因如此，在经济生活的各个方面，包括在融资和融资担保领域，都应该大力促进信用评价业的发展。金融机构和担保机构在选择客户和决策担保时，可以充分考虑评价机构的评价结果，不必为搜集企业的信息而花费更多的成本。对企业而言，它可以用确实可以证明其实力的信用能力取得担保资格。对评价机构而言，虽然它不必为此承担采用其出具的评价报告而引起的法律后果，但它要为自己的评价水平而承担自身的生存风险，这种潜在的风险促使评价机构必须不断地完善和提高评价体系的科学性和评价水平。

4. 有利于担保机构的业务拓展

担保机构现有的反担保模式基本上是以物化资产或有价证券或有关使用权证作抵押。反担保物的价值额度要求也比较高，有的甚至是数倍于担保额度。由此带来的是一系列烦琐的手续和审批程序，如物化资产的价值确认（资产评估）、权证的确认、有关部门的审批（如土地使用权抵押、房产所有权抵押）等。既提高了融资的综合成本，又延长了融资时间。这些现象严重制约了担保机构的业务拓展，致使很多企业都对担保融资退避三舍进而寻求其他融资方式。而全额信用担保方式则能在较短的时间内、较低的融资成本下完成融资任务。

六、融资租赁

融资租赁是目前国际上最为普遍、最基本的融资形式。它是指出租人根据承租人（用户）的请求，与第三方（供货商）订立供货合同，根据此合同，出租人出资购买承租人选定的设备。同时，出租人与承租人订立一项租赁合同，将设备出租给承租人，并向承租人收取一定租金。金融租赁对承租人，也就是中小企业要求条件低，办理程序简单，速度快，还可以合理避税。现在国家特大型企业，在扩大企业规模、引进设备的时候，都采用这种金融租赁模式。

比如，由于飞机价格昂贵，航空公司购置飞机时，很难一次性支付高昂的费用，所以多数会以融资租赁的方式向我国的金融租赁公司提出飞机型号的诉求，同时签署租赁协议，然后由金融租赁公司一次性购置相应型号的飞机承租给航空公司并每年收取相应的租赁费用，待达到一定年限再以相应折价卖给航空公司。

七、股权出让融资

股权出让融资是企业出让企业的部分股权,以融通到企业发展所需要的资金。股权出让的对象,可以是大型企业、境外企业、企业基金、风险投资、个人投资。

按股权出让价格划分,股权出让融资有 3 种形式:①溢价出让股权,指中小企业在出让股权时,股权出让价格高于股权账面价格;②平价出让股权,指中小企业在出让股权时,股权出让价格等于股权账面价格;③折价出让股权,指中小企业在出让股权时,股权出让价格低于股权账面价格。

出让企业股权比例划分,中小企业的股权出让融资可以划分为出让企业全部股权、出让企业大部分股权和出让企业少部分股权。这三种融资方式的关键在于是否通过融资而使企业的控制权转移,企业的发展模式和经营管理是否得到加强,企业的技术优势是否得以保存。

(1)出让企业全部股权。出让企业全部股权是指投资者购买中小企业的股权,公司股东全部变更,新股东接受公司资产,承担债务。企业的创业者(老股东)获得现金,出让公司的经营管理权,但可以继续留在企业从事技术开发、生产管理、产品销售。

(2)出让企业大部分股权。出让企业大部分股权是指投资者购买了中小企业大部分股权,创业者股东(老股东)获得大量现金,并将与新股东共同承担老企业的债权、债务,分享企业的收益。此时企业的总股本虽未产生变化,但股东结构和权力已发生重大变化。

(3)出让企业少部分股权。出让企业少部分股权是指投资者购买企业少部分股权,创业者股东(老股东)获得少量现金,新老股东结构和权力进行调整。企业的管理权可能不产生重大变化,新股东只部分参与企业的管理,创业者能够继续控制公司,领导企业的技术开发和经营管理。

八、增资扩股融资

增资扩股融资是企业根据发展的需要,扩大股本融资的一种模式。增资扩股融资有 2 种形式,一种叫集资,就是让企业自己的下属出钱入股,是内源融资形式的增资扩股;另一种就是私募,私募是相对于公募而言,是指向小规模数量合格的投资者(通常 35 个以下)出售股票。也可以现金投资、实物投资和无形资产投资;增资扩股的价格,也可以溢价扩股、平价扩股和折价扩股。增资扩股的优点是通过扩大股本,直接融进资金,通过扩大股本,把企业加快做强做大。

增资扩股融资的注意事项如下。

(1)货币资金出资时,应注意以下几点:①开立银行临时账户投入资本金时,须在银行单据“用途款项来源摘要备注”一栏中注明“投资款”;②各股东按各自认缴的出资比例分别投入资金,分别提供银行出具的进账单原件。

(2)以实物(工业产权、非专利技术、土地使用权,以下简称无形资产)出资应注意以下几点:①用于投资的实物为投资人所有,且未做担保或抵押;②以工业产权、非专利技术出资的，股东或者发起人应当对其拥有所有权；③以土地使用权出资的，股东或者发起人应当拥有土地使用权；④注册资本中以无形资产作价出资的，其所占注册资本的比例应当符合国家有关规定，有限责任公司全体股东的实物出资金额不得高于注册资本的 70%；⑤以实物或无形资产出资的须经评估，并提供评估报告；⑥公司章程应当就上述出资的转移事宜做出规定，并于投资后及时办理转移过户手续，报公司登记机关备案。

（3）投资人若为法人，其对外投资总额不得超过公司章程规定的净资产投资比例。

（4）以未分配利润转增注册资本，转增比例不宜过高。首先，转增比例过高，会影响公司账面上的业绩（主要是利润率），对公司长远发展不利；其次，由于转增的未分配利润应当扣除截至转增时点的应提未提折旧和应纳未纳税收，如果转增比例过高，会涉及较大数额的折旧及纳税调整，倘若验资时无法通过，则需要重新调整增资扩股方案，这不仅影响增资扩股的进程，也会影响公司的信誉，对公司的发展不利。

（5）以上市为目的进行增资扩股的注意问题。《首次公开发行股票并上市管理办法》（证监会令第 32 号）第 9 条："发行人自股份有限公司成立后，持续经营时间应当在 3 年以上，但经国务院批准的除外。有限责任公司按原账面净资产值折股整体变更为股份有限公司的，持续经营时间可以从有限责任公司成立之日起计算。"第 12 条："发行人最近 3 年内主营业务和董事、高级管理人员没有发生重大变化，实际控制人没有发生变更。"因此，以上市为目的进行增资扩股的，在一定时期内，公司的董事、高级管理人员和实际控制人不能发生变更，主营业务不能发生重大变化。

（6）以公积金转增注册资本，公积金种类不同，转增比例也不同。首先，以法定公积金转增注册资本的，依照《公司法》第 169 条规定，"法定公积金转为注册资本时，所留存的该项公积金不得少于转增前公司注册资本的 25%"，换言之，如果公司的注册资本为 100 万，法定公积金提超过 25 万的话，那么公司可以将法定公积金中超过 25 万的部分转增注册资本；其次，以资本公积金转增注册资本的，情形略显复杂，需要根据公司所执行的会计制度具体分析；再次，以任意公积金转增注册资本的，《公司法》《企业会计制度》和《企业会计准则》均未规定任意公积金的转增比例，因此任意公积金可以全额转增注册资本。

（7）注意《公司法》第 34 条的规定。有限责任公司增资扩股，股东有权优先按照实缴的出资比例认缴出资，有约定的除外。在有新股东投资入股的情况下，老股东还需做出声明放弃全部或部分优先认缴出资权利。

（8）增资扩股过程中的纳税问题。依照国家税务总局《征收个人所得税若干问题的规定》和《关于股份制企业转增股本和派发红股免征个人所得税的通知》，以未分配利润和任意公积金转增注册资本，属于股息、红利性质的分配。对自然人股东取得的转增资本数额，应作为个人所得征税（法人股东无须缴税）。用于转增的未分配利润应当扣除截至转增时点应纳的税收金额，因为公司很可能没有按期缴纳税款，或者缴纳日期晚于转增日期，则在增资扩股时首先需要扣除相应的税款；国税发〔1997〕198 号文件同时规定，股份制企业用资本公积金转增股本不属于股息、红利性质的分配，对个人取得的转增股本数额，不作为个人所得，不征收个人所得税。

（9）增资扩股过程中的募股不足问题。股份有限公司通过增资扩股引进战略投资者时，必须考虑有可能出现的募股不足情况。经邦对此提出的解决办法是在招股说明书中说明，如果出现募股不足，将由现有股东兜底（当然，前提条件是公司股东大会就此做出决议），这不但可以增加投资人认购股份的信心，而且可以确保增资扩股的成功。

（10）开设验资专户。为了保护投资人的权益，顺利通过验资，在增资扩股时，如果新加入的股东以货币出资，公司应当开设验资专户。验资的目的是验证公司注册资本的变更事宜是否符合法定程序，注册资本的增加是否真实，相关的会计处理是否正确。

九、产权交易融资

产权交易融资是指企业的资产以商品的形式作价交易的一种融资模式，是投资者以产权作为交易对象，以获取收益为目标的特殊买卖活动。产权交易有国有企业之间、国有企业和集体企业之间、私营企业和个人之间的交易三种形式。有整体的产权交易，也有部分的产权交易。产权交易的目的是优化股权结构，有利于资源配置、提高资源使用效率。现在产权交易的场所也比较多，有产权交易所、产权交易市场和高新技术交易市场。现在全国比较大的产权交易所有北京产权交易所、上海产权交易所和天津产权交易所。

产权交易的原则：首先，要符合国家相关的法律、法规和有关政策规定；其次，在交易中要平等互利、等价交换；再次，交易要促进规模经济效益、防止垄断形成；最后，坚持公平、公正、公开的原则。

十、杠杆收购融资

所谓杠杆收购又称融资并购，指公司或个体利用收购目标的资产作为债务抵押，收购此公司的策略。杠杆收购的主体一般是专业的金融投资公司，投资公司收购目标企业的目的是以合适的价钱买下公司，通过经营使公司增值，并通过财务杠杆增加投资收益。通常投资公司只出小部分的钱，资金大部分来自银行抵押借款、机构借款和发行垃圾债券（高利率、高风险债券），由被收购公司的资产和未来现金流量及收益作担保并用来还本付息。如果收购成功并取得预期效益，贷款者不能分享公司资产升值所带来的收益（除非有债转股协议）。在操作过程中可能要先安排过桥贷款（Bridge Loan）作为短期融资，然后通过举债（借债或借钱）完成收购。在国外杠杆收购往往是由被收购企业发行大量的垃圾债券，成立一个股权高度集中、财务结构高杠杆性的新公司。在中国由于垃圾债券尚未兴起，收购者大都是用被收购公司的股权作质押向银行借贷来完成收购的。

杠杆收购方法的典型优势在于：首先，并购项目的资产或现金要求很低；其次，容易产生协同效应；再次，将生产经营延伸到企业之外，使原有企业的运营效率得到提高；最后，企业可以通过杠杆收购驱除过度多元化造成的价值破坏影响，提升管理水平。

杠杆收购的劣势在于：对于并购公司通过盗用第三方的财富来榨取目标公司的额外现金流的 批评声不断；被收购公司由于支付利息而享受免税政策，在随后的生产运营过程中只有很少的赋税，但股东分配到的股息享受不到这样的优惠；杠杆收购最大的风险在于金融危机、经济衰退等不可预见事件以及政策调整将会导致定期利息支付困难、技术性违约、全面清盘。此外，被收购企业经营管理不善、管理层与股东们动机不一致都会威胁杠杆收购的成功。

十一、引进风险投资

风险投资是一种高增长、高科技、高风险、高回报的权益资本投资，是由一群具有科技及财务相关知识与经验的人所组合而成，经由直接投资被投资公司股权的方式，提供资金给需要资金者。风险投资一般不投传统企业，而是多投向高风险、高增长的企业。另外，风险投资对企业领导人的基本素质要求比较高，它要求领导人必须精力充沛、忠诚正直、有献身精神、有领导素质、学识渊博、有创新进取精神。无论企业处在种子期、创业期、成长期还是成熟期，风险投资都可以涉足。与一般的投资不一样，风险投资的目的不是投资现在，是收益未来。

投资的本质就是一个投资—退出—再投资的循环过程。作为投资的一环，退出是投资人所投资的企业发展到一定阶段后将股权转化为资本形式而使股权持有者获得利润或降低损失的过程。资本的退出不仅关系到投资人的收益，更体现了资本循环流动的活动特点，因此退出方式的选择及操作尤为重要。

资本退出的方式主要有 3 中，包括企业上市、股权转让和回购等。

（1）企业上市。企业上市是投资者最理想的退出方式，可以实现投资回报最大化。企业上市之后，股票可以在证券交易所自由交易，股东只需卖出股票即可。股市飙升的股价和更高的估值使得上市成为一众投资人梦想的退出方式。然而，上市虽好，但是对企业资质要求较严格，手续比较烦琐，成本过高。

（2）股权转让。股权转让是指投资人将自己持有的股权和股东权益有偿转让给他人，从而实现股权变现的退出方式。

（3）回购。回购是指投资人可以通过股东回购或者管理层收购的方式退出。回购价格的计算方式有两种：一种是按投资人持有股权的比例计算，相当于待回购股权对应的投资款加上投资人完成增资出资义务之日起每年以复利率的 8% 计算的投资回报，加上每年累计的、应向投资人支付的所有未分配利润（其中不满一年的红利按照当年红利的相应部分计算金额）的资金额；另一种是由投资人和代表公司 50% 投票权的股东共同认可的独立第三方评估机构评估的待回购股权的公允市场价格，如投资人要求，待回购股权的价格可根据红利派发、资本重组和其他类似情况经双方协商进行相应调整。通常情况下，股东回购的退出方式并不理想，只是保证了当目标公司发展不好时，投资人所投资金可以安全退出。

十二、投资银行融资

投资银行融资是指投资银行将符合法规的可动用资金，以股本及其他形式，投入企业的投资。投资银行不是商业银行，投资银行是主营资本业务市场的金融机构，现实中的证券公司、基金管理公司、投资管理公司、风险投资公司、投资顾问公司，都是投资银行机构。投资银行与商业银行是有区别的，从机构性质来看都是金融机构，但是投资银行主要开展直接融资业务，帮助公司上市发行股票、发行债权等。投资银行主要有以下业务：证券发行、证券交易、企业并购业务、基金管理业务、投资顾问业务、项目融资业务、金融工程业务等。

投资银行是联系风险投资企业与资本市场的桥梁，投资银行在风险投资企业不同发展阶段的积极参与，为风险投资的发展提供了强大的支持。券商参与风险投资的范围正在逐渐扩大，主要包括作为机构投资者参与风险投资基金的发起；为风险投资基金提供资金；参与对创业企业的联合投资；作为风险投资公司的委托人，负责管理风险投资基金，为风险投资公司提供投资项目、管理投资项目等；为传统的公司提供融资服务，如为风险投资公司的基金提供私募承销服务等。

从整个创业投资的运作过程看，每一步骤都与投资银行的业务和技术紧密相关。

1. 风险企业创业发展阶段

投资银行主要担当风险企业的融资顾问，一些较大的投资银行还建立自己的风险投资资金，支持高科技企业的发展。在创业阶段，很多中小企业都面临资金不足的困难，但中小型高新技术企业由于规模小、资信差以及风险高，很难从银行及证券市场等传统渠道获得必要的投资资金，所以主要从私人权益资本市场通过私募的方式筹集资金。但是私人权益资本市场存在着严重的信息不对称和信息流转慢的制度性缺陷。这些企业为处理其业务所需的信息和交易成本远远超过其自身的能力，他们既缺乏必要的人力和信息，也缺乏必要的经验，因此这些中小企业迫切需要能够提供必要的咨询服务的第三方。投资银行凭借其自身的人力资源和信息优势，承担了这一融资顾问的角色。投资银行通常都有一个企业融资部，其主要功能是帮助企业分析市场，选择融资方式，设计公司结构。投资银行也可以以独立第三方的身份包装企业，用最好的方法向投资人介绍企业。

2. 风险企业的成熟阶段

在风险企业成熟阶段，风险投资逐步退出时，投资银行主要提供上市推荐、证券承销和企业并购服务。随着风险企业的逐步发展，新产品的市场认同度、企业的经营业绩、经营规模都已达到一定的水平，具备了一定的上市直接融资的可能。这时，风险投资就要考虑退出风险企业，退出的方式主要有 IPO（首次公开上市）和出售。为实现成功的退出，风险投资在 IPO 或者出售的过程中都需要有投资银行的参与，由它提供相应的上市推荐、证券承销或企业并购服务。

投资银行是风险企业 IPO 成功的关键。其关键作用主要体现在以下几个方面。

1）担任上市保荐人

保荐人，即企业上市的推荐人。一家企业想要在创业板上市，必须要由保荐人推荐，保荐人的职责就是协助上市申请人进行上市申请，负责对申请人的有关文件做出仔细的审核披露并承担相应的责任。实行保荐制度，目的就是为创业板市场的投资者提供信心保证，以一个独立的专业机构的身份确保发行人信息披露的真实性、准确性和完整性。根据我国现行的证券发行与承销规定，能够担任保荐人的是具有主承销资格的投资银行。上市推荐人应选择最佳的上市时机。在首次公开发行市场上股市风险和公司风险都被认为是最高的。

选择错误的上市时机会导致证券价格下跌或根本售不出去，这不仅影响风险企业的顺利上市及风险投资的成功退出，而且也会给投资银行带来损失。一般认为，发售成功的市场条件必须是稳定和强劲的。但即使在股市萧条时，那些特别有创意的公司仍可以找到市场，这就取决于投资银行的经验与把握市场时机的直觉。

2）担任上市辅导人

创业公司在准备上市的过程中，会遇到很多专业化的问题，企业本身可能对这方面不太了解，投资银行可以为企业做一些技术性很强的辅导工作，帮助企业按照上市规范达到上市的条件。一旦选出的企业在二板市场变为“垃圾股”，将直接影响到投资银行的信誉和品牌。在德国，许多证券发行商拒绝为创业企业和中小企业发行股票，担心发行失败会影响其在证券界的声誉。投资银行选择创业企业推荐上市的主要标准如下：一是企业的成长性和发展前景；二是企业的核心竞争力；三是管理层素质；四是行业及产品，特别是产品的科技含量；五是科技研发能力和自有知识产权。

3）确定 IPO 价格及股票上市后的价格维护工作

在 IPO 过程中，股票定价是一个至关重要的问题。如果定价太高，虽然发行人可能获取更多的利益，却会给发行带来困难，而且使投资银行面临较大的风险。如果定价过低，虽然股票易于发行，而且投资银行可能获得较高的差价收入，但是发行人的利益就受到损失。因此，一般在确定股票发行价时，牵头经理人将以略低于公司价值计算结果的价格为股票定价，以使股票价格在发行后仍可有预期 10%~15% 的上升空间，保证承销商获得乐观的收益，虽然这有可能给风险投资企业造成一定的损失，但是它预示如果股票在二级市场表现良好的话，未来风险投资公司在出售剩余股票时将被顺利接受，从而实现成功地退出。风险企业首次公开发行股票最重要的一环是稳定股票在市场中的价格，以免发行后股票价格下跌，影响上市公司的声誉，以致潜在的投资者失去兴趣，市场交投变得呆滞，致使以后风险投资公司出售其余股票变得困难。避免出现这种现象的一个十分重要的途径是，投资银行为上市公司提供一个有利的市场交易支持，形成并保持股票较高的上市开盘价和日后股价的稳步上扬，提高其二级市场的交投量。

4）风险企业出售代理人

在风险投资采用出售方式退出时，投资银行又是风险企业出售的代理人。出售是风险投资退出的另一种方式。在出售过程中，风险投资公司一般情况下自行操作，只是在一些涉及规模较大的案例时，才聘用投资银行作为出售代理人，以投资银行的人力、信息优势和丰富经验来实现最大的投资收益。投资银行主要负责寻找收购公司、准备出售书、代理谈判等，有时也运用自己的资金确保并购活动的顺利进行。风险企业上市后，企业在资产规模、人力资源和企业管理方面都上了一个台阶，企业的需求也从最初简单的融资转向资本运营，因此投资银行业相应地为上市公司提供资产管理和财务顾问等服务，为企业进行一系列资产重组、并购等方面的策划，吸引能支持未来发展的一个合适的兼并者或收购伙伴，使企业的发展前景更为好看；或者协助公司加强管理，建立最佳的财务工程，通过管理创造价值。

十三、国内上市融资

国内上市融资是指企业根据我国《公司法》《证券法》的要求，经国家证监会批准，上市发行股票的一种融资模式。上市融资可以使企业迅速做强做大，完善企业的管理结构，提高企业知名度，解决融资渠道问题。实际上，国际主板交易所，包括中小企业板上市条件并不高，主要是我国相关法律规定：公司总股本不少于 3 000 万，最近连续 3 年没有违法行为，连续盈利，才可以申请上市。目前的深交所成立中小企业板，就是请中小公司上市。中小板上市的条件目前是两个不变，就是现行的法律法规不变、发行上市标准不变，和主板上市的条件基本是一样的。

十四、境外上市融资

境外上市融资是指企业根据国家的有关法规法律和政策，在境外资本市场上市融资的融资模式。目前，我们国家鼓励具备条件的企业到境外去上市，1999 年 7 月 14 日中国证监会发布了《关于企业申请到境外上市的有关问题的通知》，1999 年 12 月中国证监会发布了《境内企业申请到香港创业板上市审批以及监管指引》，2005 年 10 月 21 日国家外汇管理局发布了《关于境内居民通过特殊目的公司融资及返程投资外汇管理的有关问题的通知》。企业境外上市，也是中国招商引资的新发展。目前来看，中国企业可选择的境外市场包括香港交易所主板、创业板，新加坡交易所，美国纽约交易所、纳斯达克股票市场，伦敦交易所股票市场和德国法兰克福交易所股票市场。下面就各个著名交易所的上市规则，简要介绍一下。

(1)香港交易所主板证券上市规则：企业必须具备 3 年的业务记录，过去 3 年合计盈利 5 000 万，最近一年需达到 2 000 万，2 年需达到 3 000 万，3 年合计达到 5 000 万就可以。香港交易所创业板的上市规则：公司上市前，要有 2 年的业务记录，就是公司成立 2 两年以上，不设盈利要求，最低市值没有具体规定，但是上市时不少于 4 600 万港币，这是香港创业板上市的核心规则。

(2)新加坡证券交易所。它有三个标准：税前利润要求年累计 750 万新元，或者每年至少 100 万新元；过去一年或两年，累计 1 000 万元新币，市值没有要求，营业记录也没有要求；要求市值达到 8 000 万新币。

(3)伦敦证券交易所。伦敦证券交易所设有 AIM 市场即创业板市场，他们通常叫高增长市场。在伦敦 AIM 上市的条件是：一般来说要求应该有 5 000 万美金以上的市值，盈利在 300 万到 500 万美元之间。

(4)美国纳斯达克股票市场。它的条件也不是很高，分为三个规格：规格一，企业的股本达到 1 500 万美元，最近一年或者三年税前利润 100 万美元；规格二，企业股本 3 000 万美元，有 2 年的营业记录，关于利润没有提；规格三，企业资产或者市值或者营业额，达到 7 500 万美元。

十五、买壳上市融资

买壳上市又称“借壳上市”或“逆向收购”，是指非上市公司购买一家上市公司一定比例的股权来取得上市的地位，然后注入自己有关业务及资产，实现间接上市的目的。民营企业由于受所有制因素困扰，无法直接上市。一般而言，买壳上市是民营企业的较佳选择。

买壳上市融资程序如下：①收购人购入上市公司的控股权（即30%及以上的股份，或低于35%但能给予收购人上市公司管理权的股份比例）；②收购人注入新资产于上市公司，并由上市公司将一些收购人没有兴趣经营的资产卖给前控股股东；③收购人在取得上市公司30%及以上的股权后，须根据证监会的收购及合并守则向上市公司其他股东提出全面收购。

收购者通过买壳上市主要有以下的好处。

1. 对上市资产项目的要求较为灵活

一些有兴趣上市的公司，因为拥有的资产暂时未完全达到上市规则的要求，例如三年盈利水平未达到最近一年港币2 000万元和前两年合计港币3 000万元的水平；在这种情况下，有兴趣上市的公司可无须等一段时间使其资产满足联交所上市规则内的要求，而可通过收购一家已上市公司在较短时间内达到上市的目的。

2. 节省筹备工作和时间

通过买壳上市，如没有改变公司的主营业务或把大量资产注进或拨离上市公司，收购者可避免做大量和申请上市有关的工作，包括三年会计报告、评估报告、重组、编写招股书和盈利预测等，收购上市较直接申请上市可节省数个月的准备和执行时间。

3. 减省中介机构费用

由于收购上市所涉及的工作量及时间较直接申请上市少，所以一般所需付给中介机构的费用相对也较少。但应注意，在股市低迷时，所要支付的上市公司控股溢价比较低，但是如果股市处于高峰时期，上市公司的控股股东往往要求较高的控股溢价，而收购者需考虑这溢价是否合理，衡量时间及成本再做出决定。

合并守则如下。

（1）如收购人于买壳上市交易完成后获得上市公司35%或以上的股权，收购人须根据收购及合并守则内的详细规定，向上市公司所有股东提出全面收购。收购及合并守则的基本要求是所有股东在上市公司控股权易手时均得到同样对待，并绝对禁止额外给予控制性股东任何非公开的报酬，作为出售控股权益的条件。

（2）收购及合并守则内全面收购有详细规定，其中包括：①所有与收购事宜有关的人士应该迅速披露有关资料，并采取所有预防措施，防止造成虚假市场；②收购人当取得35%或以上的股权时，必须立刻做出有关全面收购的公布；③上市公司董事局必须密切注意其股份及成交量，在得知可能导致全面收购的情况后必须立即向市场发出公布；④上市公司董事局应为股东利益着想，聘请独立的财务顾问，就全面收购的条款是否公平及合理一事，向董事局提供意见。如上市公司任何董事在收购事项上有任何利益冲突，董事局应设立一个独立委员会，以便董事局就有关强制性全面收购执行其职责。

（3）上市公司如出售部分资产给前控股股东，该出售事项必须先得到证监会同意。在一般的情况下，证监会通常会要求上市公司的独立财务顾问做出公开声明，表示该出售事项的条件是公平合理的，而该出售事项亦需要事先在上市公司股东大会上获得批准方可进行。

十六、留存结余融资

留存结余融资是指企业收益缴纳所得税后形成的、其所有权属于股东的未分派的利润，又投入于本企业的一种内部的融资模式。股东股利分配方式有 3 类：一是按股利支付比例高低分类，比如说不支付股利、低股利、高股利；二是按股利是否稳定分类，包括稳定式股利、变动式股利和阶梯式股利。企业留存结余融资特点如下：手续简便、财务成本低、增强企业凝聚力，同时企业又没有债务和股权分散的风险。目前，国内很多民营企业基本是结余没有分红，而是再投入，虽然股东没有分红，但企业的净资产增加，也等于投资的增长，将来可能会取得更高的投资回报。

十七、资产管理融资

资产管理融资是指企业通过对资产进行科学有效的管理，节省企业在资产上的资金占用，增强资金流转率的一种变相融资模式。资产管理融资属于企业的内源融资，中小企业可以将其资产通过抵押、质押等手段进行有效融资。

资产管理融资一般有 2 种方法：第一种是应收账款抵押贷款，通过应收账款作为抵押取得贷款；第二种是存货质押担保贷款，通过仓储货物进行质押贷款。

1. 应收账款抵押贷款

应收账款抵押是通过应收账款的抵押取得应收账款抵押借款，提供这种借款的通常是商业银行或者工业金融公司。卖方取得借款的金额一般在应收账款面值的 50%~80%。应收账款抵押借款分为通知性方式与非通知性方式。前者是指借款企业要将应收账款已作为担保品的情况告知其客户，并通知客户将应付账款直接转入发放借款的银行；后者则不要求借款企业将应收账款已作担保品的情况告知其有关客户。大部分应收账款抵押借款是以不通知方式办理的。在实践操作中可分为应收账款代理和国际保理业务两种。其中，应收款代理业务在操作中应注意：在西方国家，应收账款的代理可将应收账款售出，事实上等于将应收账款卖给代理人，这时贷款人通常没有向借款人的追索权。在代理中，明确告知货物买方将贷款直接付给代理金融单位。代理公司鉴于坏账风险必须进行详尽的信用调查。另外，国际保理业务，又称保付代理业务，是指出口商以挂账、承兑交单等方式销售货物时，保理商购买出口商的应收账款，并向其提供资金融通、进口商资信评估、销售账户管理、信用风险担保、账款催收等一系列服务的综合金融服务方式。

2. 存货融资

具体操作形式如下。首先，存货是一种具有高变现能力的资产，适于作为短期借款的担保品，并不是每一种存货都可以作为贷款的担保品，就存货而言，最好的担保品是相当标准化并有现行市场存在的存货。其次，保留所有权的存货抵押有三种方式：流动置留权、动产抵押与信托收据。最后，不保留所有权的存货抵押有两种形式：终点仓单借款和产地仓单借款。

比如说“物流银行”企业库存融资，所谓的“物流银行”银行业务就是用符合质押品标准的原材料或产品等进行质押贷款。这是国家发改委中小企业司与广东发展银行联合试点推出的“物流银行”业务，中小企业司和发展银行这个物流业务的文件规定，给一家外贸服装加工企业，用这种“物流银行”业务，使业务销售长了百分之百的一个案例。如果按原来的贷款运行，程序为加工企业到银行贷款，再购买原料、做成产品、售出产品。加工企业到银行贷款，买来了原料，然后拿库存原料做抵押，再贷款，然后做成产品，产品出售，也就是说，原来你有 100 万，买 100 万产品，把这 100 万产品库存抵押再贷款，然后再做产品，再产品出售。这 100 万等于 200 万去花。因为这个服装加工企业是做外贸服装，不愁订单，做完就出去，所以流水很快，它总觉得这 100 万买完货，做完再出去，这个周期太长，怎么办呢？拿钱买完布之后，搁在仓库里，然后找银行来看，抵押给银行，再贷 100 万，再买 100 万的货。100 万现金货币，当 200 万去花，中间多个什么呢？“物流银行”就是把原材料抵押给银行，然后再做产品再卖，100 万变 200 万这样运作。站在银行来看，企业的销售利润提高一倍，银行的利息也提高一倍，实现双赢。融资创新是企业和银行共同的新的经济增长点，融资是一门技术，应把这技术掌握好。

十八、票据贴现融资

票据贴现融资是指票据持有人在需要资金时，将商业票据转让给银行，银行按票面金额，扣除贴现利息后，将余额支付给票据持有人的一项银行业务。目前我国商业票据主要有银行承兑汇票和商业承兑汇票两种。票据贴现融资的特点是银行不是按照企业的资产规模来贷款，而是依据销售合同和商业票据贷款。票据贴现利率低于银行的贷款利率，银行承兑汇票贴现。银行作为汇票的承兑人，在票面上办过承兑手续，承诺到期付款的汇票。银行承兑汇票持有人，在需要现金的时候就可以提前申请兑现。

商业承兑汇票的贴现。购货人作为汇票的承兑人，在票面上办过承兑手续，承诺到期向销货人付款的汇票。商业承兑汇票的贴现是以企业信用为基础的融资，如果承兑企业的资信行，商业承兑汇票持有人在需要资金的时候，可持商业承兑汇票到银行按一定的贴现率申请兑现。无论是银行承兑汇票还是商业承兑汇票，按照《中华人民共和国票据法》规定签订的有效票据，单张票据都不得超过 1 000 万元。同时，汇票签发必须坚持诚实守信，并以真实合法的交易关系和账户关系为基础，这很重要。

十九、资产典当融资

资产典当融资是指资产所有者将其资产抵押给典当行来取得当金，然后按约定的期限支付当利，归还当金，赎回当物的融资行为。2001 年 8 月，我国开始实施《典当行管理办法》。典当融资的程序包括审当、验当、收当、保管、赎当。审当就是审查当物的证照；验当就是验核当物发票，确定当物金额；收当就是签订典当协议，支付典当资金；保管就是把当物入库；赎当，支付当金费用，赎回当物。

在具体操作中，典当是指当户将其动产、财产权利作为当物质押或者将其房产作为当物抵押给典当行，交付一定比例费用，取得当金并在约定期限内支付当金利息、偿还当金、赎回典当物的行为。典当行是指依照《中华人民共和国公司法》和《典当行管理办法》设立的专门从事典当活动的企业法人。典当迄今已有 1 700 多年的历史。在中国近代银行业诞生之前，典当是民间主要的融资渠道，在调剂余缺、促进流通、稳定社会等方面占据相当重要的地位。现在典当行是以实物占有权转移形式为非国有中小企业和个人提供临时性质押贷款的特殊金融企业。

典当融资方式的灵活性主要表现在以下 4 个方面。

（1）当物的灵活性。典当行一般接受的抵押、质押的范围包括金银饰品、古玩珠宝、家用电器、机动车辆、生活资料、生产资料、商品房产、有价证券等，这就为中小企业的融资提供了广阔的当物范围。

（2）当期的灵活性。典当的期限最长可达半年，在典当期限内当户可以提前赎当，经双方同意可以续当。

（3）当费的灵活性。典当的息率和费率在法定最高范围内灵活制定，往往要根据淡旺季节、期限长短、资金供求状况、通货膨胀率的高低、当物风险大小及债权人与债务人的交流次数和关系来制定。

（4）手续的灵活性。对一些明确无误、货真价实的当物，典当的手续可以十分简便，当物当场付款；对一些需要鉴定、试验的当物，典当行则会争取以最快的速度为出当人解决问题。

二十、商业信用融资

商业信用融资是指在商品交易中，交易双方基于商业信用，通过延期付款或者延期交货的形式筹措资金。商业信用融资实际上是最原始的商品交易资金周转的信用方式。商业信用能为交易双方提供方便，可以巩固经济活动、加强经济责任。商业信用融资的关键是交易双方都要诚守信用，所以商业信用融资的焦点也是“信用”二字。商业信用融资有应付账款融资、预收货款融资和商业票据融资 3 种。

（一）商业信用融资的操作方法

1. 应付账款融资

应付账款融资是指企业购买货物未付款而形成的对供货方的欠账，即卖方允许买方在购货后的一定时间内支付货款的一种商品交易形式。在规范的商业信用行为中，债权人（供货商）为了控制应付账款期限和额度，往往向债务人（购货商）提出信用政策。信用政策包括信用期限和给买方的购货折扣与折扣期，如“2/10，n/30”，表示客户若在 10 天内付款，可享受 2% 的货款折扣，若 10 天后付款，则不享受购货折扣优惠，应付账款的商业信用期限最长不超过 30 天。应付账款融资最大的特点在于易于取得，无须办理筹资手续和支付筹资费用，而且它在一些情况下是不承担资金成本的；缺点在于期限较短，放弃现金折扣的机会成本很高。

2. 预收货款融资

预收货款融资是指销货企业按照合同或协议约定，在交付货物之前向购货企业预先收取部分或全部货物价款的信用形式。它相当于销货企业向购货企业先借一笔款项，然后再用货物抵偿。

1）销贷企业融资条件

（1）经营效益好，信誉高。

（2）好的生产计划和足够的产品产量做保证。

（3）动力、原料、燃料等有保证。

（4）产品质量与供货样品质量一致。

（5）真实的广告宣传。

（6）购销双方应签订合同，从法律上保障购销双方的合法权益。

2）预收货款融资方式合同主要内容

（1）当事人双方名称、地址、电话。

（2）标的名称（购销商品）。

（3）数量与质量。

（4）商品价格。

（5）预交定金的比例与数量，定金利息率。

（6）交货日期、地点和方式。

（7）违约责任。

（8）合同签证、仲裁机关及担保单位。

3. 商业票据融资

商业票据是指由金融公司或某些企业签发，无条件约定自己或要求他人支付一定金额，可流通转让的有价证券，持有人具有一定权利的凭证，如汇票、本票、支票等。

1）企业商业票据融资的条件

（1）信誉卓著，财力雄厚，有支付期票金额的可靠资金来源，并保证支付。

（2）非新设立公司，发行商业票据的必须是原有旧公司，新开办的公司不能用此方式筹集资金。

（3）在银行享有最优惠利率的借款。

（4）在银行有一定的信用额度可供利用。

（5）短期资金需求量大、筹资数额大，资金需求量不大的企业不宜采用此方式筹集货金。

2）企业商业票据融资的特点

（1）无担保。所谓无担保，是指无实体财产作抵押担保品，只以发行公司的声誉、实力地位作担保。

(2)期限短。一般地,大中型公司发行的商业票据的期限为1~6个月,大型金融公司发行的则为1~9个月,最短的有以几天来计期的商业票据。

(3)见票即付。商业票据有明确的到期日,到期时债务人必须无条件地向债权人或持票人支付确定的金额,不得以任何理由为借口拒绝或延期支付。

(4)商业票据以其面额为发行价格。

(5)利率低。商业票据利率一般低于银行贷款利率但高于国库券利率。利率差距的幅度因发行时间、发行公司状况、金融市场货币供求情况的不同而发生变化。

(6)限制少。商业票据融资方式不像其他融资方式受到较多法律法规限制,而且没有最高限额限制,从而使公司有广泛的资金来源。

(二)商业信用融资的优缺点

商业信用融资的优点:①筹资便利,利用商业信用筹集资金非常方便,因为商业信用与商品买卖同时进行,属于一种自然性融资,不用做非常正规的安排,也无须另外办理正式筹资手续;②筹资成本低,如果没有现金折扣,或者企业不放弃现金折扣以及使用不带息应付票据和采用预收货款,则企业采用商业信用筹资没有实际成本;(3)限制条件少,与其他筹资方式相比,商业信用筹资限制条件较少,选择余地较大,条件比较优越。

商业信用融资也具有缺点:①期限较短,采用商业信用筹集资金,期限一般都很短,如果企业要取得现金折扣,期限则更短;②筹资数额较小,采用商业信用筹资一般只能筹集小额资金,而不能筹集大量的资金;③有时成本较高,如果企业放弃现金折扣,必须付出非常高的机会成本。

二十一、国际贸易融资

国际贸易融资是指各国政府为支持本国企业进行进口贸易,而由政府机构、银行金融机构或进出口商提供资金,主要有国际贸易短期融资和国际贸易长期融资两种模式。国际贸易短期融资指进出口商在商品交易过程中,需要短期融通资金,以促进进出口贸易的有效实现。这些短期资金,可以从各国的对外贸易银行或其他途径得到解决。国际贸易长期融资指出口信贷,它是以出口政府的金融支持为后盾,通过银行对出口商或进口商提供低于市场利率和信贷担保的筹资方式。

中国进出口银行就是以出口信贷为主要业务。具有独立的法人资格,经国家批准有权经营机电产品、成套设备和高新技术产品出口的各类企业以及外贸业务经营权企业,经营状况良好,项目符合国家产业政策,效益良好,合同订立严谨规范,均有资格申请中国进出口银行出口信贷。出口信贷申请种类有进出口的项目贷款、中短期额度贷款、对外承包工程贷款、境外加工贸易贷款和境外投资项目贷款等。

二十二、补偿贸易融资

补偿贸易融资是指国外以向国内公司提供机器设备、技术、培训人员等相关服务作为投资,待该项目生产经营后,国内公司以该项目的产品或商定的方法予以偿还的一种融资模式。补偿贸易是投资与贸易相结合的一种经济活动，是商品贸易、技术贸易和国际信托相结合的活动，买方不以现汇偿还购进设备款及其利息，而以其所购进设备生产的产品偿还。补偿贸易有直接补偿、间接补偿和混合补偿3种类型。补偿贸易在我国沿海一带很普遍，实际上广东近些年经济发展很快，主要是靠补偿贸易发展起来的。

二十三、项目包装融资

项目包装融资是指根据市场运行规律，经过周密的构思和策划，对要融资的项目进行包装和运作的融资模式。项目包装融资要有创意性、独特性、包装性、科学性，还必须有可行性。要掌握这五个要点，不能做虚假的包装。项目包装融资的策划运作要根据市场的需要，推出融资项目，选择诚信可靠的中介机构进行创意包装，创作风格独特的、切实可行的商业计划书，抓住各种机遇进行推荐和运作。

二十四、高新技术融资

高新技术融资是指运用高新技术成果进行产业化的融资模式。高新技术融资的来源有3种：一是国家科技型中小企业技术创新基金，二是民间资本，三是国际机构的资本。

国家科技型中小企业技术创新基金是科技部专门设立的一个国家科技型中小企业技术创新基金的管理机构，是国家科技部下设的，它里面分四个部门：项目受理部、项目审理部、信息监理部、计划财务部。它的宗旨主要是推动科技型中小企业技术创新，为高新技术成果产业化提供资金支持。这个创意基金支持方式分三种：一是无偿资助，就是项目总投资1 000万元以内的，资金来源基本确定，项目实施周期不超过2年，创新基金提供无偿资金，数额一般不超过100万元，个别重大项目不超过200万元；二是贷款贴息，项目总投资3 000万元以内的，资金来源基本也确定，项目周期不超过3年，创新基金支付贷款利息，一般不超过100万元，比较大的不超过200万元；三是创新基金还可以资本金的投入，股本金的形式来投入，一般来说，符合国家产业技术政策、技术含量高、创新性强、技术处于国内领导水平、产品有较大的市场容量和较强的市场竞争力的项目，在研发阶段、中试阶段、批量生产阶段都可以得到支持。

二十五、BOT项目融资

BOT项目融资是指经政府特许具有相关资格的中小企业的一种特许项目的融资模式。BOT是英文Build Opetate-Tvansfor的缩写，其含义是投资建设、经营管理、到期移交。BOT项目融资是在国际上比较盛行的一种融资模式，是近几年进入我国的。BOT项目融资一般是政府主导参与，按市场机制运作，由BOT项目公司具体执行。BOT项目主要为市政、道路、交通、电力、通信、环保等公用设施，一般来讲是资本与技术密集型的大型项目。BOT项目融资运作流程包括项目的立项与推出、招标与投标、谈判与签约、投资建设、经营管理、到期移交。比如说刺桐大桥工程是首例国产BOT，由泉州的名流实业股份有限公司发起，成立刺桐大桥投资公司，吸引了三家投资，分别为福建公路开发公司、福建交通建设投资公司、泉州市路桥建设开发公司。其中，名流实业占60%的股份，福建公路占15%，福建交通占

15%，泉州路桥占 10%。

二十六、IFC 国际投资

IFC 是国际金融公司的英文缩写。IFC 是世界银行集团之一，它既是世界银行的附属机构，又是独立的国际金融机构。IFC 的投资重点是发展中国家，中小型企业的新建、改建和扩建项目。IFC 贷款投资的特点如下：主要是向发展中国家的私人控股的小企业贷款，不投资国有控股的中小企业；贷款额度在 200 万到 400 万美元之间，最高不超过 3 000 万美元。它贷款的期限是 7~15 年，贷款利息不统一，视投资对象的风险和预期收益而定，IFC 经常采取贷款投资和股本投资相结合的投资方式。IFC 在中国的贷款投资重点是非国有企业、金融保险企业、基础设施、社会服务以及环境企业，特别以中国西部与内陆区域为投资重点。

它的主要投资企业是国有股少于 50% 的非国有企业，企业总资产 1.5 亿人民币以上，项目投资规模 8 000 万以上。同时，这个企业财务管理、规范明晰，且有长期的发展战略。

课后案例

BOT 融资案例分析

一、电厂融资背景

恒源电厂有限公司（集团）前身为恒源电厂，始建于 1977 年。1996 年 10 月，由所在市人民政府批准改组为恒源电厂集团有限公司，注册资本为 28 500 万元。集团公司下辖发电厂、自备电厂、水泥厂、铝业公司等 14 个全资及控股子公司，现有总资产 17 亿元，形成了以电力为龙头，集煤炭、建材、有色金属及加工、电子电器等为一体的、具有鲜明产业链特色和优势的国有大型企业集团。其中发电一厂及自备电厂装机容量共 25.6 万千瓦，自有煤矿年产原煤 45 万吨，铝厂年生产能力 3 万吨，粉煤灰水泥厂年生产规模 30 万吨。此外，铝加工厂及铝硅钛多元合金项目计划于 1999 年内投产。1998 年，集团实现销售收入 5.5 亿元，实现利税 1.1 亿元，居所在市预算内企业前茅，经济实力雄厚。

恒源电厂在 1995 年向国家计委递交了一份拟建立 2 ×300 兆瓦火力发电厂的项目建议书，并于同年获准。1997 年 9 月 5 — 8 日，电力规划设计总院对项目可行性又进行了补充审查，并下发了补充可行性报告审查意见。恒源电厂在建议书中列明计划项目总投资 382 261 万元，其中资本金（包括中方与外方）95 565 万元（占总投资额的 25%），项目融资（包括境内融资与境外融资）286 696 万元（占总投资额的 75%）。境内融得的 86 009 万元主要从国家开发银行获得，而境外拟融资 24 179 万元，恒源电厂拟通过在境外设立 SPC 发债，即资产证券化来实现。

二、电厂融资模式的选择

1997 年 5 月 21 日，公司通过招标竞争的方式向美国所罗门兄弟公司、摩根•斯坦利公司、雷曼兄弟公司、JP 摩根公司、香港汇丰投资银行及英国 BZW 银行等 6 家世界知名投资银行和商业银行发出邀请，为本项目提供融资方案建议书。1997 年 7 月至 9 月，投资各方对上述各家融资方案进行了澄清、分析、评估。6 家均提出了由项目特设 SPC 发债的方案，后两家银行同时也提出了银团贷款的方案。公司经过慎重考虑，鉴于以下原因决定选择以 ABS 特设工具机构发债的方式融资，并由雷曼兄弟公司作为恒源电厂的融资顾问。

（1）在国外资本市场发行债券主要是指在美国、日本和欧洲等国际大型资本市场发债。其中美国资本市场是世界上最大的资本市场，发行期限是最长的，同时市场的交易流动量为世界第一。由于资本市场有大量的投资者，在资本市场发债具有较大的灵活性，发债规模和利率较有竞争性，融资能在较短时间内完成，融资期限也较一般银团贷款长得多。近年来世界各地有许多大型基建项目以及美国较大的企业，都采用在资本市场发债方式达到融资的目的。

（2）银团贷款是指由数家商业银行形成一个贷款集团向项目或企业放贷。目前，贷款给中国项目的商业银行主要为一些欲扩大其在世界银行市场占有率的中小型银行，项目能取得的融资额一般较小。由于东南亚及东亚金融危机，愿意借贷给亚洲国家的商业银行已经减少了。目前，国内还没有既能成功取得银团融资，而又采用国产设备、国内总承包商、有限追索权且没有某种国际风险保险的项目。另外，银团贷款一般由出口信贷牵头，在没有出口信贷的情况下银团贷款非常不容易。与发行债券相比，银团对项目的要求较多，介入项目的操作较多，取得融资所需时间一般也较长。

（3）由于恒源电厂采用国产设备及国内总承包商，出口信贷不包括在本项目的融资考虑范围内。要取得世行、亚行贷款需要较长的时间，而且恒源电厂也不是世行、亚行的贷款项目。

（4）恒源电厂各投资方的安全融资顾问设计了一个低成本、融资成功可能性较高，能在较短时间内（6 个月左右）有效取得融资的方案。雷曼兄弟公司有丰富的发债经验，基于对恒源项目的深入了解，提出了切合实际的融资考虑；同时，雷曼兄弟公司的费用是各家中最低的。基于以上所述的项目特点以及各种融资渠道和融资顾问提出的融资方案的优劣比较，恒源电厂决定选择雷曼兄弟公司作为融资顾问，通过在美国资本市场发行债券形式进行融资。

案例思考

（1）该项目能否采用 BOT 方式融资？试分析原因。

（2）项目中还应该有哪些 ABS 融资主体？

（3）你认为本案例中的项目采用 ABS 模式存在哪些制约因素？

第十章 企业物流管理

课前案例

京东商城的"蜕变"

随着网络的普及与发展,网上购物越来越受到欢迎。而说到网购,不得不提京东商城。孙红雷经典的广告词让大家印象颇为深刻:"这年头什么都在变:电脑变薄了,鞋底变厚了;围巾变屋里戴了,丝袜变冬天穿了;手机变成看的了,书变成收藏的了。'京东商城百万潮货天天变',2012 年,你想怎么变?"

2011 年 12 月 7 日,京东商城 CEO 刘强东表示,京东商城将组建大型运输车队进入干线和支线物流运输市场。刘强东称,5 年来,京东商城换了 60 多家合作伙伴,没有一家能够满足速度、准时、费用和服务品质的综合要求,并表示希望通过自建大型运输车队解决物流运输的需求。

真的是因为现有物流条件无法满足,才进行自建吗?这要从刘强东对京东商城的定位说起。事实上,刘强东一直把京东商城视为一家技术营销公司以及一家 B2C 物流公司。

电子商务的本质在零售,京东要追求的价值是用技术手段实现数据化的零售服务,并通过整合端到端的供应链环节,提供物流服务。简单来说,就是要更高效地把商品从供应商处直接送到消费者手里。而说到底,物流是完成端到端的货品运输,而技术体系是帮助其完成端到端的控制流程。

在技术研发方面,京东已投入 1 000 多位研发人员,超 3.5 亿元研发费用,并正在建设两个研发中心。在 2012 年,京东研发队伍将超过 2 000 人,服务器数量将增至 5 000 个,并拟于 2012 年 5 月实现云计算平台。

在物流投入方面,京东已实现 177 个城市的自配送,自有物流配送比例占 70%。到 2012 年,京东自配城市将增至 350 座。此外,京东将建立 6 座亚洲一号仓库。

刘强东对物流的布局从 2008 年开始,彼时,京东商城已完成对 3C 品类的布局。刘强东认为,在未来 3~5 年以及更长的时间里,信息化物流将是京东商城最核心的竞争力,而不是货品。另外,刘强东判断,传统的物流公司与国美、苏宁等已具有一定规模的百货仓储,都不容易对京东构成足够的威胁。

刘强东曾把物流模式分为 C2C、B2B、B2C 三种。C2C 物流,如国内的邮局、快递公司、多点对多点,每个点既要收货也要送货,呈网络状,市场已有一些数量,但网络状物流的干线、直线交叉节点多,管理难度大;B2B 物流,如国美、苏宁,从供应商到仓储,从仓储到门店,但需要消费者到门店自提;而 B2C 物流,一点对多点,呈放射状,从仓储到消费者家中,是电子商务发展所需的，而市场整合需要大量资金，具备一定门槛。刘强东对物流的整合从B2C物流开始，他认为，C2C、B2B的物流方不会轻易做B2C物流，因为要承担巨额的物流成本，要招聘大量的人力，并打造一个全新的物流信息系统，这些包袱不容易甩掉。

目前，京东商城的物流价值正在体现。自2011年12月以来，京东商城对39元以下的单笔订单开始征收5元物流费。即使在已靠交易规模效应来摊薄成本的京东，39元的客单价中，也有13.3%的费用要交给物流。

有分析人士预计，这是京东商城物流体系迈向第三方开放的开始。在买入与卖出产品模式之外，物流体系的开放或将是京东在未来的又一个增长点。而物流的巨大优势，也将带动京东商城向B2B2C平台模式转型。还有业内人士认为，“一单一递”的物流模式效率太低，而未来的电子商务将是“快递＋超市＋物业”的组合模式。不久前，顺丰快递与深圳7-11超市进行低调合作，打通物流与零售渠道。在将来，“快递＋超市＋物业”的庞大体系能否建成，它又将被谁来率先搭建呢?

（资料来源：周梅妮，黄黎平. 现代企业管理[M]. 北京：天津理工大学出版社）

第一节　企业物流管理概述

一、物流概述

1. 物流的概念

物流的概念最早是在美国形成的，起源于20世纪30年代，原意为“实物分配”或“货物配送”。1963年被引入日本，日文意思是“物的流通”。20世纪70年代后，日本的“物流”一词逐渐取代了“物的流通”。中国的“物流”一词是从日本引进的，源于日文资料中对“Logistics”一词的翻译“物流”。中国的《物流术语》标准将物流定义为物品从供应地向接收地的实体流动过程，根据实际需要，将运输、储存、装卸、搬运、包装、流通加工、配送、信息处理等功能有机结合起来实现用户要求。

2. 物流管理的概念

物流管理科学是近几十年以来在国外兴起的一门新学科，它是管理科学的新的重要分支。随着生产技术和管理技术的提高，企业之间的竞争日趋激烈，人们逐渐发现，企业在降低生产成本方面的竞争似乎已经走到了尽头，产品质量的好坏也仅仅是一个企业能否进入市场参加竞争的“敲门砖”。这时，竞争的焦点开始从生产领域转向非生产领域，转向过去那些分散、孤立的，被视为辅助环节而不被重视的，诸如运输、存储、包装、装卸、流通加工等物流活动领域。人们开始研究如何在这些领域里降低物流成本，提高服务质量，创造“第三个利润源泉”。物流管理开始从企业传统的生产和销售活动中分离出来，成为独立的研究领域和学科范围。物流管理科学的诞生使得原来在经济活动中处于潜隐状态的物流系统显现出来，它揭示了物流活动的各个环节的内在联系，它的发展和日臻完善，是现代企业在市场竞争中制胜的法宝。

物流管理(Logistics Management)是指在社会再生产过程中,根据物质资料实体流动的规律,应用管理的基本原理和科学方法,对物流活动进行计划、组织、指挥、协调、控制和监督,使各项物流活动实现最佳的协调与配合,以降低物流成本,提高物流效率和经济效益。

二、物流管理的意义

(1)有利于加速商品流通,保证市场供应。

(2)有利于保护商品的使用价值,满足消费需要。

(3)有利于节约商品流通费用开支,提高经济效益。

(4)有利于加速商品流通的现代化进程。

三、物理系统的功能

1. 运输功能

运输是物流的核心业务之一,也是物流系统的一个重要功能。选择何种运输手段对于物流效率具有十分重要的意义,在决定运输手段时,必须权衡运输系统要求的运输服务和运输成本,可以以运输机具的服务特性作为判断的基准,包括运费、运输时间、频度、运输能力、货物的安全性、时间的准确性、适用性、伸缩性、网络性和信息等。

2. 仓储功能

在物流系统中,仓储和运输是同样重要的构成因素。仓储包括对进入物流系统的货物进行堆存、管理、保管、保养、维护等一系列活动。仓储的作用主要表现在两个方面:一是完好地保证货物的使用价值和价值;二是为将货物配送给用户,在物流中心进行必要的加工活动而进行的保存。随着经济的发展,物流由少品种、大批量物流进入到多品种、小批量或多批次、小批量物流时代,仓储功能从重视保管效率逐渐变为重视如何才能顺利地进行发货和配送作业。流通仓库作为物流仓储功能的服务据点,在流通作业中发挥着重要的作用,它将不再以储存保管为其主要目的。流通仓库包括拣选、配货、检验、分类等作业,并具有多品种、小批量,多批次、小批量等收货配送功能以及附加标签、重新包装等流通加工功能。根据使用目的,仓库的形式可分为:具有发货、配送和流通加工功能的配送中心(流通中心)型仓库,以存储为主的存储中心型仓库,具有存储、发货、配送、流通加工功能的物流中心型仓库。

物流系统现代化仓储功能的设置,以生产支持仓库的形式,为有关企业提供稳定的零部件和材料供给,将企业独自承担的安全储备逐步转为社会承担的公共储备,减少企业经营的风险,降低物流成本,促使企业逐步形成零库存的生产物资管理模式。

3. 包装功能

为使物流过程中的货物完好地运送到用户手中,并满足用户和服务对象的要求,需要对大多数商品进行不同方式、不同程度的包装。包装分工业包装和商品包装两种。工业包装的作用是按单位分开产品,便于运输,并保护在途货物。商品包装的目的是便于最后的销售。因此,包装的功能体现在保护商品、单位化、便利化和商品广告等几个方面。前三项属物流功能,最后一项属营销功能。

4. 装卸搬运功能

装卸搬运是随运输和保管而产生的必要物流活动，是对运输、保管、包装、流通加工等物流活动进行衔接的中间环节以及在保管等活动中为进行检验、维护、保养所进行的装卸活动，如货物的装上卸下、移送、拣选、分类等。装卸作业的代表形式是集装箱化和托盘化，使用的装卸机械设备有吊车、叉车、传送带和各种台车等。在物流活动的全过程中，装卸搬运活动是频繁发生的，因而是产品损坏的重要原因之一。装卸搬运管理主要是对装卸搬运方式、装卸搬运机械设备的选择、合理配置与使用，以使装卸搬运合理化，尽可能减少装卸搬运次数，节约物流费用，获得较好的经济效益。

5. 流通加工功能

流通加工是在物品从生产领域向消费领域流动的过程中，为了促进产品销售、维护产品质量和实现物流效率化，对物品进行加工处理，使物品发生物理或化学性变化。这种在流通过程中对商品进一步的辅助性加工，可以弥补企业、物资部门、商业部门生产过程中加工程度的不足，更有效地满足用户的需求，更好地衔接生产和需求环节，使流通过程更加合理化，是物流活动中的一项重要增值服务，也是现代物流发展的一个重要趋势。

流通加工的内容有装袋、定量化小包装、拴牌子、贴标签、配货、挑选、混装、刷标记等。流通加工的主要作用表现在：进行初级加工，方便用户；提高原材料利用率；提高加工效率及设备利用率；充分发挥各种运输手段的最高效率；改变品质，提高收益。

6. 配送功能

配送功能的设置，可采取物流中心集中库存、共同配货的形式，使用户或服务对象实现零库存，依靠物流中心的准时配送，而无须保持自己的库存或只需保持少量的保险储备，减少物流成本的投入。配送是现代物流的一个最重要的特征。

7. 信息服务功能

现代物流是需要依靠信息技术来保证物流体系正常运作的。物流系统的信息服务功能包括进行与上述各项功能有关的计划、预测、动态（运量及收、发、存数）的情报及有关的费用情报、生产情报、市场情报活动。物流情报活动的管理，要求建立情报系统和情报渠道，正确选定情报科目和情报收集、汇总、统计、使用的方式，以保证其可靠性和及时性。

信息服务功能表现在：缩短从接受订货到发货的时间；库存适量化；提高搬运作业效率；提高运输效率；使接受订货和发出订货更为省力；提高订单处理的精度；防止发货、配送出现差错；调整需求和供给；提供信息咨询等。

四、企业物流的分类

企业因经营范围内的生产或服务活动所形成的物流系统被称为企业物流。企业物流主要分为以下 5 种。

1. 供应物流

供应物流是企业供应生产所需原材料、零部件、燃料、辅助材料的物流活动，具体包括采购、运箱、装卸、检验、入库等环节。供应物流对企业生产有着直接的影响，生产所需物资供应的时间、数量和质量,在很大程度上决定着企业的生产节奏和生产成本,从而影响企业的经济效益。供应物流因市场条件不同而有很大的不同。在物资供不应求的市场条件下,企业所需物资的供应时间、数量、质量往往得不到保证,企业生产经常因此而陷入困境。在这种条件下,如何选择最优,降低成本,减少库存,以适当的品质、适当的数量、适当的时间、适当的场所、适当的价格供应生产所需物资,配合企业总体战略目标的实现,就成为供应物流追求的目标。在这一方面,物资供应者的配合和努力是不可缺少的。

2. 生产物流

生产物流指伴随着企业生产工艺流程的物流活动。生产物流一般从企业物资供应仓库开始,按照生产进度和要求,对物资进行分类、装卸、搬运,向各个生产环节和作业场所配送。在供应商服务水平较高的情况下,往往是在指定的时间,把指定的数量直接送到指定的作业场所,形成生产物流的起点。经过加工制成的半产品进入半成品仓库,或者继续按照生产工艺和流程不断流转,直至成品产出,然后经过检验、分类、包装、装卸、搬运等作业环节,最后进入成品仓库。生产物流主要取决于生产工艺流程,配合生产计划的物流计划是否科学,对于生产工艺各个环节的衔接和生产周期有着直接影响。而工厂相关车间、仓库的配置以及车间内流水线、作业点的布置,都会影响生产物流的路线距离和装卸搬运的作业次数,从而影响生产物流的效率。

3. 销售物流

销售物流指伴随企业销售活动,将产品转送给客户的物流活动,具体包括仓储、分类、包装、装卸、运输和售后服务。产品在销售之前,都需要存储起来,存储货物可以在工厂或者附近,也可以在各个销售地点分散存储。按照客户订单或供货合同,对存储的货物进行分类、包装、运达客户指定的地点,并进行必要的服务,这是销售物流的全过程。销售物流是企业营销活动的重要组成部分,企业拿到客户订单开始物流过程,产品送达客户并经过售后服务,伴随商流的物流过程才算结束。如前所述,现代市场经济的特征是买方市场,企业销售已经从推销发展到以客户为中心的市场营销。因此,销售物流不再是以最低的成本单纯地送货上门,而是为客户提供更佳服务,赢得客户信赖,提高企业竞争力的有力手段。

4. 回收物流

回收物流指企业在供应、生产、销售过程中产生的可再利用物资的回收活动。具体包括供应物流过程和销售物流过程产生的可再利用的包装物、衬垫物等的回收;生产过程产生的可再利用的边角余料的回收;各种报废的生产工具、设备以及失去部分使用价值的辅助材料和低值易耗品的收集、分类、加工,转化为新的生产要素。可再利用物资的回收物流,不仅有利于降低成本,而且关系企业生产环境和生产效率。

5. 废弃物流

废弃物流指企业供应、生产、销售过程中产生的废弃物品的收集、处理和再生的物流活动。在生产过程中不可避免地会产生废水、废气、废油以及各种废弃物,废弃物严重污染环境,危及人类的生活环境和人身健康,在世界各国都成为不可忽视的社会问题。在我国,废弃物对环境的污染已经引起政府及社会的广泛关注,但环境污染的趋势并没有明显的改善。

因此，企业树立环保观念，从长远利益和社会利益出发，建立废弃物流系统，已成为刻不容缓的重大课题。

第二节　企业供应物流管理

一、企业供应链管理概述

1. 企业供应链管理的含义

企业供应链管理是指企业在以最小成本满足客户需要的服务水准下，对从供应商、制造商、分销商、零售商到最终用户的整个渠道的整体管理的过程，是在相互关联的部门或业务伙伴之间所发生的物流、资金流和信息流，覆盖从产品服务设计、原材料采购、制造、包装到支付给最终用户以及产品退货和回收的全过程的管理活动。

2. 企业供应链管理的内容

供应链管理是当前国际企业管理的重要内容，也是我国企业管理的发展方向。它将企业内部所有的业务单元，如订单、采购、库存、计划、生产、质量、运输、市场、销售、服务等以及相应的财务活动、人事管理，均纳入一条供应链内进行统筹管理。以往企业重视的是物流和企业内部资源的管理，即如何更快更好地生产出产品并将其推向市场，这是一种“推式”的供应链管理，管理的出发点是从原材料推到产成品、市场，一直推至客户端。随着市场竞争的加剧，生产出的产品必须要转化成利润，企业才能得以生存和发展，为了赢得客户、赢得市场，企业管理进入了以客户及客户满意度为中心的管理阶段，因而企业的供应链运营规则随即由“推式”转变为以客户需求为原动力的“拉式”供应链管理。这种供应链管理将企业各个业务环节的信息孤岛连接在一起，使得各种业务和信息能够实现集成和共享。

3. 企业供应链管理的作用

从上述定义中，我们能够解读出供应链管理包含的丰富内涵。首先，供应链管理将满足客户需求的过程中对成本有影响的各个成员单位都考虑在内，包括原材料供应商、制造商、仓库、配送中心和渠道商。不过，实际上在供应链分析中，有必要考虑供应商的供应商以及顾客的顾客，因为他们对供应链的业绩也是有影响的。其次，供应链管理的目的在于追求供应链的整体效率和整个系统费用的有效性，力图使系统总成本降至最低。因此，供应链管理的重点不在于简单地使某个供应链成员的运输成本达到最小或减少库存，而在于采用系统方法来协调供应链成员以使整个供应链总成本最低，使整个供应链系统处于最流畅的运作中。最后，供应链管理是将供应商、制造商、仓库、配送中心和渠道商有机结合成一体来展开的，因此它包括许多层次上的活动，包括战略层次、战术层次和作业层次等。

尽管只有通过供应链的有机整合，企业才能显著地降低成本和提高服务水平，但是在实践中供应链的整合是非常困难的。这是因为，首先，供应链中的不同成员存在着不同的、相互冲突的目标。比如，供应商一般希望制造商进行数量稳定的大量采购，而交货期可以灵活变动；与供应商愿望相反，尽管大多数制造商希望保持生产长期运转，但他们必须顾及顾客的需求及其变化并做出积极响应,这就要求制造商灵活地选择采购策略。因此,供应商追求稳定的目标与制造商追求灵活的目标之间就不可避免地存在矛盾。其次,供应链是一个动态的系统,随时间而不断地变化。事实上,不仅顾客需求和供应商能力随时间而变化,而且供应链成员之间的关系也会随时间而变化。比如,随着顾客购买力的提高,供应商和制造商均面临着生产品种多样、更具个性化的高质量产品的压力,进而最终生产定制化的产品。

二、沃尔玛供应链管理的成功之道

1. 沃尔玛成功的原因

沃尔玛实现神话般的成功的根源其实是那句朴实但难于实现的标语——天天平价,始终如一。而这一口号实现的最主要原因是其严格控制了供应链每一环节的成本,从而可以以最低价格出售商品,争取到尽可能多的消费者。沃尔玛提供的借鉴意义主要是其供应链管理方式。

在供应链环节中,沃尔玛的战略恰恰应了中国一句老话——磨刀不误砍柴工。它不是将物流环节视为企业的成本中心尽力缩减投入,而是将其视为利润中心,采用全方位的电子系统控制、最先进的技术以及对供应商的高标准要求,从而实现供应链高效益的运转。

在供应链管理方面,早在 20 世纪 80 年代初,沃尔玛便采用全电子化的快速供应 QR 这一现代化供应链管理模式,并且不断将更新的技术融入这一管理模式中。QR 模式改变了传统企业的商业信息保密做法,将销售信息、库存信息、生产信息、成本信息等与合作伙伴交流分享。可以说,这是供应链管理由企业内部向企业间合作的一个质的飞跃。具体做法是:沃尔玛通过 EDI(电子数据交换)系统把 POS(销售时点信息管理)数据传给供应方,供应方可以及时了解沃尔玛的销售状况、把握商品需求动向,及时调整生产计划和材料采购计划;供应方利用 EDI 系统在发货前向沃尔玛传送 ASN(预先发货清单),这样沃尔玛可以做好进货准备,同时省去货物数据的输入作业,使商品检验作业效率化;沃尔玛在接收货物的时候,用扫描仪读取机器的条码信息,与进货清单核对,判断到货和发货清单是否一致;利用电子支付系统 EFT 向供应方支付货款,比较 ASN 和 POS 数据,就能迅速知道商品库存的信息。沃尔玛把商品进货和库存管理职能移交给供应方,由生产厂商对沃尔玛的流通库存进行管理和控制 VMI(供应商管理库存),在流通中心保管的商品所有权属于供应方。供应方对 POS 信息和 ASN 信息进行分析,把握商品销售和沃尔玛的库存动向,在此基础上,决定什么时间、把什么商品、以什么方式发送,发货信息预先以 ASN 形式传送给沃尔玛,以多频度、小数量进行 CRP(连续库存补充)。供应方不仅能减少本企业的库存,还能减少沃尔玛的库存,实现整个供应链的库存水平最小化。对于沃尔玛来说,省去了商品进货业务,节约了成本,能够集中精力于销售活动,并且事先得知供应方的商品促销计划和商品生产计划,进而以较低价格进货。

目前,沃尔玛在其供应链管理系统中融入了 RFID(无线射频识别技术)。采用这一先进技术旨在监督和跟踪控制每一个产品,控制物流环节中的产品缺失与质量监督。这一技术的应用最初在供应商那里反响很不好,大部分供应商实质是反对采用这一技术的。因为这不是一次简单的在商品包装上贴标签的措施，而是对于整个供应链上游的技术性整合，这方面的成本投入与工作方式的转变都是巨大并带有强制性质的。所以，2005 年 1 月，仅有大约 100 名供应商把贴有 RFID 标签的货箱和托盘运往得克萨斯州的几个物流中心，这标志着沃尔玛开创了供应链管理的一个新纪元。2006 年 1 月，还有 200 多名供应商按要求应用 RFID。尽管最初装运范围有限，但这将会变为一笔大买卖。现在预测沃尔玛的 RFID 要求带来的结果还为时尚早，十年后事实也许会证明这是重要的一步，就像 20 世纪 70 年代沃尔玛在俄亥俄州一家百货店开始的第一次条码扫描的意义一样。

2. 沃尔玛供应链的构成

沃尔玛供应链由以下 4 部分构成：顾客需求管理、供应商和合作伙伴管理、企业内和企业间物流配送系统管理、基于 Internet/Intranet 的供应链交互信息管理。具体来讲，各部分的功能如下。

1）顾客需求管理

沃尔玛的供应链管理是典型的拉动式供应链管理，即以最终顾客的需求为驱动力，整个供应链的集成度较高，数据交换迅速，反应敏捷。零售业是直接与最终消费者打交道的行业，顾客决定一切，如果企业不以满足消费者需要为中心是无法生存下去的。这一点沃尔玛公司理解得最为透彻。推销员出身的沃尔玛创始人山姆，深知顾客真正需要什么，因此从在小镇最初经营杂货业，到后来转而经营折扣百货业，山姆一直坚持低价位、标准化服务，坚持以乡村小镇为基地，这都是遵循了“顾客第一”和“让顾客满意”原则的结果。

“让顾客满意”排在沃尔玛公司目标的第一位，“顾客满意是保证我们未来成功与成长的最好投资”，是公司的基本经营理念。公司为顾客提供“无条件退货”保证和“高品质服务”的承诺，绝不只是一句口号。在美国，只要是从沃尔玛购买的商品，无任何理由，甚至没有收据，沃尔玛都无条件受理退货。“高品质服务”意味着顾客永远是对的。沃尔玛每周都进行顾客期望和反映的调查，管理人员根据电脑信息系统收集的信息以及通过直接调查收集到的顾客期望，及时更新商品的组合、组织采购、改进商品陈列摆放、营造舒适的购物环境，使顾客在沃尔玛不但买到称心如意的商品，而且得到满意的全方位的购物享受。

只要涉及顾客利益，沃尔玛总站在顾客的一边，尽力维护顾客的利益。这一点反映在与供应商的关系上尤为突出。沃尔玛始终站在消费者采购代理的立场上，苛刻地挑选供应商，顽强地讨价还价，目的就是做到在商品齐全、品质有保证的前提下向顾客提供价格低廉的商品。为此，公司要求采购人员必须强硬，因为他们不是为公司讨价还价，而是为所有顾客讨价还价，为顾客争取到最好的价钱，而不必对供应商感到抱歉。沃尔玛不搞回扣，不需要供应商提供广告服务，也不需要送货，这一切沃尔玛自己会搞定，唯一的要求就是最低价。

2）供应商和合作伙伴管理

供应商参与了企业价值链的形成过程，对企业的经营效益有着举足轻重的影响。建立战略性合作伙伴关系是供应链管理的重点。供应链管理的关键就在于供应链上下游企业的无缝连接与合作。企业供应链合作关系的建立是一个复杂的过程。沃尔玛与供应商建立合作伙伴关系经历了一个较长的艰难的过程。

在众多的供应商眼里,沃尔玛一直以强硬的令人生畏的形象出现。早在20世纪80年代初,沃尔玛便采取了一项政策,要求从交易中去掉制造商的销售代理,直接向制造商订货,同时将采购价降低2%~6%,正好相当于销售代理的佣金数。结果制造商不同意减价,并且为此在新闻界展开了一场谴责沃尔玛的运动。直到20世纪80年代末,技术进步提供了更多可督促制造商降低成本、削减价格的手段,沃尔玛才不必总引起公众的公开对抗。沃尔玛开始全面改善与供应商的关系,主要是通过计算机联网和电子数据交换系统,与供应商共享信息,从而建立伙伴关系。其中最典型的例子就是沃尔玛与宝洁建立伙伴关系。

在经济萧条时期,一直有"自我扩张欲的家伙"之称的宝洁,企图控制沃尔玛对其产品的销售价格和销售条件,沃尔玛也不示弱,针锋相对,威胁终止宝洁公司产品的销售或留给其最差的货架位置,彼此之间没有信息共享、没有合作计划、没有系统的协调,关系一度紧张。直到20世纪80年代中期,这种敌对关系才有所改变。宝洁的高级职员拜访了当时初具规模的沃尔玛,双方就建立一个全新的供应商和零售商关系并达成了协议,其中最重要的成果就是建立互联网共享信息系统,即宝洁公司可以通过电脑监视其产品在沃尔玛各分店的销售及存货情况,然后据此调整它们的生产和销售计划,从而大幅提高了经营效率。此后,沃尔玛和宝洁建立的长久的伙伴关系已成为零售商和制造商关系的标准。这一关系基于双方成熟的依赖度:沃尔玛需要宝洁的品牌,而宝洁需要沃尔玛建立的顾客通道。

沃尔玛与供应商努力建立伙伴关系的另一做法是为关键供应商在店内安排适当的空间,有时还让这些供应商自行设计布置自己商品的展示区,旨在营造一种更具吸引力、更专业化的购物环境。

3)物流配送系统管理

有效的商品配送是保证沃尔玛达到最大销售量和最低成本的存货周转及费用的核心。在沃尔玛折扣百货公司建立之初,由于其地处偏僻小镇,几乎没有哪个专业分销商愿意为它的分店送货,沃尔玛的各分店不得不自己向制造商订货,然后再联系货车送货,效率非常低。也就是在这种情况下,一向以节俭著称的山姆为使公司获得可靠的供货保证及低成本的高效率,决定大手笔投资建立自己的配送组织。沃尔玛的第一家配送中心于1970年建立,占地6 000平方米,负责向4个州的32家商场供货,集中处理公司所销商品的40%。随着公司的不断发展壮大,配送中心的数量也不断增加。现在沃尔玛拥有的20多家配送中心分别服务于美国18个州超过2 500家商场,配送中心平均占地约10万平方米。整个公司销售8万种商品,年销售额1 300多亿美元,其中85%的商品由这些配送中心供应,而其竞争对手只有50%~65%的商品采用集中配送方式。

配送中心完全实现了自动化。每种商品都有条码,由十几千米长的传送带传送商品,由激光扫描器和电脑追踪每件商品的储存位置及运送情况。繁忙时,传送带每天能处理20万箱的货物。配送中心的一端是装货月台,可供30辆卡车同时装货,另一端是卸货月台,可同时停放135辆大卡车。每个配送中心有600~800名员工,24小时连续作业,每天有160辆货车开进来卸货,150辆车装好货物开出,许多商品在配送中心停留的时间总计不超过48小时。

沃尔玛发展到今天，在美国已拥有完整的物流系统，而配送中心只是其中的一部分。

沃尔玛的自动补货系统采用条形码（UPC）技术、射频数据通信（RFDC）技术和电脑系统自动分析并建议采购量，使得自动补货系统更加准确、高效，降低了成本，加速了商品流转以满足顾客需要。

20 世纪 90 年代初沃尔玛有 2 000 多辆牵引车头、1 万多个拖车车厢、5 000 名员工、3 700 名司机，车队每年运输次数达 7.7 万辆次，并创下了 310 万千米无事故纪录。车队采用电脑进行车辆调度，并通过全球卫星定位系统对车辆进行定位跟踪。

许多大连锁公司，包括凯玛特和塔吉特，都是将运输工作外包给专业货运公司，以为这样可以降低成本，但沃尔玛一直坚持拥有自己的车队和自己的司机，以保持灵活并为一线商店提供最好的服务。沃尔玛通常每天一次为每家分店送货，而凯玛特平均 5 天一次；沃尔玛的商店通过电脑向总部订货，平均只需 2 天就可以补货，如果急需，则第 2 天即可到货。这使得沃尔玛在其竞争对手不能及时补货时，而其货架总是保持充盈，从而赢得竞争优势。

沃尔玛的车队还采用一系列科学的、合理的运输策略，如满车（柜）运输、散货装车、晚间送货、按预约准时送货以及配送中心提供回程提货运输折扣，供应商按订单要求备货和按预约时间准时送货，同时降低了沃尔玛和供应商的运营成本。

4）供应链交互信息管理

信息共享是实现供应链管理的基础。供应链的协调运行建立在节点主体间高质量的信息传递与共享的基础上，因此有效的供应链管理离不开信息技术的可靠支持。在沃尔玛除了配送中心外，投资最多的便是电子信息通信系统。沃尔玛的电子信息通信系统是全美最大的民用系统，甚至超过了电信业巨头美国电报电话公司。沃尔玛是第一个发射和使用自有通信卫星的零售公司。它在本顿威尔总部的信息中心，1.2 万平方米的空间装满了电脑，仅服务器就有 200 多个。截至 20 世纪 90 年代初，沃尔玛在电脑和卫星通信系统上就已经投资了 7 亿美元。

20 世纪 80 年代初，沃尔玛较早地开始使用商品条形码和电子扫描器实现存货自动控制。采用商品条码可代替大量手工劳动，不仅缩短了顾客结账时间，更便于利用计算机跟踪商品从进货到库存、配货、上架、售出的全过程，及时掌握商品销售和运行信息，加快商品流转速度。

20 世纪 80 年代末，沃尔玛开始利用电子数据交换系统（EDI）与供应商建立自动订货系统。该系统又称为无纸贸易系统，通过计算机联网，向供应商提供商业文件，发出采购指令，获取收据和装运清单等，同时也使供应商及时精确地把握其产品销售情况。1990 年，沃尔玛已与 1 800 家供应商实现了电子数据交换，成为 EDI 技术的全美国最大用户。

沃尔玛还利用更先进的快速反应系统代替采购指令，真正实现了自动订货，此系统利用条形码扫描和卫星通信，与供应商每日交换商品销售、运输和订货信息。

正是依靠先进的电子通信手段，沃尔玛才做到了商品的销售与配送中心保持同步，配送中心与供应商保持同步。

3. 沃尔玛如何利用信息技术进行供应链管理

1)沃尔玛的电子自动订货系统

电子自动订货系统(Electronic Ordering System, EOS)是指企业间利用通信网络(如互联网)和终端设备,以在线连接方式进行订货作业和订货信息交换的系统。简言之,就是订货数据通过网络传送到物流中心的电脑系统。

2)沃尔玛的销售时点系统

沃尔玛的POS系统即销售时点(Point of Sale)系统,包含前台POS系统和后台MIS系统两大部分。POS系统是指通过自动读取设备(如收银机)在销售商品时,直接读取商品的销售信息(如商品的品名、单价、销售数量、销售时间、销售店铺、购买顾客等),并通过通信网络和计算机传送到有关部门(如公司总部、生产部门、采购部门、供应部门等),进行分析加工以提高经营效率的系统。POS系统的作业流程是:零售商在售出商品时,所售商品的条形码经过条形码阅读机的阅读,自动输入电脑和收款机;后台电脑就从数据库中得知物品的品名、价格等数据,并立即显现在收款机上;再经过网络传送到总公司,供那里的管理人员分配销售货物类别和数量;最后将订单数据传送到物流配送中心,由物流配送中心对零售点进行及时准确的补货。

POS系统的运行有以下5个步骤:

(1)店铺上销售的商品都贴有商品条形码;

(2)收银机打印出顾客购买的详细清单;

(3)清单上的信息通过在线连接传送到总公司;

(4)总公司分析后发现畅销品和滞销品,并以此进行货物调整、品种配置、商品陈列、价格调整等作业;

(5)将信息传送给供应商、生产商、物流商等供应链上的相关企业。

3)沃尔玛的自动补货系统

自动补货(Automatic Replenishment, AR)系统是连续补货(Continuous Replenishment, CR)系统的延伸,即供应商预测未来商品需求,负起零售商补货的责任,在供应链中,各成员互享信息,维持长久稳定的战略合作伙伴关系。

自动补货系统能使供应商对其所供应的所有分门别类的货物及其在销售点的库存情况了如指掌,从而自动跟踪补充各个销售点的货源,提高了供货的灵活性和预见性,即由供应商管理零售库存,并承担零售店里的全部产品的定位责任,使零售商大大降低零售成本。

4. 沃尔玛强制性推行RFID技术

从强制采用RFID这一技术来看,沃尔玛对于供应商的严格要求在业界也是闻名的,其标准也成了多家企业效仿借鉴的对象。从其官方网站对于供应商的要求来看,沃尔玛可以说做到了包罗万象:对于供应商对当地法律的遵守,对于其雇工的劳动时间、种族歧视,对于供应商的工作环境尤其是环保方面,对于与沃尔玛合作的商业机密等均做了明确严格的要求。不仅如此,沃尔玛每年还为其供应商进行相应的培训,并将培训结果公之于众。可以说,沃尔玛不仅注重对供应商产品质量的考察,更注重供应商的整体素质。

5. 沃尔玛对其供应链环节进行先进化的管理

沃尔玛根据其管理战略理念，即“天天平价”，始终如一而制订企业整体战略。沃尔玛企业整体采用成本与规模经济战略，其战略核心就是通过大批量订货的物流环节提高效益而控制成本。沃尔玛总是供应链管理的弄潮者：从 20 世纪 70 年代条形码的推行，到 80 年代物流管理理念的创新，再到当今作为 RFID 技术的主力倡导者，可以说，沃尔玛不是一味地将物流管理作为成本中心加以缩减，而是将其不断改造更新成为企业的核心竞争力，最终成为企业的第三利润来源，其实质就是利润中心管理模式的改变。

6. 沃尔玛供应链成功秘诀之一：领先全球的信息技术应用

沃尔玛电视网（WallMart TV Network）成立于 1999 年，现在美国 3 000 多家门店中，有 2 600 多家提供这一服务。在装设沃尔玛电视网的各连锁店中，平均每家有 8~10 台显示器。2005 年，沃尔玛把显示器数再增加了 10%，且针对西班牙语顾客，增加了西班牙语的广告。

在显示器的陈列上，沃尔玛除了在农副产品区域设一台液晶显示器外，还在音乐区放置一台液晶显示器。所有的电视网络，都通过卫星同步接收节目。沃尔玛电视网的观众覆盖率，已可以与美国四大电视网相匹敌。根据尼尔森媒体研究公司统计，目前，联播沃尔玛电视网的沃尔玛门店在美国就已有 2 600 多家，以 4 周为期累计，收看人数达 1.33 亿人，约相当于同时间店内常客人数的三分之一。几年下来，在沃尔玛电视网打广告的厂商数目增加了一倍，达到了 110 家。

沃尔玛是一家典型的零售业企业，不生产汽车，也不经营石油，更没有飞机、大炮生产商那样的高利润，只靠出售廉价的零售百货，愣是在半个多世纪里一直“打遍天下无敌手”。沃尔玛靠的是什么？生产率，而其生产率正是来自其领先全球的信息技术的应用。

大多数商业企业只是充当生产厂商和消费者的桥梁，缺乏参与和控制生产的能力。沃尔玛已经跨越了企业内部管理和与外界沟通的传统管理范畴，形成了以自身作为供应链主体，连接生产厂商与消费者的全球供应链系统。

沃尔玛正是以先进的信息技术为依托，形成了一整套先进的供应链管理系统。没有统一、集中、实时监控的供应链管理系统，沃尔玛的直接“控制生产”和高水准的“客户服务”就无从谈起。沃尔玛通过基于信息技术的供应链的高效运作，超越了自身商业零售企业的传统身份。

信息技术的投资强化了沃尔玛的核心价值。今天，沃尔玛的许多竞争对手不得不佩服沃尔玛当年投资信息技术的超前眼光。正如经济分析师罗伯特·德瑞克所指出的：“沃尔玛正是运用科技手段，促进业务发展，为企业界树立了成功的典范。”在信息技术的支持下，沃尔玛能够以最低的成本、最优质的服务、最快速的市场反应进行全球运营。尽管信息技术并不是沃尔玛取得成功的充分前提，但却是沃尔玛成功的必要条件。这些投资使沃尔玛显著地降低了经营和管理成本，大幅提高了资本生产率和劳动生产率，成功地实现了“天天平价”这一突出的核心竞争力。同时，应用信息技术还使沃尔玛与供应商的关系更加密切：供应商可以进入沃尔玛的这套电子数据交换系统，了解自己的产品销售情况，从而有计划地组织生产，大大降低了因盲目生产导致产品积压而带来的库存机会成本。

由于信息技术的领先应用,广为外人称道的沃尔玛配送系统才得以形成其市场竞争力。也只有建立了专门的电脑管理系统、卫星定位系统和电视调度系统,才能满足沃尔玛全球5 300多家连锁店的配送需要。配送中心一直以来都是沃尔玛帝国物流畅通无阻的"奔腾之芯"。在大多数配送中心,商品超过8万种。有人曾经这样形容过沃尔玛的配送中心:这些巨型建筑的平均面积超过10万平方米,相当于23个足球场那么大。而在沃尔玛的配送中心里,计算机掌管着一切。当每一样商品储存进去的时候,计算机都会把它们的方位和数据一一记录下来。一旦门店要货,计算机就会查找出这些货物的存放位置,打印出印有商品代号的标签,以供贴到商品上。整包装的商品将直接送上传送带,在长达十几千米的传送带上进进出出,计算机通过激光辨别上面的条形码,把它们送到该去的地方。传送带上一天输送的货物可达20万箱。配送中心的一端是装货平台,另一端是卸货平台,可同时停放100多辆卡车。配送中心24小时不停地运转,平均每天接待的装货、卸货的卡车超过200辆。若没有信息技术的支撑,要实现这一切是非常困难的。

第三节 企业销售物流管理

一、销售物流的概念

销售物流(Distribution Logistics)又称为企业销售物流,是企业为保证自身的经营利益,不断通过销售活动,将产品所有权转给用户的物流活动。在现代社会中,市场环境是一个完全的买方市场,因此销售物流活动便具有极强的服务性,以满足买方的要求,最终实现销售。在这种市场前提下,销售往往以送达用户并经过售后服务才算终止,因此销售物流的空间范围很大,这便是销售物流的难度所在。企业销售物流通过包装、送货、配送等一系列物流活动实现销售,这就需要研究送货方式、包装水平、运输路线等,并采取各种诸如少批量、多批次,定时、定量配送等特殊的物流方式达到目的。

企业销售物流的内涵:企业以销售利润为目的,通过销售将产品的所有权转给用户的物流活动,是产品从生产地到用户的时间和空间的转移,是包装、运输和储存等环节的统一。

二、销售物流的主要环节

1. 产品包装

销售包装的目的是向消费者展示、吸引顾客、方便零售。运输包装的目的是保护商品,便于运输、装卸、搬运和储存。

2. 产品储存

储存是满足客户对商品可得性的前提。通过仓储规划、库存管理与控制、仓储机械化等,提高仓储物流工作效率、降低库存水平、提高客户服务水平。帮助客户管理库存,有利于稳定客源,便于与客户实现长期合作。

3. 货物运输与配送

运输是解决货物在空间位置上的位移。配送是在局部范围内对多个用户实行单一品种或多品种的按时按量送货。通过配送，客户得到更高水平的服务；企业可以降低物流成本；减少城市的环境污染。要考虑制定配送方案，以提高客户服务水平。

4. 装卸和搬运

装卸是物品在局部范围内以人或机械装入运输设备或卸下。搬运是对物品进行以水平移动为主的物流作业。主要考虑提高机械化水平、减少无效作业、集装单元化、提高机动性能、利用重力减少附加质量、各环节均衡、协调、系统效率最大化。

5. 流通加工

流通加工是根据需要进行分割、计量、分拣、刷标志、拴标签、组装等作业的过程。在此过程中主要考虑流通加工方式、成本和效益、与配送的结合运用、废物再生利用等。

6. 订单及信息处理

客户在考虑批量折扣、订货费用和存货成本的基础上，合理地频繁订货；企业若能为客户提供方便、经济的订货方式，就能引来更多的客户。

7. 销售物流网络规划与设计

销售物流网络是以配送中心为核心，连接从生产厂出发，经批发中心、配送中心、中转仓库等，一直到客户的各个物流网点的网络系统。规划与设计销售物流网络时主要考虑市场结构、需求分布、市场环境等因素。

三、销售物流的模式

销售物流有 3 种主要的模式：生产企业自己组织销售物流，第三方物流企业组织销售物流，用户自己提货。

1. 生产企业自己组织销售物流

这是买方市场环境下的主要销售物流模式之一，也是我国当前绝大部分企业采用的物流形式。生产企业自己组织销售物流，实际上把销售物流作为企业生产的一个延伸或者是看成生产的继续。生产企业销售物流成了生产企业经营的一个环节。而且，这个经营环节是和用户直接联系、直接面向用户提供服务的一个环节。在企业从“以生产为中心”转向以“市场为中心”的情况下，这个环节逐渐变成了企业的核心竞争环节，已经逐渐不再是生产过程的继续，而是企业经营的中心，生产过程变成了这个环节的支撑力量。

生产企业自己组织销售物流的好处在于，可以将自己的生产经营和用户直接联系起来，信息反馈速度快、准确程度高，信息对于生产经营的指导作用和目的性强。企业往往把销售物流环节看成是开拓市场、进行市场竞争的一个环节，尤其在买方市场环境下，格外看重这个环节。生产企业自己组织销售物流，可以对销售物流的成本进行大幅度的调节，充分发挥它的“成本中心”的作用，同时能够从整个生产企业的经营系统角度，合理安排和分配销售物流环节的力量。生产企业在规模可以达到销售物流的规模效益前提下，自己组织销售物流的办法是可行的，但不一定是最好的选择。主要原因有以下 3 点：一是生产企业核心竞争力的培育和发展问题，如果生产企业的核心竞争能力在于产品开发，销售物流可能占用过多的资源和管理力量，对核心竞争能力造成影响；二是生产企业销售物流专业化程度有限，自已组织销售物流缺乏优势;三是生产企业的规模终归有限,即便是分销物流的规模达到经济规模,延伸到配送物流之后,就很难再达到经济规模,因此可能反过来影响市场更广泛、更深入的开拓。

2. 第三方物流企业组织销售物流

由专门的物流服务企业组织生产企业的销售物流,实际上是生产企业将销售物流外包,将销售物流社会化。由第三方物流企业承担生产企业的销售物流,其最大优点在于,第三方物流企业是社会化的物流企业,它向很多生产企业提供物流服务,因此可以将企业的销售物流和供应物流等物流需求一体化,并提供统一解决的方案。这样可以做到专业化和二规模化。这两者可以从技术方面和组织方面降低成本和提高服务水平。

3. 用户自己提货

这种形式实际上是将生产企业的销售物流转嫁给用户,变成了用户自己组织销售物流的形式。对销售方来讲,已经没有了销售物流的职能。这是在计划经济时期广泛采用的模式,将来除非十分特殊的情况下,这种模式不再具有生命力。

四、销售物流的功能

(1)进行市场调查和需求预测。销售物流包括大量工作,首要任务是进行销售预测,然后在此基础上制订生产计划和存货计划。

(2)开拓市场和制定销售产品的方针与策略。在产品销售活动中,开拓市场和制定销售产品的方针与策略是销售物流的一项重要内容,主要包括销售渠道、营销组合、产品定价等。

(3)编制销售计划。编制销售计划主要包括正确确定计划期产品销售量和销售收入两个指标。

(4)组织、管理订货合同。主要包括组织签订合同、检查执行合同和处理执行合同中的问题。

(5)组织产品推销。主要包括产品的商标与装潢设计、广告宣传、试销试展、派员推销以及市场信息反馈等。

(6)组织对用户的服务工作。主要包括产品安装调试,使用与维修指导,实行“三包”,提供配件以及售前、售后征求用户意见等。

(7)进行成本分析。对销售功用与销售成本进行分析,不断提高销售的经济效益和销售管理工作水平。一般认为,营销物流总成本的主要构成是运输(46%)、仓储(26%)、库存管理(10%)、接收与运送(6%)、包装(5%)、管理(4%)以及订单处理(3%)。

第四节 企业物流成本管理

一、企业物流成本概念

物流成本是产品在实物运动过程中,如包装、装卸、运输、储存、流通加工等各个活动中所支出的人力、财力和物力的总和。物流成本管理就是对物流相关费用进行的计划、协调与控制。

我国于2006年颁布实施的国家标准《企业物流成本构成与计算》(GB /T20523—2006)指出:“物流成本是企业物流活动中所消耗的物化劳动和活劳动的货币表现,包括货物在运输、储存、包装、装卸搬运、流通加工、物流信息、物流管理等过程中所耗费的人力、物力和财力的总和以及与存货有关的流动资金占用成本、存货风险成本和存货保险成本。”该定义的物流成本包含两方面的内容:一是直接在物流环节产生的支付给劳动力的成本,耗费在机器设备上的成本以及支付给外部第三方的成本;二是在物流环节中因持有存货等所带来的潜在成本,如占有资金成本、保险费等。

二、物流成本的分类

现代物流成本的范围更广,贯穿于企业经营活动的全过程,包括从原材料供应开始一直到将商品送达消费者手中所发生的全部物流费用。物流成本按不同的标准有不同的分类,按产生物流成本主体的不同,可以分为企业自身物流成本和委托第三方从事物流业务所发生的费用,即委托物流费。按物流的功能,可以对物流成本做如下分类。

(1)运输成本,主要包括人工费用,如运输人员工资、福利等;营运费用,如营运车辆燃料费、折旧费、公路运输管理费;其他费用,如差旅费等。

(2)仓储成本,主要包括建造、购买或租赁仓库设施设备等的成本和各类仓储作业带来的成本。

(3)流通加工成本,主要有流通加工设备费用、流通加工材料费用、流通加工劳务费用及其他费用。

(4)包装成本,主要包括包装材料费用、包装机械费用、包装技术费用、包装人工费用等。

(5)装卸与搬运成本,主要包括人工费用、资产折旧费、维修费、能源消耗费以及其他相关费用。

(6)物流信息和管理费用,包括企业为物流管理所发生的差旅费、会议费、交际费、管理信息系统费以及其他费用。

三、物流成本的特点

物流成本和其他成本比较,有许多不同之处,但是最突出的只有两点,这两点被称为物流冰山现象和效益背反(交替损益)现象。物流冰山现象本来是日本早稻田大学西泽修教授研究有关物流成本问题所提出来的一种比喻,现在物流学界已经把它延伸成物流基本理论之一,并看成是德鲁克学说的另一种描述。

物流冰山现象认为,在企业中,绝大多数物流发生的费用被混杂在其他费用之中,而能够单独列出会计项目的,只是其中很小一部分,这一部分是可见的,常常被人们误解为这就是物流费用的全貌,其实只不过是浮在水面上的、能被人所见的冰山一角而已。

交替损益现象是物流成本的另一个特点。物流成本的发生源很多,其成本发生的领域往往在企业里面是不同部门管理的领域,因此这种部门的分割就使得相关物流活动无法进行协调和优化,出现此彼长消、此损彼益的现象。其实,在任何一个大系统中,系统要素之间经常会出现这种矛盾,系统工程的主要目的也在于从系统高度寻求总体的最优。

根据物流成本的冰山理论,有很多项物流成本是隐藏的,物流成本可大可小,完全在于其计算的范围和方法。因此,在计算物流成本时,必须首先明确计算条件。如果无视计算条件,物流成本也就失去了存在的意义。物流成本的计算条件指物流范围、物流功能范围和会计科目范围。

1. 物流范围

物流范围,顾名思义,指的是物流的起点和终点的长短。人们通常所讲的物流有:原材料物流,即原材料从供应商转移到工厂的物流;工厂内物流,即原材料、半成品、成品在工厂的不同车间、不同地点的转移和存储;从工厂到仓库的物流;从仓库到客户的物流,这个范围相当广阔。所以,作为物流成本的计算对象,物流范围会引起物流成本发生很大的变化。

2. 物流功能范围

物流功能范围是指在运输、保管、配送、包装、装卸、信息管理等众多的物流功能中,把哪种物流功能作为计算对象。可以想见,把所有的物流功能作为计算对象与只把运输、保管这两种功能作为计算对象,所得到的成本会相差非常大。

3. 会计科目范围

会计计算科目的范围指的是在会计科目中,把其中的哪些科目列入计算对象的问题。在会计科目中,有运费开支、保管开支这类企业外部的开支,也有人工费、折旧费、修缮费、燃料费等企业内部的支出。

把哪些开支项目列入成本计算对象,对物流成本的影响很大。所以,这三方面的范围选择,决定着物流成本的大小。

四、物流成本的核算方法

1. 按支付形态划分并核算物流成本

把物流成本分别按运费、保管费、包装材料费、自家配送费(企业内部配送费)、人事费、物流管理费、物流利息等支付形态记账。从中可以了解物流成本总额,也可以了解哪个经费项目花费最多,对认识物流成本合理化的重要性以及物流成本管理应以什么为重点十分重要。

2. 按功能划分并核算物流成本

分别按包装、配送、保管、搬运、信息、物流管理等功能来核算物流费用,可以看出哪种功能更耗费成本,比按支付形态计算成本的方法能更进一步找出实现物流合理化的方法。而且可以计算出标准物流成本(单位个数、质量、容器的成本),从而进行作业管理,设定合理化目标。

3. **按适用对象划分并核算物流成本**

（1）按适用对象核算物流成本，可以分析出物流成本都用在哪一种对象上。如可以分别把商品、地区、顾客或营业单位作为适用对象来进行计算。

（2）按支店或营业所核算物流成本，就是计算出各营业单位物流成本与销售金额或毛收入的对比，用来了解各营业单位物流成本中存在的问题，以加强管理。

（3）按顾客核算物流成本，又可分按标准单价计算和按实际单价计算两种计算方式。按顾客计算物流成本，可用来作为选定顾客、确定物流服务水平等制定顾客战略的参考。

（4）按商品核算物流成本是指通过把按功能计算出来的物流费，用各自不同的基准，分配各类商品的方法计算出来的物流成本。这种方法可以用来分析各类商品的盈亏，在实际运用时，要考虑进货和出货差额的毛收入与商品周转率之积的交叉比率。

4. **采用 ABC 成本法核算物流成本**

（1）以活动为基础的成本分析法是人为确定和控制物流费用最有前途的方法。

（2）以作业为基础，把企业消耗的资源按资源动因分配到作业以及把收集的作业成本按作业动因分配到成本对象的核算方法。其理论基础是生产导致作业的发生，作业消耗资源并导致成本的发生，产品消耗作业，因此作业成本计算程序就是把各种资源库成本分配给各作业，再将各作业成本库的成本分配给最终产品或劳务。

（3）以作业为中心，不仅能提供相对准确的成本信息，而且还能提供改善作业的非财务信息。以作业为纽带，能把成本信息和非财务信息很好地结合起来，即以作业为基础分配成本，同时以作业为基础进行成本分析和管理。

（4）应用作业成本法核算企业物流并进行管理可分为如下 4 个步骤。

①界定企业物流系统中涉及的各个作业。作业是工作的各个单位，作业的类型和数量会随着企业的不同而不同。例如，在一个顾客服务部门，作业包括处理顾客订单、解决产品问题以及提供顾客报告三项作业。

②确认企业物流系统中涉及的资源。资源是成本的源泉，一个企业的资源包括直接人工成本、直接材料成本、生产维持成本（如采购人员的工资成本）、间接制造费用以及生产过程以外的成本（如广告费用）。资源的界定是在作业界定的基础上进行的，与作业无关的资源应从物流核算中剔除。

③确认资源动因，将资源分配到作业。作业决定着资源的耗用量，这种关系称作资源动因。资源动因联系着资源和作业，它把总分类账上的资源成本分配到作业。

④确认成本动因，将作业成本分配到产品或服务中。作业动因反映了成本对象对作业消耗的逻辑关系，例如问题最多的产品会产生最多的顾客服务电话，故按照电话数的多少（此处的作业动因）把解决顾客问题的作业成本分配到相应的产品中去。

五、物流成本管理的方法

1. 通过采用物流标准化进行物流管理

物流标准化是以物流作为一个大系统，制定系统内部设施、机械设备、专用工具等各个分系统的技术标准及制定系统内各个分领域如包装、装卸、运输等方面的工作标准，以系统为出发点，研究各分系统的技术标准与分领域的工作标准的配合性，统一整个物流系统的标准。物流标准化使货物运输过程中的基本设备统一规范，如现有托盘标准与各种运输装备、装卸设备标准之间能有效衔接，大大提高了托盘在整个物流过程中的通用性，也在一定程度上促进了货物运输、储存、搬运等过程的机械化和自动化水平的提高，有利于提升物流配送系统的运作效率，从而降低物流成本。

2. 通过实现供应链管理，提高对顾客物流服务的管理来降低成本

实行供应链管理不仅要求该企业的物流体制具有效率化，也需要企业协调与其他企业以及客户、运输业者之间的关系，实现整个供应链系统的效率化。正因如此，低物流成本的实现，不仅要求企业物流部门和生产部门加强控制，同时采购部门等各职能部门也要加强成本控制。提高对顾客的物流服务可以确保企业利益，同时也是企业降低物流成本的有效方法。

3. 借助现代信息系统的构筑降低物流成本

要提高企业之间的交易效率，必须借助现代信息系统的构筑，尤其是利用互联网等高新技术来完成物流全过程的协调、控制和管理，实现从网络前端到最终客户端的所有中间过程服务。由此，一方面各种物流作业或业务处理得以正确、迅速地进行；另一方面能建立起战略的物流经营系统。通过现代物流信息技术可以将企业订购的意向、数量、价格等信息在网络上进行传输，从而使生产、流通全过程的企业或部门共享信息，充分对应可能发生的各种需求，进而调整不同企业间的经营行为和计划。企业间的协调和合作有可能在短时间内迅速完成，这可以从整体上控制物流成本。同时，物流管理信息系统的迅速发展，使混杂在其他业务中的物流活动的成本能精确地计算出来，而不会把成本转嫁到其他企业或部门。

4. 从流通全过程的视点来加强物流成本的管理

对于一个企业来讲，控制物流成本不单单是本企业的事情，即追求本企业的物流效率化，而应该考虑从产品制成到最终用户整个流通过程的物流效率化，即物流设施的投资或扩建要视整个流通渠道的发展和要求而定。例如，有些厂商是直接面对批发商经营的，因此很多物流中心与批发商物流中心相吻合，从事大批量的商品输送。然而，随着零售业界便民店、折扣店的迅速发展，客户要求厂商必须适应零售业这种新型的业态形式，展开直接面向零售店铺的物流活动。在这种情况下，原来的投资就有可能沉淀，同时又要求建立新型的符合现代物流发展要求的物流中心甚至自动化设备。显然，这些投资尽管从企业来看，增加了物流成本，但从整个流通过程来看，却大大提高了物流效率。

5. 通过效率化的配送降低成本

对于用户的订货要求尽力短时间、正确的进货体制是企业物流发展的客观要求，但是随着配送产生的成本费用要尽可能降低，特别是多频度、小单位配送要求的发展，更要求企业采取效率化的配送，故必须重视配车计划管理，提高装载率以及车辆运行管理效率。

一般来讲，企业要实现效率化的配送，就必须重视配车计划管理，提高装载率以及车辆运行效率。构筑有效的配送计划信息系统就可以使生产商配车计划的制订与生产计划联系起来进行,同时配送计划信息系统也能使批发商将配车计划和进货计划相匹配,从而提高配送效率,降低运输成本和进货成本。

6. 通过削减退货来降低物流成本

退货成本也是企业物流成本中一项重要的组成部分,它往往占有相当大的比例。退货成本包括退货产生的物流费、退货商品损伤或滞销而产生的经济费用以及处理退货商品所需的人员费和各种事务性费用。一般情况下,商品提供者承担退货所发生的各种费用,而退货方因为不承担商品退货产生的损失,所以容易很随便地退回商品。不仅如此,由于这类商品规模较小,也很分散,商品入库、账单处理等业务很复杂。因此,削减退货成本是物流成本控制活动中需要特别关注的问题。

物流成本降低是一个持续不断的过程。物流系统优化是关系企业竞争力、影响企业盈利水平的重大问题,企业应从战略的高度规划企业的物流系统,同时要协调各部门之间的关系,使各个部门在优化物流系统的过程中相互配合。

课后案例

海尔物流的"一流三网"

从管理的角度来讲,海尔是一个说不完的故事。它在新产品开发、顾客服务、企业文化、技术创新、市场创新、管理创新、体制创新等方面创造了很多奇迹。它是中国企业进入世界五百强的希望所在,有许多值得称赞的方面。

一、"一流三网"的概念

张瑞敏是第一个走上哈佛大学讲台的中国企业家,海尔是第一个被美国评为五星级服务的中国大陆企业,其物流是市场链概念中延伸出来的一个比较典型的模式和管理方法,所以他可称为中国物流觉醒的第一人,海尔去年被中国物流与采购协会授予"物流示范基地"的美誉。海尔物流的流程再造提出了"一流三网"。

1."一流"

"一流"就是订单信息流。没有订单不生产;要生产订单,不要生产库存,这是订单信息流。

2."三网"

(1)计算机信息网。物流操作基本都在计算机信息网络平台上进行,这就为物流效率的提高提供了很好的基础。

(2)全球供应资源网。海尔的供应是全球化的。海尔已经不仅是企业的国际化,而且是国际性的企业。它在国外有很多工厂,那些工厂用当地的资源、当地的人力、当地的资金,在当地市场进行销售。海尔在美国市场的占有率逐年提升,在美国是名牌,是中国人的骄傲,"海尔中国造"这个词在世界上叫得响当当。其供应资源网络符合经济全球化趋势,资源得到了更合理的配置。

(3)全球配送资源网。企业管理的精髓在于有效地整合或者是充分利用有限的资源,这是企业管理的出发点。既然海尔供应网是全球化的网络,它的配送也要全球配送,形成全球配送资源网络。

二、“一流三网”的理念基础

海尔物流的“一流三网”的同步模式可以实现4个目标。

(1)为订单而采购,消灭库存。在海尔,仓库不再是储存物资的水库,而是一条流动的河,河中流动的是按单采购生产必需的物资,从根本上消除了呆滞物资、消灭了库存。目前,海尔集团每个月平均接到6 000多个销售订单,这些订单的定制产品品种达7 000多个,需要采购的物料品种达15万多种。海尔物流整合以来,呆滞物资降低73.8%,仓库面积减少50%,库存资金减少67%。海尔国际物流中心货区面积7 200平方米,但它的吞吐量却相当于30万平方米的普通平面仓库,海尔物流中心只有10个叉车司机,而一般仓库完成这样的工作量至少需要上百人。

(2)双赢,赢得全球供应链网络。海尔通过整合内部资源、优化外部资源,使供应商由原来的2 336家优化至978家,国际化供应商的比例却上升了20%。海尔建立了强大的全球供应链网络, GE、爱默生、巴斯夫等世界500强企业都成为海尔的供应商,有力地保障了海尔产品的质量和交货期。不仅如此,更有一批国际化大公司以其高科技和新技术参与到海尔产品的前端设计中,目前可以参与产品开发的供应商比例已高达32.5%。

(3)三个JIT,实现同步流程。在物流技术和计算机信息管理的支持下,海尔物流通过3个JIT,即JIT采购、JIT配送和JIT分拨物流来实现同步流程。目前通过海尔的BBP购平台,所有的供应商均在网上接受订单,并通过网上查询计划与库存,及时补货;货物入库后,物流部门可根据次日的生产计划利用ERP信息系统进行配料,同时根据看板管理4小时送料到工位;生产部门按照B2B、B2C订单的需求完成订单以后,满足用户个性化需求的定制产品通过海尔全球配送网络送达用户手中。目前,海尔在中心城市实现8小时配送到位,区域内24小时配送到位,全国4天以内到位。

(4)计算机网络连接新经济速度。在企业外部,海尔CRM(客户关系管理)和BBP电子商务平台的应用架起了与全球用户资源网、全球供应链资源网沟通的桥梁,实现了与用户的零距离沟通。目前,海尔100%的采购订单由网上下达,使采购周期由原来的平均10天降低到3天;网上支付已达到总支付额的20%。在企业内部,计算机自动控制的各种先进物流设备不但降低了人工成本、提高了劳动效率,还直接提升了物流过程的精细化水平,达到质量零缺陷的目的。计算机管理系统搭建了海尔集团内部的信息高速公路,能将电子商务平台上获得的信息迅速转化为企业内部信息,以信息代替库存,达到零营运资本的目的。

案例思考:海尔为何能够成为知名的全球性优秀家电企业?

案例二　物流外包

一、从供应链角度看,企业为何要将物流外包

(1)降低成本。与企业自营物流相比,许多第三方物流服务供应商在国内外都拥有良好的运输和分销网络,在组织企业的物流活动方面更有经验、更专业化。所以,通过物流业务外包,企业可以降低因拥有运输设备、仓库和其他物流设施所必需的投资,从而把更多的资金投在公司的核心业务上。

(2)提升企业效率。企业在资源有限的情况下,把物流业务外包给专门的物流管理部门来承担,特别是一些特殊的物流运输业务,能够把时间和精力放在自己的核心业务上,提高供应链管理和企业运作的效率。

(3)分担企业风险,提高企业的柔性。企业通过外向资源配置,取消了企业与用户双方各自独立拥有的库存和运输,从而分散了由政府、经济、市场、财务等因素产生的风险,促进了资源的优化组合,增加了供应商的柔性,使企业更能适应外部环境的变化。

(4)快速响应需求。现在企业之间的竞争主要在于时间和速度上的竞争,第三方物流服务供应商由于其专业化和规模效应的优势,能够快速地对客户的需求进行回应。

(5)企业自身的局限。其中包括企业自身资金的限制;企业人力资源的限制,如缺乏有关物流方面的人才;企业自身物流技术和信息系统的限制,当企业的核心业务迅猛发展时,需要企业相应的物流系统跟上,但这时企业原来的自营物流系统往往因为技术和信息系统的局限而滞后。

二、物流外包时应注意的因素

(1)注意外包成本。因为选择外包主要是为了节约成本,所以外包的时候要注意成本是不是划得来,是不是足够低。

(2)注意外包时对方的反应速度,或者对方的速度是不是能够达到要求。

(3)注意对方的服务质量。一方面是外包方要求的质量,另一方面是外包方的顾客所需要的服务质量。

(4)供应商的协作度和支持度,供应商的供应能力以及供应商的信誉。

三、企业在外包前及外包过程中应采取的措施

一般而言,将企业物流外包是存在一定风险甚至合作失败可能性的,为了将这种风险降至最低,企业在外包前及外包过程中可采取如下措施。

(1)确定具体的、详细的、具有可操作性的工作范围。工作范围即物流服务要求明细,它对服务的环节、作业方式、作业时间、服务费用等细节做出明确的规定。工作范围的确定是物流外包最重要的一个环节,它是决定物流外包成败的关键要素之一。

(2)协助第三方物流服务供应商认识企业。视第三方物流服务供应商的人员为内部人员,一般需要与第三方物流服务供应商分享公司的业务计划,让他了解公司的目标及任务,因为对于一个对企业一无所知的人来说,你很难要求他能有良好的表现。

(3)建立冲突处理方案。与第三方物流服务供应商的合作关系并不总是一帆风顺的,其实若彼此的看法能适当地表达,公司将从中获益良多,所以为避免冲突的发生,事前就应该规划出当冲突发生时双方如何处理的方案,一旦有一方的需求不能得到满足,即可加以引用并改进彼此的关系。

(4)不断进行调整。市场就是战场,形势千变万化,所以外包后,仍需要亲自视察和监督,因为唯有亲自看到,才知道问题所在,才能及时纠正问题。

(5)保持弹性。物流外包的项目应该是慢慢扩展的,要注意到第三方物流服务供应商所能提供服务的宽度,让其保持一定的弹性,以最灵活的方式为公司提供最佳的服务。

案例思考:通过上述物流管理介绍,请大家查阅资料比较一下目前当红的“京东物流”和“菜鸟”的特点及优劣势。

参考文献

[1] 丁宁. 企业战略管理 [M]. 北京:北京交通大学出版社,清华大学出版社,2013.

[2] 赫连志巍,张敬伟,苏艳林. 企业战略管理 [M].3 版. 北京:机械工业出版社,2015.

[3] 余沛. 企业战略管理 [M]. 北京:电子工业出版社,2017.

[4] 王关义. 现代企业管理 [M]. 北京:清华大学出版社,2015.

[5] 彭加平,曾伟,周裕全. 新编现代企业管理 [M].2 版. 北京:北京理工大学出版社,2013.

[6] 舒辉. 企业战略管理 [M].2 版. 北京:人民邮电出版社,2016.

[7] 刘冀生. 企业战略管理:不确定性环境下的战略选择及实施 [M]. 北京:清华大学出版社,2016.

[8] 韩伟,陈冬梅. 现代企业经营管理 [M]. 北京:化学工业出版社,2015.

[9] 赵有生. 现代企业管理 [M]. 北京:清华大学出版社,2012.

[10] 刘会福,蒋晶. 现代企业管理 [M]. 广州:中山大学出版社,2013.

[11] 黄燕萍. 现代企业管理 [M]. 北京:清华大学出版社,2013.

[12] 吴振顺. 现代企业管理 [M]. 北京: 机械工业出版社 ,2012.

[13] 曲秀琴. 企业管理实务 [M] . 北京: 中国铁道出版社,2012.

[14] 廖连中. 企业融资:从天使投资到 IPO[M]. 北京:清华大学出版社, 2017.

[15] 王铁军. 中国中小企业融资的二十八种模式 [M]. 北京: 中国金融出版社,2004.

[16] 吴维海. 企业融资 170 种模式与操作案例 [M]. 北京:中国金融出版社,2014.